普通高等学校『十四五』规划公共必修课程数字化精品教材

大学语文

主　编◎陈　华　李　岚

副主编◎何　齐　王虹力

参　编◎杨　婧　青文婷　张潇妤

U0756138

华中科技大学出版社
http://press.hust.edu.cn
中国·武汉

内 容 提 要

《大学语文》是为高职高专学生设计的中国语言文化通识型教材。

本教材采用主题教学模块结构，由青春之歌、人间真情、大好河山、家国情怀、理想信念、社会百态、人生哲理、科学艺术 8 个单元共 40 篇课文组成。每个单元模块由"赏析篇目＋知识链接"两部分组成，采用"项目—任务"的编写模式，设置相应的学习提示、学习目的和学习任务。每个单元包含的 5 篇赏析篇目，横向上兼顾不同文类，纵向上搭建中国历史文化发展框架，同时适当涵括外国文学名家名篇，便于教师根据教学任务选用恰当篇目。每一篇目由导读、选文、注释、赏析提示、思考探究、相关链接 6 个部分组成，便于教师辅学与学生自学双向并行。

图书在版编目(CIP)数据

大学语文 / 陈华，李岚主编. -- 武汉：华中科技大学出版社，2025. 2. --（普通高等学校"十四五"规划公共必修课程数字化精品教材）. -- ISBN 978-7-5772-1682-9

Ⅰ. H193.9

中国国家版本馆 CIP 数据核字第 2025DH2128 号

大学语文
Daxue Yuwen

陈华　李岚　主编

策划编辑：李承诚　袁文娣
责任编辑：唐梦琦
封面设计：廖亚萍
责任校对：余晓亮
责任监印：周治超
出版发行：华中科技大学出版社（中国·武汉）　　电话：(027) 81321913
　　　　　武汉市东湖新技术开发区华工科技园　　邮编：430223
录　　排：华中科技大学出版社美编室
印　　刷：武汉市洪林印务有限公司
开　　本：787mm×1092mm　1/16
印　　张：13.5
字　　数：317 千字
版　　次：2025 年 2 月第 1 版第 1 次印刷
定　　价：49.90 元

【前言】

2019年国务院印发的《国家职业教育改革实施方案》指出，培养"大国工匠、能工巧匠"是推进高等职业教育高质量发展的重要方式，其中"文化素质"的提升与"职业技能"的培养相辅相成，缺一不可。2022年中共中央办公厅、国务院办公厅印发的《"十四五"文化发展规划》强调提升全民文化素质重在"固本培元、守正创新"，具体来说，就是要发展社会主义先进文化，继承革命文化，传承和弘扬中华优秀传统文化。基于此，这本为高职高专学生编写的，涵括丰富主题思想、兼收不同文类、横跨中国历史文化各阶段优秀作品，以及优选外国名篇的《大学语文》教材应运而生。

本教材的总目标：通过对优秀文学作品的了解、思考和批判，从中汲取奋起自新、自强不息、兼容并蓄、改革创新的民族精魂，促进中华优秀文化对学生心理品质和思想道德的潜移默化。具体目标：通过对古今中外经典作品的阅读、欣赏，进一步提升大学生的语言文字应用能力，即语言文字的表达能力、交流与沟通能力；提高大学生的文学修养，即提高大学生对文学作品的鉴赏能力和审美情趣；增强大学生的人文素质，即帮助大学生树立"以人为本""人文关怀"的理念；培养大学生健康健全的高尚人格，即树立正确的人生观和价值观。

本教材的编写以《国家职业教育改革实施方案》为指导，密切联系学生实际，设计有意义的主题学习板块，在拓展中满足不同学生的学习和发展需求，同时兼顾教师教学工作的实操性。教材特色如下：

（1）融入思政，巧设模块。本教材从主题思想入手，采用教学模块结构。青春之歌、人间真情、大好河山、家国情怀、理想信念、社会百态、人生哲理、科学艺术8个教学单元即8个课程思政切入点，为教师组织教学提供了明确的思政方向。

（2）结合专升本，内容实用性强。本教材在内容的选择上，既遵循文质兼美、难度适中的原则，又结合"专升本大学语文考试大纲"的考试内容及要求，选用合适的教学篇目。同时，根据"专升本大学语文考试大纲"的要求，增设"知识链接"板块，从整体上梳理了中国文学发展脉络，以及中国历史文化各阶段的主要文学现象。由此，本教材的内容设计既便于教师根据教学任务选用相关内容，又有助于学生开展自主学习，实用性很强。

（3）教学资源全面，实现兼容并包。本教材主要从两个维度选择教学资源：以时间为纵向维度，每个板块由先秦至当代若干不同时期的优秀作品组成，从而引领学生感知不同年代文学作品的历史文化背景；以文学体裁为横向维度，每个板块兼顾不同文学体裁，以此引导学生熟悉不同文学体裁的语言表达特点和阅读方法。此外，本教材还选取了部分外国名家名篇，有助于拓展学生的国际视野。

本教材由陈华、李岚担任主编，何齐、王虹力担任副主编，参编老师有杨婧、青文婷、张潇妤。其中，陈华编写了"青春之歌"单元；王虹力编写了"人间真情""大好河山"两个单元；李岚编写了"家国情怀""理想信念"两个单元；何齐编写了"社会百态""人生哲理"两个单元；杨婧编写了"科学艺术"单元；青文婷编写了先秦文学和当代文学两个阶段的知识链接。张潇妤负责整本教材的文字校对和统稿工作。

书过众手，时间紧迫，加之编者水平有限，如有疏漏之处，恳请广大专家、一线师生及同仁批评指正。

编　者
2024 年 12 月

【目录】

大学语文

第一单元

青 春 之 歌

　　青葱岁月如指间流沙，握不紧、留不住，但翻开中华民族前行的史册，青年人身上不仅有着"假令风歇时下来，犹能簸却沧溟水"的雄浑气势，意气相投、兄弟齐心定天下的过人胆识，还有着"和羞走，倚门回首，却把青梅嗅"的娇羞可人之态，更有着在爱情与理想的矛盾冲突中坚守个体价值的挣扎与苦痛之情……这便是留不住的岁月中永恒的青春吧！

　　青春，这段生命中最富活力的旅程，正如梁公所言"红日初升，其道大光"，绚烂朝阳令人赞叹、向往和追忆，赞叹那心似骄阳的万丈光芒，向往那丈量日月的无限勇气，追忆那挥斥方遒的热烈劲头。

　　青春，正好！

1 上李邕[1]

李 白

李白（701—762），字太白，号青莲居士，祖籍陇西成纪（今甘肃省天水市秦安县），幼时随父迁居绵州昌隆（今四川省江油市）青莲乡。李白约18岁时，隐居大匡山读书，从赵蕤学纵横术，25岁辞亲远游，寓居白兆山（今属湖北省安陆市）。天宝元年（742），因道士吴筠的推荐，李白被召至长安，供奉翰林，其文章风采，名动一时，颇受玄宗所赏识。后因不能见容于权贵，在京仅3年，李白就被迫离京，仍然继续他那飘荡四方的生活。安史之乱发生的第二年（756），他应永王李璘之聘，入佐幕府。后永王与肃宗发生了争夺帝位的斗争，兵败之后，李白受牵累，流放夜郎（今贵州省境内），途中遇赦。李白晚年漂泊于东南一带，寓居当涂县令李阳冰家，不久即病卒，年仅61岁。

李白的诗以抒情为主，带有强烈的主观色彩，是继屈原之后我国又一伟大的浪漫主义诗人，素有"诗仙"之称。李白的诗歌内容丰富，有对黑暗政治的批判，有对礼法束缚的反抗和对自由的追求，有对祖国山川的纵情描绘，有对百姓疾苦的同情，突出地反映了封建社会上升时期知识分子追求功业、追求人生价值的理想。在艺术上，李白以强烈的主观色彩和浪漫主义情调表现出自己鲜明的独创性，善于运用丰富而奇特的想象、大胆而夸张新奇的比喻以及拟人的手法来描写形象，抒发情感，杜甫评其诗"笔落惊风雨，诗成泣鬼神"。李白擅长乐府歌行和五言、七言古诗，七言古体诗与七绝成就最高，今存诗九百余首，有《李太白集》。

大鹏一日同风起，抟摇[2] 直上九万里。
假令[3] 风歇时下来，犹能簸却沧溟[4] 水。
世人[5] 见我恒殊调[6]，闻余大言[7] 皆冷笑。
宣父[8] 犹能畏后生，丈夫[9] 未可轻年少。

【注释】

[1] 上：呈上。李邕：字泰和，唐代书法家、文学家，广陵江都（今江苏省扬州市）人。

[2] 抟（tuán）摇：乘风。摇，由下而上的大旋风。

[3] 假令：假使，即使。

[4] 簸却：激起。沧溟：大海。

[5] 世人：指当时的凡夫俗子。

[6] 恒：常常。殊调：特殊论调，不同流俗的言论。

[7] 闻：一作"见"。余：我。大言：言谈自命不凡。

[8] 宣父：即孔子。唐太宗贞观十一年（637）诏尊孔子为宣父。宋本"宣父"作"宣公"。

[9] 丈夫：古代男子的通称，此指李邕。

【赏析提示】

这首诗是李白青年时代的作品。李邕在唐玄宗开元七年（719）至九年（721）前后，曾任渝州（今重庆市）刺史。李白游渝州谒见李邕时，因为不拘俗礼，且谈论间放言高论，纵谈王霸，使李邕不悦。史称李邕"颇自矜"（《旧唐书·李邕传》），为人自负好名，对年轻后生态度颇为骄矜。李白对此不满，在临别时写了这首态度颇不客气的《上李邕》一诗，以示回敬。

此诗前四句，李白以大鹏自比："大鹏一日同风起，抟摇直上九万里。假令风歇时下来，犹能簸却沧溟水。"大鹏是《庄子·逍遥游》中的神鸟，传说中这只神鸟其大"不知其几千里也"，"其翼若垂天之云"，翅膀拍下水就是三千里，抟摇直上，可高达九万里。大鹏鸟是庄子哲学中自由的象征、理想的图腾，李白年轻时胸怀大志，非常自负，又深受道家哲学的影响，心中充满了浪漫的幻想和宏伟的抱负。开元十三年（725），青年李白出蜀漫游，在江陵遇见名道士司马承祯，司马道士称李白"有仙风道骨"，"可与神游八极之表"，李白当即作《大鹏遇希有鸟赋并序》（后改为《大鹏赋》），自比为《逍遥游》中的大鹏鸟。李白还作有一首《临路歌》："大鹏飞兮振八裔，中天摧兮力不济。余风激兮万世，游扶桑兮挂石袂。后人得之传此，仲尼亡兮谁为出涕？"据唐李华《故翰林学士李君墓志并序》云李白"赋《临终歌》而卒"，后人认为可能就是这首《临路歌》，"路"或为"终"之误写，可见李白终身引大鹏自喻之意。在此诗中，他以"抟摇直上九万里"的大鹏自比，这只大鹏即使不借助风的力量，以它的翅膀一扇，也能将沧溟之水一簸而干，诗中极力夸张大鹏的神力。在这前四句诗中，诗人寥寥数笔，就勾画出一个力簸沧海的大鹏形象——也是年轻诗人李白自己的形象。

诗的后四句，是对李邕怠慢态度的回答："世人见我恒殊调，闻余大言皆冷笑。宣父犹能畏后生，丈夫未可轻年少。"这四句诗，可以说是对李邕直言不讳的批评。"世人"显然也包括李邕在内，因为此诗是直接为李邕作的，所以措辞较为婉转，表面上只是指斥"世人"。"殊调"和"大言"，就是不同凡响的言论，也就是李白在《代寿山答孟少府移文书》中说的"申管晏之谈，谋帝王之术。奋其智能，愿为辅弼，使寰区大定，海内清一"的那一套。但李白的宏大抱负，常常不被世人所理解，被当作"大言"来耻笑。尽管如此，李白仍然没有料到，李邕这样的名人的见识竟与凡夫俗子一般，于是，就抬出圣人识拔后生的故事反唇相讥。《论语·子罕》有云："子曰：'后生可畏，焉知来者之不如今也？'"这两句意为孔夫子尚且觉得后生可畏，你李邕难道比圣人还要高明吗？男子汉大丈夫千万不可轻视年轻人呀！后两句对李邕既是揶揄，又是讽刺，也是对李邕轻慢态度的回敬，态度相当桀骜，显示出少年的锐气，由此可见李白傲岸不群性格之一斑。"宣父犹能畏后生"，李白把孔夫子提出来，作为识拔青年后进的榜样，也可见孔子和儒家思想在青年李白心中的地位。

【思考探究】

(1) 前四句描绘"大鹏"运用了什么手法，写出了"大鹏"什么样的形象？

(2) 李白笔下的"大鹏"与庄子《逍遥游》中的"大鹏"，象征意义有何不同？

(3) 最后两句，李白用孔子"后生可畏"的典故，有何用意？体现了李白什么样的个性？

【相关链接】

南陵别儿童入京

李　白

白酒新熟山中归，黄鸡啄黍秋正肥。
呼童烹鸡酌白酒，儿女嬉笑牵人衣。
高歌取醉欲自慰，起舞落日争光辉。
游说万乘苦不早，著鞭跨马涉远道。
会稽愚妇轻买臣，余亦辞家西入秦。
仰天大笑出门去，我辈岂是蓬蒿人。

2　点绛唇·蹴罢秋千[1]

李清照

　　李清照（1084—1155），号易安居士，齐州章丘（今山东省济南市）人，婉约派著名代表词人。李清照18岁时嫁给著名的金石学家赵明诚，婚后生活平静美满，其与丈夫一起研究金石书画，并致力于文学创作。宋室南渡不久，赵明诚病故。宋高宗建炎三年（1129）金兵南下，遭国难之忧和丧夫之痛的李清照又在浙东亲历变乱，生活颠沛流离，此后即在孤寂中度过晚年。

　　李清照的词善用白描手法，状物抒情，细腻精致，曲折尽意，风格上清新天然，淡雅脱俗而情韵深厚，语言上清新自然，音律上和谐优美。李清照的早期词作以亲身感受和内心体验写闺情相思，真挚动人，音韵优美；南渡后，遭受国破家亡的痛苦，漂泊的身世和悲凉的心情融入词中，风格凄黯深婉。李清照的词被后人誉为"易安体"，有《漱玉词》集存世。

　　蹴[2]罢秋千，起来慵[3]整纤纤手。露浓花瘦，薄汗轻衣透。
　　见客入来，袜刬[4]金钗溜[5]。和羞走，倚门回首[6]，却把青梅嗅。

大学语文

【注释】

[1] 点绛唇：词牌名，又名"点樱桃""十八香""南浦月""沙头雨""寻瑶草"等。

[2] 蹴：踏。此处指打秋千。

[3] 慵：懒，倦怠的样子。

[4] 袜划：这里指跑掉鞋子，以袜着地。

[5] 金钗溜：意谓快跑时首饰从头上掉下来。

[6] 倚门回首：这里指靠着门回头看的意思，与"倚门卖笑"之含义无关。

【赏析提示】

此词为李清照早年的作品，词中写尽了少女纯情的神态。

上片写少女荡完秋千的精神状态。词人不写少女荡秋千时的欢乐，而是瞄准了"蹴罢秋千"之后一刹那的镜头。此刻荡秋千时的全部动作虽已停止，但仍可以想象得出少女在荡秋千时的情景，罗衣轻扬，像燕子一样在空中飞来飞去，妙在静中见动。"起来慵整纤纤手"，"慵整"二字用得非常恰切，少女从秋千上下来后，双手有些麻，却又懒得稍微活动一下，写出少女的娇憨。"纤纤手"语出《古诗十九首·青青河畔草》"娥娥红粉妆，纤纤出素手"，借以形容双手的细嫩柔美，同时也点出人物的年纪和身份。"薄汗轻衣透"，她身穿"轻衣"，罗裳初试，由于荡秋千时稍稍用力，出了一身薄汗，额上还渗出晶莹的汗珠，这份娇弱美丽的神态恰如娇嫩柔弱的花枝上缀着一颗颗晶莹的露珠。"露浓花瘦"一语既表明时间是在春天的早晨，地点是在花园，又烘托出了人物娇美的风貌。整个上片以静写动，以花喻人，形象地勾勒出一幅少女荡完秋千后的生动画面。

下片写少女乍见来客时的情态。她荡完秋千，正累得不愿动弹，突然花园里闯进来一个陌生人。"见客入来"，她感到惊诧，来不及整理衣装，急忙回避。"袜划"，指来不及穿鞋子，仅仅穿着袜子走路。"金钗溜"，是说头发松散，金钗下滑坠地，写匆忙惶遽时的形状。词中虽未正面描写这位突然来到的客人是谁，但从词人的反应中可以印证，他定是一位翩翩美少年。"和羞走"三字，把少女此时此刻的内心感情和外部动作做了精确描绘。"和羞"者，含羞也；"走"者，疾走也。然而更妙的是"倚门回首，却把青梅嗅"二句，其以极精湛的笔墨描绘出这位少女怕见又想见、想见又不敢见的微妙心理，最后只好借"嗅青梅"这一细节掩饰一下自己，以便偷偷地看来客几眼。下片以动作写心理，几个动作层次分明、曲折多变，把少女惊诧、惶遽、含羞、好奇以及爱恋的心理活动栩栩如生地刻画出来。唐人韩偓《香奁集》中写过类似的诗句："见客入来和笑走，手搓梅子映中门。"但相较于"和笑走"，"和羞走"更显示娇羞；"手搓梅子"只能表现主人公内心不安，"却把青梅嗅"则更细致地描画出情窦初开的少女情怀；"映中门"似旁若无人，而"倚门"则有所期待，加以"回首"一笔，少女窥人之态宛然眼前。

这首词写少女情态，虽有所本依，但却能青出于蓝而胜于蓝，获"曲尽情悰"之誉。全词风格明快、节奏轻松，仅用四十一字，就刻画出一个天真纯洁、感情丰富却又矜持的少女形象，可谓妙笔生花。

【思考探究】

赠别二首（其一）

杜　牧

娉娉袅袅十三余，豆蔻梢头二月初。
春风十里扬州路，卷上珠帘总不如。

这首诗中"娉娉袅袅十三余，豆蔻梢头二月初"被公认为唐人写少女的佳句，请对比分析本诗与李清照词中的少女形象。

【相关链接】

永遇乐·落日熔金

李清照

落日熔金，暮云合璧，人在何处。染柳烟浓，吹梅笛怨，春意知几许。元宵佳节，融和天气，次第岂无风雨。来相召、香车宝马，谢他酒朋诗侣。

中州盛日，闺门多暇，记得偏重三五。铺翠冠儿，捻金雪柳，簇带争济楚。如今憔悴，风鬟霜鬓，怕见夜间出去。不如向、帘儿底下，听人笑语。

3　宴桃园豪杰三结义

罗贯中

罗贯中（1330？—1400？），名本，字贯中，号湖海散人，山西太原人，元末明初著名小说家、戏曲家。罗贯中很有政治抱负，曾参与过元末农民起义，做过起义军领袖张士诚的幕僚，明人王圻在《稗史汇编》称其是"有志图王"之人。

《三国演义》是罗贯中根据一定的政治思想、道德观念和美学理想，有选择地借鉴民间流传的丰富多彩的三国故事，参酌《资治通鉴》和《资治通鉴纲目》提供的记事格式和叙事框架，博采陈寿《三国志》与裴松之注《三国志》以及范晔《后汉书》等史传中的有关材料，加以整合、润色、虚构和想象，用浅近通俗的语言进行生动传神的演绎、编创而成。《三国演义》不仅是我国第一部长篇白话历史小说，同时也是一部比较成熟的章回体小说，更是一部对中华民族的精神性格产生了深远影响的伟大作品。

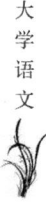

幽州太守刘焉，乃江夏竟陵人氏，汉鲁恭王[1]之后也。当时闻得贼兵将至，召校尉邹靖计议。靖曰："贼兵众，我兵寡，明公宜作速招军应敌。"刘焉然其说[2]，随即出榜招募义兵。

榜文行到涿县[3]，引出涿县中一个英雄。那人不甚好读书；性宽和，寡言语，喜怒不形于色；素有大志，专好结交天下豪杰；生得身长七尺五寸[4]，两耳垂肩，双手过膝，目能自顾其耳，面如冠玉，唇若涂脂；中山靖王刘胜[5]之后，汉景帝阁下玄孙，姓刘，名备，字玄德。昔刘胜之子刘贞，汉武时封涿鹿亭侯，后坐酎金失侯[6]，因此遗这一枝在涿县。玄德祖刘雄，父刘弘。弘曾举孝廉[7]，亦尝作吏，早丧。玄德幼孤，事母至孝；家贫，贩屦[8]织席为业。家住本县楼桑村。其家之东南，有一大桑树，高五丈余，遥望之，童童[9]如车盖。相者[10]云："此家必出贵人。"玄德幼时，与乡中小儿戏于树下，曰："我为天子，当乘此车盖。"叔父刘元起奇其言，曰："此儿非常人也！"因见玄德家贫，常资给之。年十五岁，母使游学，尝师事郑玄[11]、卢植，与公孙瓒[12]等为友。

及刘焉发榜招军时，玄德年已二十八岁矣。当日见了榜文，慨然长叹。随后一人厉声言曰："大丈夫不与国家出力，何故长叹？"玄德回视其人，身长八尺，豹头环眼，燕颔虎须，声若巨雷，势如奔马。玄德见他形貌异常，问其姓名。其人曰："某姓张，名飞，字翼德。世居涿郡，颇有庄田，卖酒屠猪，专好结交天下豪杰。恰才见公看榜而叹，故此相问。"玄德曰："我本汉室宗亲，姓刘，名备。今闻黄巾倡乱，有志欲破贼安民，恨力不能，故长叹耳。"飞曰："吾颇有资财，当招募乡勇，与公同举大事，如何？"玄德甚喜，遂与同入村店中饮酒。

正饮间，见一大汉，推着一辆车子，到店门首歇了，入店坐下，便唤酒保："快斟酒来吃，我待赶入城去投军。"玄德看其人：身长九尺，髯长二尺；面如重枣[13]，唇若涂脂；丹凤眼，卧蚕眉，相貌堂堂，威风凛凛。玄德就邀他同坐，叩其姓名。其人曰："吾姓关，名羽，字长生，后改云长，河东解良[14]人也。因本处势豪倚势凌人，被吾杀了，逃难江湖，五六年矣。今闻此处招军破贼，特来应募。"玄德遂以己志告之，云长大喜。同到张飞庄上，共议大事。飞曰："吾庄后有一桃园，花开正盛；明日当于园中祭告天地，我三人结为兄弟，协力同心，然后可图大事。"玄德、云长齐声应曰："如此甚好。"

次日，于桃园中，备下乌牛白马祭礼等项，三人焚香再拜而说誓曰："念刘备、关羽、张飞，虽然异姓，既结为兄弟，则同心协力，救困扶危；上报国家，下安黎庶。不求同年同月同日生，只愿同年同月同日死。皇天后土[15]，实鉴此心，背义忘恩，天人共戮！"誓毕，拜玄德为兄，关羽次之，张飞为弟。祭罢天地，复宰牛设酒，聚乡中勇士，得三百余人，就桃园中痛饮一醉。

来日收拾军器，但恨无马匹可乘。正思虑间，人报有两个客人，引一伙伴当[16]，赶一群马，投庄上来。玄德曰："此天佑我也！"三人出庄迎接。原来二客乃中山[17]大商：一名张世平，一名苏双，每年往北贩马，近因寇发而回。玄德请二人到庄，置酒管待，诉说欲讨贼安民之意。二客大喜，愿将良马五十匹相送；又赠金银五百两，镔铁[18]一千斤，以资器用。

玄德谢别二客，便命良匠打造双股剑。云长造青龙偃月刀，又名"冷艳锯"，重八十二斤。张飞造丈八点钢矛。各置全身铠甲。共聚乡勇五百余人，来见邹靖，邹靖引见太守刘焉。三人参见毕，各通姓名。玄德说起宗派，刘焉大喜，遂认玄德为侄。

【注释】

[1] 汉鲁恭王：即刘余，汉景帝刘启之子，封鲁王，谥号"恭"。

[2] 然其说：赞同他的意见。然，以为……然，以为……正确。

[3] 涿县：幽州涿郡涿县，今河北省涿州市。

[4] 七尺五寸：西汉时期的一尺约23.1厘米，而东汉到三国时期的度量衡有多种说法，为23～24厘米不等。

[5] 中山靖王刘胜：刘胜是汉景帝刘启的庶子，被封为中山王，生卒年不详。

[6] 坐酎（zhòu）金失侯：刘贞因为所献酎金数量与成色违反规定，而被削去侯爵。坐，因为。酎金，古代诸侯向皇帝交纳的贡金，做祭祀用。

[7] 孝廉：孝廉是汉武帝时设立的察举考试科目，孝是指孝顺父母，廉是指廉能正直。汉武帝采纳董仲舒的建议于元光元年（前134）诏令郡国每年察举孝者、廉者各一人。这种察举制就被称为"举孝廉"，后成为汉代察举制中最为重要的岁举科目，是汉代政府官员的重要入仕通道。

[8] 贩屦（jù）：贩卖麻鞋。屦，古代用麻葛制成的一种鞋。

[9] 童童：枝叶茂盛、生气蓬勃的样子。

[10] 相者：旧指以相术供职或为业的人。

[11] 郑玄：字康成，北海高密（今山东省高密市）人，经学大师，博古通今，精于天文历算。

[12] 公孙瓒：字伯珪，辽西令支（今河北省迁安市）人，东汉末年割据幽州一带。

[13] 重枣：为深暗红色的枣子，常用以形容人的脸色。

[14] 解良：今山西省运城市解州镇。

[15] 皇天后土：指天地。旧时迷信天地能主持公道、主宰万物。皇天，古代称天。后土，古代称地。

[16] 伴当（dàng）：旧指陪同主人出门的仆从，后也泛指同伴。

[17] 中山：冀州中山郡治卢奴县，今河北省定州市。

[18] 镔（bīn）铁：精炼的铁。

【赏析提示】

《宴桃园豪杰三结义》出现在《三国演义》第一回，主要写刘玄德、关云长、张翼德三人的桃园结义事件，而后逐一引出书中的主要人物，为三分天下埋下伏笔。桃园三结义，三个大汉偶遇后便以兄弟相称，举酒而跪，誓言："不求同年同月同日生，只愿同年同月同日死。"他们的结义不是为了个人私利，而是为了上报国家、下安黎庶的理想。在以后的惊涛骇浪中，三人始终不离不弃，生死相托，全凭一个"义"字。刘、

关、张出身社会下层，无所依凭，能够建立蜀国，也全凭一个"义"字，"义"是以后他们赖以同生死的精神支柱，也是作者宣扬的品德。

本文出现的人物众多，作者以线串珍珠之法，用一个人物带出另一个人物，使故事情节环环相扣，头绪众多而线索分明。作者以东汉宦官专权引出黄巾之乱，以黄巾之乱引出汉鲁恭王之后刘焉，由刘焉引出中山靖王之后刘备，并强调刘备血缘的正统，由刘备看榜引出张飞，再由刘备与张飞村店中饮酒引出关羽。至此，刘、关、张桃园三结义，水到渠成。作者又在百忙之中插入刘备小传，暗示刘备必成大器，也奠定了拥刘贬曹的基调。故事的敷演采用古白话，描写生动形象，活灵活现，人物性格鲜明。

【思考探究】

（1）作者对刘、关、张出场时的外貌描写与三人各自性格有何联系？

（2）请从人物的性格和背景出发，分析刘、关、张三人能在短时间内惺惺相惜、结为异性兄弟的原因。

（3）刘、关、张赖以结义的共同基础是什么？从这里可以看出作者的什么政治倾向？

【相关链接】

师生共同观赏电影《中国合伙人》。

4 少年中国说（节选）

梁启超

梁启超（1873—1929），字卓如，一字任甫，号任公，又号饮冰室主人、饮冰子、哀时客、中国之新民、自由斋主人，广东新会（今广东省江门市新会区）人，中国近代政治家、文学家。梁启超是康有为的弟子，师生二人于清末同倡变法维新，后人并称二人为"康梁"。戊戌变法失败后，梁启超逃亡日本。梁启超在中国介绍西方政治学说，鼓吹君主立宪，并反对民主革命，辛亥革命后，其一度入袁世凯政府，担任司法总长，之后对袁世凯称帝、张勋复辟等举动严词抨击，并加入段祺瑞政府，1916 年策动蔡锷起兵反袁。梁启超倡导新文化运动，支持五四运动，晚年在东南大学、清华研究院任教，曾先后主编《时务报》《清议报》《新小说》等，著有《饮冰室合集》。梁氏所作政论文条理清晰，平易畅达，笔锋犀利，感情奔放，其倡导的"诗界革命"和"小说界革命"为新诗的产生和小说取得文坛的正宗地位做出了贡献。

梁启超曰：造成今日之老大中国者，则中国老朽之冤业也；制出将来之少年中国者，则中国少年之责任也。彼老朽者何足道，彼与此世界作别之日不远矣，而我少年乃新来而与世界为缘。如傃屋[1]者然，彼明日将迁居他方，而我今日始入此室处。将迁居者，不爱护其窗枕，不洁治其庭庑[2]，俗人恒情，亦何足怪！

若我少年者，前程浩浩，后顾茫茫，中国而为牛、为马、为奴、为隶，则烹脔鞭棰[3]之惨酷，惟我少年当之；中国如称霸宇内，主盟地球，则指挥顾盼之尊荣，惟我少年享之，于彼气息奄奄，与鬼为邻者，何与焉？彼而漠然置之，犹可言也；我而漠然置之，不可言也。使举国之少年而果为少年也，则吾中国为未来之国，其进步未可量也；使举国之少年而亦为老大也，则吾中国为过去之国，其渐亡可翘足而待也。

故今日之责任，不在他人，而全在我少年。少年智则国智，少年富则国富，少年强则国强，少年独立则国独立，少年自由则国自由，少年进步则国进步，少年胜于欧洲则国胜于欧洲，少年雄于地球则国雄于地球。红日初升，其道大光[4]。河出伏流，一泻汪洋。潜龙腾渊，鳞爪飞扬；乳虎啸谷，百兽震惶。鹰隼试翼，风尘吸张；奇花初胎，矞矞皇皇[5]。干将发硎，有作其芒[6]。天戴其苍，地履其黄。纵有千古，横有八荒。前途似海，来日方长。美哉我少年中国，与天不老！壮哉我中国少年，与国无疆！

"三十功名尘与土，八千里路云和月。莫等闲，白了少年头，空悲切。"此岳武穆《满江红》词句也，作者自六岁时即口受记忆，至今喜诵之不衰。自今以往，弃哀时客之名，更自名曰"少年中国之少年"。

【注释】

[1] 傃屋：租赁房屋。

[2] 庭庑：庭院廊屋。

[3] 烹脔鞭棰：残酷的刑罚或惩罚方式。脔，切成小块的肉，这里用作动词，宰割之意。棰，鞭子，这里用作动词，鞭打之意。

[4] 其道大光：道路充满霞光。语出《周易》："自上下下，其道大光。"光，广大，发扬。

[5] 矞矞皇皇：光明盛大的样子，一般用于书面语。语出《太玄经·交》："物登明堂，矞矞皇皇。"

[6] 干将发硎，有作其芒：意思是宝剑刚磨出来，锋刃大放光芒。干将，原是铸剑师的名字，这里指宝剑。硎，磨刀石。

【赏析提示】

《少年中国说》写于戊戌变法失败后的1900年，当时八国联军侵略中国，勾结满清政府镇压义和团运动，还制造舆论污蔑中国是"老大帝国""东亚病夫""一盘散沙"，不能自立只能由列强共管或瓜分，而中国人中有一些无知昏庸者也跟着叫嚷"中国不亡是无天理"，"任何列强三日内就可以灭亡中国"，散布悲观情绪，民族危机空前严重。《少年中国说》不仅驳斥了帝国主义分子的无耻谰言，也纠正了一些国人自暴自弃、崇洋媚外的奴性心理，更唤起了人民的爱国热情，激起了民族自尊心和自信心。

本课节选部分极力歌颂少年的朝气蓬勃，断然指出封建专制统治下的中国才是

"老大帝国"，热切希望出现"少年中国"。作者极力讴歌祖国未来的英姿及其光辉灿烂的前程，对肩负着建设少年中国重任的中国少年寄予无限希望，鼓励他们奋发图强，投入改造中国的战斗中去，这也反映出作者渴望祖国繁荣昌盛的爱国思想和积极乐观的民族自信心。《少年中国说》不拘格式，多用比喻，具有强烈的鼓励性和进取精神，寄托了作者对少年中国的热爱和期望。

【思考探究】

（1）细读"红日初升，其道大光。河出伏流，一泻汪洋。潜龙腾渊，鳞爪飞扬；乳虎啸谷，百兽震惶。鹰隼试翼，风尘吸张；奇花初胎，矞矞皇皇。干将发硎，有作其芒。天戴其苍，地履其黄"，分析其中每一个意象的象征意义。

（2）作为当代青年，请谈谈时代赋予你的责任与使命。

【相关链接】

歌曲《少年中国说》

少年智则国智
少年富则国富
少年强则国强
少年自由则国自由
少年智则国智
少年富则国富
少年强则国强
少年自由则国自由
红日初升　其道大光
河出伏流　一泻汪洋
潜龙腾渊　鳞爪飞扬
乳虎啸谷　百兽震惶
少年自有少年狂
身似山河挺脊梁
敢将日月再丈量
今朝唯我少年郎
敢问天地试锋芒
披荆斩棘谁能挡
世人笑我我自强
不负年少
少年智则国智
少年富则国富
少年强则国强
少年自由则国自由

干将发硎　有作其芒

天戴其苍　地履其黄

纵有千古　横有八荒

前途似海　来日方长

少年自有少年狂

身似山河挺脊梁

敢将日月再丈量

今朝唯我少年郎

敢问天地试锋芒

披荆斩棘谁能挡

世人笑我我自强

不负年少

少年自有少年狂

心似骄阳万丈光

千难万挡我去闯

今朝唯我少年郎

天高海阔万里长

华夏少年意气扬

发愤图强做栋梁

不负年少

发愤图强做栋梁

不负年少

（当代作词人"二水"化用梁启超《少年中国说》所创作）

5　青春之歌

杨　沫

　　杨沫（1914—1995），当代女作家，原名杨成业，原籍湖南省岳阳市湘阴县，生于北京市，新中国成立后，曾任全国人大代表、中国文联委员、全国作协理事、北京市文联主席、《北京文学》主编等。杨沫的代表作《青春之歌》于1958年出版后在当时引起广泛讨论，受到广大读者特别是青年学生的欢迎，茅盾先生对该小说给予了极高的评价。该小说还被改编成电影、戏剧，受到了广大观众的喜爱，书中女主人公林道静更是成为20世纪中期我国青年追慕的偶像。

　　《青春之歌》以1931年"九·一八"事变到1935年"一二·九"运动这段历史时期为背景，描写了以林道静、卢嘉川等大学生为中心的一批爱国进步青年，在中国共产党的领导下开展革命斗争，塑造了各种类型的知识分子形象，反映了在阶级矛盾日益尖锐、激烈动荡的年代知识分子的崛起和分化，表现了中国一代青年在党的领导教育下，不断更新自己，摆脱旧思想束缚的曲折成长过程，说明了广大青年知识分子只有在中国共产党的领导下，积极投身于无产阶级伟大革命之中，才是唯一正确的出路，才能拥抱美好的青春。

清晨，一列从北平向东开行的平沈通车，正驰行在广阔、碧绿的原野上。茂密的庄稼，明亮的小河，黄色的泥屋，矗立的电杆……全闪电似的在凭倚车窗的乘客眼前闪了过去。

乘客们吸足了新鲜空气，看车外看得腻烦了，一个个都慢慢回过头来，有的打着呵欠，有的搜寻着车上的新奇事物。不久人们的视线都集中到一个小小的行李卷上，那上面插着用漂亮的白绸子包起来的南胡、箫、笛，旁边还放着整洁的琵琶、月琴、竹笙……这是贩卖乐器的吗，旅客们注意起这行李的主人来。不是商人，却是一个十七八岁的女学生，寂寞地守着这些幽雅的玩意儿。这女学生穿着白洋布短旗袍、白线袜、白运动鞋，手里捏着一条素白的手绢，——浑身上下全是白色。她没有同伴，只一个人坐在车厢一角的硬木位子上，动也不动地凝望着车厢外边。她的脸略显苍白，两只大眼睛又黑又亮。这个朴素、孤单的美丽少女，立刻引起了车上旅客们的注意，尤其男子们开始了交头接耳的议论。可是女学生却像什么人也没看见，什么也不觉得，她长久地沉入在一种麻木状态的冥想中。

她这异常的神态，异常的俊美，以及守着一堆乐器的那种异常的行止，更加引起同车人的惊讶。慢慢地，她就成了人们闲谈的资料。

"这小密斯[1]失恋啦？"一个西服革履的洋学生对他的同伴悄悄地说。

"这堆吹吹拉拉的玩意至少也得值个十块二十块洋钱。"一个胖商人凑近了那个洋学生，挤眉弄眼地瞟着乐器和女学生，"这小姐带点子这个干么呢？卖唱的？……"

洋学生瞧不起商人，看了他一眼，没有答理他；偷偷瞧瞧缟素的女学生又对同伴议论什么去了。

车到北戴河，女学生一个人提着她那堆乐器——实在的，她的行李，除了乐器，便没有什么了——下了火车。留在车上的旅客们，还用着惊异的惋惜的眼色目送她走出了站台。

小小的北戴河车站是寂寥的。火车到站后那一霎间的骚闹随着喷腾的火车头上的白烟消失后，又复是寂寞和空旷了。

这女学生提着她的行李，在站台外东张西望了一会，看不见有接她的人，就找了一个脚夫背着行李，向她要去的杨庄走去。

走路的时候，她还是那么沉闷。她跟在脚夫后面低头走着，不言也不语。后来转了一个弯，走到个小岗上，当蔚蓝的天空和碧绿的原野之间突然出现了一望无际的大海时，这女学生迟滞的脚步停下来了。她望着海，那么惊奇，明亮的眼睛露出了欢喜的激动，"呵！呵！"她连着呵呵了两声，脚步像粘在地上似的不动弹了。"第一次看见——多么美呀！"

她贪婪地望着微起涟波的平静的大海，忘记了走路。

"先生，快走哇！怎么不走啦？"脚夫没有理会女学生那一套情感的变化，径直走到了山脚下，当他看不见雇主的踪影时，这才仰头向山上的女学生吆喊着。

女学生仍然痴痴地望着崖底下的海水，望着海上的白色孤帆，好像什么也没有听见。

"喂！我说那位姑娘啊，您是怎么回事呵？"脚夫急了，又向山上大声吆喝着，这才惊醒了女学生，她揉揉眼睛茫然地笑了一下，快步跑下了山岗。

他们又一起走起来了。

脚夫是个多嘴的中年人，他不由向这举止有点儿特别的女学生盘问起来："您站在山上看什么哪？"

"看海。多好看！"女学生歪着头，"你住在这儿多好，这地方多美呵！"

"好什么？打不上鱼来吃不上饭。我们可没觉出来美不美……"脚夫笑笑又问道，"我说，您这是干么来啦？怎么一个人？避暑的？"

女学生温厚地向脚夫笑笑，半晌才说："哪配避暑。是找我表哥来的。"

脚夫瞪大了眼睛："您表哥是谁？警察局的吗？"

女学生摇摇头："不是，我表哥是教书的——杨庄的小学教员。"

"嘿！"脚夫急喊了一声，"我们邻村的先生啊，我都认识。不知是哪一位？"

"张文清。"女学生的神色稍稍活跃一些，她天真地问，"你认识他吗？他在村里吗？怎么没有上车站来接我……"

脚夫的嘴巴突然像封条封住了。他不做声了。女学生凝望着他黝黑多皱的脸，等待着他的回答。但是他不出声，又走了好几步远，这脚夫却转了话题："我说，您贵姓啊？是从京里下来的吗？"

女学生还带着孩子气，她认真地告诉脚夫："我姓林，叫林道静，是从北平来的。你不认识我表哥吗？"

脚夫又不出声了。半天，他呵呵了两声，不知说的什么，于是女学生也不再出声。这样他们一直走到了杨庄小学校的门前。脚夫拿了脚钱走了，林道静也微微踌躇地走上了学校门外的石台阶。

学校是在村旁一座很大的关帝庙里。林道静把行李放在庙门口，就走进庙里去找人。她走上东殿、西殿、正殿、偏殿各个课堂里全看了一遍，一个人影也没有。"莫非他们到海边散步去啦？"她心里猜想着，只好站在庙门外的台阶上等待起来。

这时天色将晚，村子里家家的屋顶，全冒起袅袅的炊烟。

庙外就是一片树林，树林里的蝉，在知了知了地拼命聒噪[2]，林道静忍耐地听了一阵蝉声，焦灼地东张西望了半天，还是一个人影也没有。看着行李，她又不敢挪动。直到天黑了，这才有一个跛脚老头从大路上蹒跚地走来。这老头看见有人站在台阶上，远远地先喊了一声：

"找谁的呀？"

道静好容易盼着来了个人，欢喜得急忙跑下台阶和老头招呼："张文清先生是在这儿教书吗？"

"哦，找张先生的？……"老头喝得迷迷糊糊的，红涨着脸，卷着大舌头，"他，他不在这儿啦。"

道静吃了一惊："他哪儿去啦？——他写信告诉我暑假不离开学校的呀。还有，我表嫂呢？她也在这儿教书……"

"不，……不知道！不知道！……"老头越发醉得厉害了，东倒西歪地跌进学校的大门，砰的一声把两扇庙门关得紧紧的。

这下子可把林道静难坏了！表哥他们上哪儿去啦？她已经写信给他，告诉他要来找他，可是，他却不在这儿啦。现在怎么办？以后又怎么办呢？……她愣愣地站在庙门外的冷清的阶石上，望着面前阴郁的树林，聒耳的蝉声还在无尽休地嘶叫，海水虽然望不见，然而在静寂中，海涛拍打着岩石，却不停地发着单调的声响。林道静用力打了几下门，可是打不开，老头一定早入梦乡了。她心里像火烧，眼里含着泪，一个人在庙门外站着、站着，站了好久。明月升起来了，月光轻纱似的透过树隙，照着这孤单少女美丽的脸庞，她突然伏在庙门前的石碑上低低地哭了。

人在痛苦的时候，是最易回忆往事的。林道静一边哭着，一边陷入到回忆中——她怎么会一个人来到这举目无亲的地方？她为什么会在这寂寥无人的夜里，独自在海边的树林徜徉？她为什么离开了父母、家乡，流浪在这陌生的地方？她为什么，为什么这么悲伤地痛哭呵？……

【注释】

[1] 密斯：英语"miss"的汉语音译，意为女士。

[2] 聒噪：叫嚷说话的声音嘈杂刺耳。

【赏析提示】

本文是小说《青春之歌》开篇第一章，作者用了多种描写手法，将主人公林道静的人物形象栩栩如生地展示在读者面前："不是商人，却是一个十七八岁的女学生，寂寞地守着这些幽雅的玩意儿……她这异常的神态，异常的俊美，以及守着一堆乐器的那种异常的行止，更加引起同车人的惊讶。"文章从各方面来描写主人公的"异常"，而这种"异常"，正是主人公的个性特征——她是那么纯，那么天真，那么孩子气。这样的人物形象，与文中出现的其他社会人物，形成了鲜明的对比，而正是这样的对比，才更加深刻地引起了读者心灵的共鸣。

小说主要的任务，就是塑造出栩栩如生、充满个性特色的人物来体现其文学的审美特征。人物的塑造，离不开故事情节、环境氛围的设置与描写，而这一切又是通过小说语言作为载体来实现的。选文的第二段反复出现一个颜色词——"白"，十分引人注目："白绸子""白洋布""白线袜""白运动鞋""白的手绢""浑身上下全是白色"。这样的用语充分表现了主人公外表的朴素，心灵的纯洁。人物的对话也充满个性特色，增添了小说的语言魅力。

【思考探究】

（1）请你谈谈文章中开篇环境描写所运用的手法及其作用。

（2）文章中作者关于人物描写的方法多种多样，请你就其中一种加以具体说明。

（3）请你说说文中"您"这个敬语是怎样运用的。

【相关链接】

青春的风

汪国真

我不在乎多少梦幻已经成空

我不在乎多少追求都成泡影

在春天的季节里谁愿意是

醉生梦死醉死梦生

山峰挡不住我河流挡不住我

噢，一往无前

我是青春的风

我不满足已经获得的骄傲

我不满足已经赢得的光荣

在年轻的心灵里谁不愿意

明明白白清清醒醒

鲜花留不住我，掌声留不住我

噢，一往既往

我是青春的风

青春

先秦文学概述

先秦文学是中国从远古时代开始，到公元前 221 年秦始皇统一全国以前这一漫长历史时期的文学。先秦文学是中国古代文学发生发展的最早阶段，主要包括原始口头文学和书面文学。原始口头文学主要包括原始诗歌和神话传说；书面文学，不仅包括标志着我国文学光辉起点的《诗经》，光耀千古的浪漫主义杰作《楚辞》，还包括作为后代史传文学和小说、戏剧起源的历史散文，体现春秋战国时期百家争鸣局面的诸子散文，等等。

一、原始诗歌与神话传说

在原始社会，文字还未产生，但文学已经产生，此时的文学只能依靠原始人类口头创作，并通过口耳相传的方式保留下来，因此叫作口头文学。口头文学又包括原始诗歌和神话传说。原始诗歌，又叫原始歌谣，是中国文学的源头，也是最早出现的文学样式。原始诗歌是原始人类在劳动过程中为了协调劳动节奏和激发劳动热情的集体歌唱，它常常与音乐、舞蹈紧密联系在一起，并结合为用，融为一体。

原始诗歌的内容，是以劳动为主题，对劳动生活进行描绘和歌颂，也有对爱情的歌颂，还有表现原始人类幻想征服自然来实现自己的愿望，带有原始宗教意识。因为原始诗歌没有文字记载，绝大部分没有保存下来，现在所见并可信的作品，仅有《弹歌》和《伊耆氏蜡辞》两首。

神话传说，是原始人类解释自然现象和社会生活，用虚幻的想象来反映征服自然而产生的文学，它同原始诗歌一样，也是一种集体创作的口头文学。中国神话传说大多保存在《山海经》《淮南子》《楚辞》《庄子》《列子》等古籍中，其中《山海经》《淮南子》最有神话学价值，是中国古代保存神话资料最多的著作。

神话传说的内容，主要分为三类：一是反映原始社会人类的生活与斗争，如《鲧禹治水》（《山海经》）、《后羿射日》（《淮南子》）等；二是探索天体和人类的起源奥秘，例如《女娲补天》（《淮南子》）、《盘古开天地》（《三五历纪》）等故事；三是反映原始部落之间的战争，例如《黄帝擒蚩尤》（《山海经》）、《共工怒触不周山》（《淮南子》）等。神话传说神奇奔放的幻想、新奇夸张的描绘，为浪漫主义文学的产生奠定了基础，也对后世文学创作产生了积极影响。

二、《诗经》和《楚辞》

从商代中期文字产生，书面文学也开始萌芽。先秦时期的书面文学从体裁来说，分为诗歌和散文两种。诗歌以《诗经》和《楚辞》为代表，散文则包括历史散文和诸子散文。

（一）《诗经》

《诗经》是中国第一部诗歌总集，收集了西周初年至春秋中叶大约500年间的诗歌，现存三百零五篇（另说三百一十一篇，包含六篇仅有标题无内容的诗歌）。《诗经》最初称《诗》或《诗三百》，西汉时被奉为经典，从此被尊称为《诗经》。《诗经》中的诗篇，依据音乐的特点来划分，分为《风》《雅》《颂》三部分。《风》，又称《国风》，就是"乐曲"的意思，指当时诸侯国所辖各地域的乐曲，带有浓郁的地方色彩，包括《周南》《召南》《邶风》《鄘风》等十五国风，共一百六十篇。《风》中大部分是民歌，这也是《诗经》最精华的部分。《雅》，就是"正"的意思，"雅乐"即周王朝直接统治地区的音乐。《雅》包括《大雅》（三十一篇）和《小雅》（七十四篇）两部分。《雅》这部分内容跟朝政有关，多是朝廷官吏创作的作品。《颂》是指宗庙祭祀用的乐歌，多是歌功颂德的作品，包括《周颂》（三十一篇）、《鲁颂》（四篇）、《商颂》（五篇）三部分，共四十篇。

《诗经》以强烈的现实主义，反映了商代至周代约500年的社会生活面貌，思想内容非常丰富。第一方面内容是歌颂周部族祖先功业的史诗。史诗的概念在"五四"以后才引入中国，而后学者才采用这一概念对《诗经》内容进行分类。《生民》《公刘》《绵》《皇矣》《大明》这五篇作品勾画出了周民族从发祥、创业、建国、兴盛的史迹，成为周民族史诗。第二方面内容是农事诗。周代以农业生产为主，因此《诗经》中有着大量反映劳动和生产的农事诗：它们有的直接描写劳动情景，体现出劳动者热爱劳动的乐观精神，如《芣苢》等；有的反映出劳动者终年劳动的痛苦生活，如《七月》等。第三方面内容是怨刺诗。西周后期，因朝政腐败、诸侯争霸，统治阶级残暴荒淫，产生了以抨击时政和忧国伤时为中心思想的怨刺诗，如《正月》《新台》等。第四方面内容是战争徭役诗。战争和徭役作为周代历史生活中的重要内容而贯穿王朝的始终，这类诗歌除少数几篇表达了共御外侮、保卫家园的豪情，如《无衣》等，更多地表现为对战争、徭役的憎恶，以及浓郁的感伤思乡之情，如《采薇》《东山》等。第五方面内容是爱情婚姻诗。《诗经》中描写爱情和婚姻的诗篇尤为精彩动人，也具有很高的艺术价值，如《关雎》《氓》等。

《诗经》的艺术特色主要表现在以下几点：首先《诗经》开创了中国诗歌的现实主义优良传统，它秉承着"饥者歌其食，劳者歌其事"的创作原则，是中国现实主义诗歌的源头；其次《诗经》运用了赋、比、兴三种表现手法。赋的手法就是不借助多余的修辞手段，直接叙述事物。"赋能体万物之情状"，所以"赋"是《诗经》中最常用的表现手法。比，就是比喻和比拟，对事物加以形象的比况，使它们的特征更突出、鲜明。兴，就是托物起兴，借其他事物来作为诗歌的开头，用以引起所要咏唱的内容。

人们常常把"赋、比、兴"与"风、雅、颂"合称为诗的"六义"。同时，《诗经》中的诗歌句式整齐，以四言为基本格式，多采用复叠式章法，语言丰富、生动、形象。

《诗经》是中国古典文学的源头，是中国古典诗歌的奠基作品，对后世文学产生了极其深远的影响，在中国文学史上具有不朽的地位。

（二）《楚辞》

《楚辞》本义泛指楚地的歌谣，后专指以战国后期楚国诗人屈原的创作为代表的一种新诗体。这种诗体是屈原借鉴中原文化，与楚文化相融合的产物，其"书楚语，作楚声，纪楚地，名楚物"，具有浓郁的地域文化色彩。西汉末，刘向辑录屈原、宋玉等人的作品，以及汉代一些文人模仿这种诗体的作品，辑成《楚辞》一书。这是继《诗经》以后，我国古代又一部具有深远影响的诗歌总集。因此，《楚辞》既是诗体名称，又是一部诗集名称。

《楚辞》的代表诗人屈原，是我国文学史上第一位伟大的诗人，其代表作品有《离骚》《九歌》《九章》《天问》《招魂》等。

屈原最著名的作品是《离骚》，所以楚辞又称为"骚"或"骚体"。《离骚》是一首宏伟壮丽的政治抒情诗，在中国文学史上具有崇高的地位，其作于屈原放逐江南之时，是诗人充满爱国激情的抒忧发愤之作。在长诗中，诗人抒写了他的美政理想，表达了热爱祖国、热爱人民的思想感情，叙述了在国家危难关头的焦急与义愤，表现出坚持节操、反对奸邪的九死不悔的斗争精神。

《离骚》打破《诗经》的四言格式，采用散文化的长句，全诗三百七十二句，以六言为主，长短相间，灵活多变，创造出一种较为自由活泼的新诗体，丰富了诗歌的表现力。同时，《离骚》大量吸收楚国民间方言，如"羌""搴""扈"等，又采用了楚物的名称，具有鲜明的地方和民族特色，显示出独特的艺术魅力，这也因此成为《楚辞》区别于其他诗体的显著标志。《离骚》开创了新诗风——浪漫主义诗风，屈原从古代流传着的大量神话传说中，汲取丰富的艺术形象，然后通过奔腾不羁的想象力，把它们交织在一起，构成了层出不穷的生动情节和美丽的画面，其想象之大胆，构思之奇特，幻想之丰富，古今罕有。对神话的撷取和运用，是屈骚艺术的一个显著特征，是屈原浪漫主义精神的重要来源。

《离骚》诗中构建了绚丽多彩的"香草美人"世界，塑造了"香草""美人"的意象。《离骚》把物与我、情与景糅合交融起来，其不同于《诗经》中比兴的修辞手法，而是把物的某些特质与人的思想感情及人格和理想结合起来，通过联想和想象寓情于物，见物知人，水乳交融，构成一种象征体，并将象征体进一步联系起来形成一个完整的象征体系，极大地增强了诗歌的艺术张力。

《九歌》是屈原在楚国民间流行的祭神乐歌的基础上加工再创作而成的一组抒情诗歌，共十一篇。《九歌》所祭祀的神，包括天神、地祇、人鬼。祭祀天神的诗篇，多表达人们对天神的敬仰，宗教意味浓厚。祭祀地祇的诗篇，则是借对于神的恋爱生活的描写，来表达人们对纯真爱情的追求。祭祀人鬼的只有《国殇》一篇，是对秦楚战争中牺牲的楚国将士的礼赞。

《九章》是一组政治色彩浓重的抒情诗，共九首，内容都与屈原的身世经历有关，是一组优秀的现实主义诗篇。《九章》中的《橘颂》是屈原早期的作品，在内容和形式上与其他各篇迥然不同，诗的情调激昂乐观，没有失意的悲愤情绪，全诗基本是四言一句，而"兮"字放在句尾，说明诗人独特的新诗体还在形成中。它以托物寄情的方式寄托了诗人矢志不渝的崇高品德，开创了咏物诗的先河。

《天问》是一首规模宏大、体制瑰奇的诗篇，寄托了诗人屈原举贤授能、反对奸邪的政治思想。《招魂》也是一篇想象奇特的祭歌，为汉赋和骈体文提供了艺术借鉴。

以《离骚》为代表的楚辞体是我国浪漫主义诗歌创作的开端，鲁迅曾评价《离骚》"逸响伟辞，卓绝一世……其影响于后来之文章，乃甚或在三百篇以上"。

屈原之后，还出现了一批楚辞作家，但有传世作品的只有宋玉。宋玉模仿《离骚》写成了《九辩》这首长篇政治抒情诗，铸成了"宋玉悲秋"的典故，并形成了借悲秋之景、抒士不遇之情的传统，对后世文人的创作产生了很大影响。

三、先秦散文

先秦散文的主要形式有历史散文和诸子散文两种。

（一）历史散文

历史散文是在史官文化传统的基础上，逐渐产生并成熟的叙事散文。

从文学史的意义来看，作为中国最早的文献记录的甲骨卜辞可视为中国散文的雏形，《易经》卦爻辞则是散文的继续发展。殷周时代，开始以散文形式记载历史事件，即历史散文。中国古代第一部历史文献汇编《尚书》，在中国古代散文史上具有奠基的意义，标志着散文的飞跃发展。《尚书》之后，开始以散文写史，孔子所著《春秋》，是我国编年体史书之祖，其突出的特点就是寓褒贬于叙事的"春秋笔法"，遣词造句十分严谨，文字表达技巧高超，标志着散文语言的日渐成熟。

春秋战国时期，剧烈的社会斗争，为各国的史官提供了丰富的历史素材，积累了大量的档案资料，在进一步总结历史经验教训的现实要求下，产生出《左传》《国语》《战国策》等史学著作。这三部书，不但具有很高的史学价值，而且具有很高的文学价值，是先秦时代重要的历史散文著作。

《左传》是具体解说和补叙《春秋》历史事件原委的著作，是继《春秋》之后中国第二部编年体史书，它与《公羊传》《谷梁传》合称"春秋三传"。与《春秋》的大纲形式不同，《左传》相当系统而具体地记述了春秋时期各国的政治、军事、外交等方面的重大事件。《左传》善写战争，善于通过行事、细节、矛盾冲突刻画人物性格，语言婉约严谨，准确翔实。《左传》为后世的史传文学和小说创作提供了艺术借鉴，影响极其深远，代表篇目有《曹刿论战》《郑伯克段于鄢》《烛之武退秦师》等。

《国语》是中国第一部国别体史书，其侧重于记载各诸侯国政治外交活动中的一些谏说言辞，多用人物言论记述史实，利用人物对话、旁议来突出人物特点，语言朴实简练，逻辑严密，代表篇目有《邵公谏厉王弭谤》等。

《战国策》是另一部国别体史书，但它不是一部系统的史书，是经汉代刘向的整理和润色，才形成如今各篇较为统一的风格。从文学的角度看，《战国策》的成就超过了

《左传》和《国语》，是先秦时代历史散文发展的高峰，直接孕育了汉代的史传文学。《战国策》侧重于记载策士和纵横家的活动事迹，兼有《左传》《国语》叙事、记言之长，又多铺陈夸张，以情节发展、人物对话、场景描写和心理刻画来凸显人物的精神面貌，多策士之言，追求铺张夸饰，文笔酣畅淋漓，以气势和辞采取胜。

（二）诸子散文

春秋战国时期，新兴的封建制度出现，进一步促进社会生产力的发展，社会上出现了专门从事精神生产的人，于是诞生了"士"这一阶层，他们在学术上各自成家，主要代表有儒（孔丘、孟轲、荀况）、墨（墨翟）、道（老聃、庄周）、法（商鞅、韩非）、农（许行、陈相）、名（公孙龙）、纵横（苏秦、张仪）、阴阳（邹衍）等。这些代表人物就是所谓的诸子。诸子散文则是指春秋战国时期诸子百家阐述自己对自然和社会不同观点和主张的哲理性著作。

先秦诸子散文的发展，大致可分三个阶段。春秋后期为第一阶段，这时有《论语》《墨子》问世，文章多为语录体，或为简明议论的短章。战国中期为第二阶段，这时以《孟子》《庄子》为代表，文章形式逐渐由语录体发展为对话式论辩文与专题论文。战国后期为第三阶段，以《荀子》《韩非子》为代表，其文章都是鸿篇巨制的专题论文，完善了论说文的体制。

孔子，字仲尼，名丘，中国古代伟大的思想家，创立了儒家学说，其思想核心是"仁"和"礼"，亦是伟大的教育家，首创私学，提出"有教无类"思想，打破了学在官府的垄断局面。《论语》由孔子的弟子和再传弟子所编，主要记录了孔子的思想言行，共二十篇。《论语》以语录体为主，语言质朴自然，生动形象，词约义丰，充满情感。

孟子，名轲，字子舆，其学术渊源与孔子一脉相承，后人把他与孔子并称为"孔孟"，称他为"亚圣"。孟子哲学思想的中心是"性善论"，政治思想的核心是"仁政"，并提出了民贵君轻的思想。《孟子》共七篇，亦为语录体，但《孟子》大部分是对话，独白亦多长篇大论，表现出逐渐向成熟说理文过渡的趋势。

老子，姓李，名耳，字聃，道教创始人。老子的哲学思想以"道"为核心，以"道"为最高的哲学范畴。《老子》全书共八十一章，分为上下两篇，上篇三十七章，称《道经》，下篇四十四章，称《德经》，故《老子》又称《道德经》。《老子》是诗体散文，文章句短多韵，充满哲理与诗意，时常采用象征手法，使作品含蓄隽永。

庄子，名周，道家学派的代表人物，后世把他与老子并称，同奉为道家之宗，封其为"南华真人"，《庄子》亦被尊为《南华真经》。庄子在政治上采取"予无所用天下为"的无为出世之说；在哲学思想上，其核心是顺应自然，反对人为。在诸子散文中，《庄子》的艺术成就最高，其善用比喻和寓言故事来说明抽象哲理，想象丰富，构思奇特，夸张大胆，意境雄阔，具有浓厚的浪漫主义色彩。

墨子，名翟，墨家学说创始人。墨子的学说与儒学对立，与儒学同为当时的显学。墨子主张选贤任能，反对贵族专制，倡导"兼爱""非攻"。《墨子》中的文章风格质朴，重视实用，不重文采，逻辑性很强，虽语言质朴，但大量使用比喻、排比、对偶等修辞手法。

荀子，名况，字卿，荀子自称儒家，实际是对儒、法、道、名、墨等各家思想有所批判和继承发展的一种新儒学，其主要的思想观点为反对"法先王"、"人定胜天"及"性恶论"等。《荀子》是荀子及其门徒创作的一部论文集，今存三十二篇，大部分为荀子所作，文章主要为长篇专题论文，结构严谨，说理透彻，想象丰富，妙趣横生，寓道理于形象之中，句法上比喻重叠排列，构成了不少对偶和排比句式。

韩非，韩国贵族，荀子的学生，战国末期法家代表人物，亦是法家思想集大成者。韩非建立了以法为本，法、术、势融为一体的集权主义法治学说，以加强中央集权。《韩非子》是一部政治哲学论文集，共二十卷五十五篇，多数为韩非所作，文章严密透彻，条理分明，深刻明确，具有强烈的批判精神，通过寓言故事发表带有哲理性的议论，具有很强的说服力。

第二单元

人 间 真 情

在这个快节奏的时代，我们总是匆匆前行，却常常忽略了那些藏在日常点滴中的珍贵情感。本单元精选了《召南·摽有梅》《周南·汉广》《钗头凤·红酥手》《钗头凤·世情薄》《项脊轩志》《武松大闹飞云浦》和《古驿道上相失》这些经典篇章，带我们穿越时光，追寻文字深处的真情。

无论是爱情的缱绻缠绵、亲情的深厚绵长，还是友情的纯净真挚，这些作品都以细腻的笔触将情感的丰富与复杂展现得淋漓尽致。它们就像一面面情感的镜子，映照出古今人物的内心世界，也折射出我们每个人心底最柔软的角落。这些文字不仅是生活的写照，更是情感的共鸣，它们诉说着爱的温度、亲情的力量和友情的可贵，仿佛一束束微光，在生活的起伏与挑战中，为我们照亮前行的路。

苏轼曾言："人生如逆旅，我亦是行人。"这句朴实的话语道出了人生旅程的短暂与无常，却也提醒我们：正因有了那些珍贵的情感，这段旅程才变得如此深刻而动人，它们为我们赋予了生命的意义，让旅程的每一步都感受到温暖与希望。

1 诗经（二首）

《诗经》是我国最早的一部诗歌总集，也是儒家"六艺"之一，相传为孔子所编定。本只称《诗》，后世才称为《诗经》。《诗经》现存诗三百零五篇，分为《风》《雅》《颂》三大类。《诗经》从各个方面表现了当时的社会生活，句式以四言为主。根据不同内容的需要，分别采用赋、比、兴的表现手法，语言朴素优美、韵律和谐，写景抒情富于艺术感染力，对后代文学产生了深远的影响。

其一 召南·摽有梅

摽[1] 有梅，其实七[2] 兮。求我庶[3] 士，迨[4] 其吉[5] 兮。

摽有梅，其实三兮。求我庶士，迨其今[6] 兮。

摽有梅，顷筐[7] 塈之。求我庶士，迨其谓[8] 之。

【注释】

[1] 摽（biào）：一说坠落，一说掷、抛。

[2] 七：一说非实数，古人以七到十表示多，三以下表示少；或七成，即树上未落的梅子还有七成。

[3] 庶：众多。

[4] 迨（dài）：及，趁。

[5] 吉：好日子。

[6] 今：现在。

[7] 顷筐：斜口浅筐，犹今之簸箕。

[8] 谓：一说聚会；一说开口说话；一说归，嫁。

【赏析提示】

《摽有梅》是一首以女子口吻表达尽早成婚之愿的诗作。这首诗以女子大胆而殷切的情感，真挚动人地表达了其对尽早成婚的渴望。《周礼·地官·媒氏》记载"仲春之月，令会男女。于是时也，奔者不禁"，反映了上古先民的婚嫁习俗。

本诗共有三章，诗的每一章都以"梅子落地"作为开篇。第一章中梅子落地，留在树上的尚有七成，暗示女子正值青春妙龄，青春正好；第二章中树上的梅子转眼只剩三成，暗示女子芳华即逝，唯恐迟暮；第三章中成熟的梅子纷纷落地，要用竹筐去

盛，暗示女子择偶成家、寻觅归宿的终极意愿。随着"落梅"数量的增加，女主人公对"求我庶士"的呼唤也越来越急切，情感渲染愈发强烈，是女主人公对"求我庶士"层层递进的呼唤。从"迨其吉"到"迨其今"，再到"迨其谓"，女主人公急切的心理层层渲染，终于到达淋漓尽致之境。清代龚橙《诗本义》中评论此诗，称"《摽有梅》，急婿也"，意在表达女子对婚姻的迫切期望。

其二　周南·汉广

南有乔木，不可休[1] 思[2]。
汉[3] 有游女[4]，不可求思。
汉之广矣，不可泳思。
江[5] 之永[6] 矣，不可方[7] 思。

翘翘错薪[8]，言[9] 刈[10] 其楚[11]。
之子于归[12]，言秣[13] 其马。
汉之广矣，不可泳思。
江之永矣，不可方思。

翘翘错薪，言刈其蒌[14]。
之子于归，言秣其驹。
汉之广矣，不可泳思。
江之永矣，不可方思。

【注释】

[1] 休：休息。因乔木高而无荫，不能休息。

[2] 思：语助词，同"兮"。

[3] 汉：汉水，长江支流之一。

[4] 游女：出游的女子，或解为女神。

[5] 江：江水，即长江。

[6] 永：水流长，同时有江水浩瀚之意。

[7] 方：桴，筏。因江水浩瀚，乘筏子也不可渡。

[8] 翘翘错薪：高高杂乱的柴草。翘翘，喻杂草丛生。

[9] 言：语气词。

[10] 刈（yì）：割。

[11] 楚：灌木名，即牡荆，古代嫁娶以楚薪作火把，刈楚喻嫁娶。

[12] 归：嫁。

[13] 秣（mò）：喂马。

[14] 蒌（lóu）：蒌蒿，像芦苇一样的野草。嫩时可食，老则为薪。

【赏析提示】

《周南·汉广》是一首男子对心仪女子求而不得的情歌。在这首诗中，抒情主人公倾心于一位美丽的女子，却始终无法如愿以偿。面对宽阔的江面，他唱出了这首动人的诗歌，表达了满怀的忧愁与无奈。诗歌塑造了一个生动的人物形象，诗意逻辑严密，通过对比现实与幻想，展现了主人公内心的挣扎与矛盾。

"南有乔木，不可休思""翘翘错薪，言刈其楚""翘翘错薪，言刈其蒌"三句，揭示了抒情主人公是一位年轻的樵夫，诗歌中描述了他砍柴劳作的场景。诗的首章八句，反复出现的四个"不可"，淋漓尽致地表达了他对"游女"追求的无望，形势的无法改变。诗的第二、三章则美好地描绘了主人公的幻想：若有朝一日"游女"来嫁他，他会先喂饱马儿然后拉车前往。然而，这些终究只是幻想，主人公沉迷于幻想后回到现实，依旧是无法实现的美好愿望，尽管如此，他仍然对"游女"深情不变。诗的第二、三章中对"汉广""江永"的重复吟唱，是主人公幻想破灭后的悲怆歌唱，情感纠结，无法解开，最终只能深陷在无法实现的愿望之中难以自拔。

【思考探究】

（1）以《周南·汉广》为例，论述《诗经》的艺术特色。
（2）探究《诗经》中婚恋诗的特点。
（3）分析《卫风·氓》中的妇女形象。

【相关链接】

郑风·野有蔓草

野有蔓草，零露漙兮。
有美一人，清扬婉兮。
邂逅相遇，适我愿兮。
野有蔓草，零露瀼瀼。
有美一人，婉如清扬。
邂逅相遇，与子偕臧。

卫风·氓

氓之蚩（chī）蚩，抱布贸丝。
匪来贸丝，来即我谋。
送子涉淇，至于顿丘。
匪我愆（qiān）期，子无良媒。
将（qiāng）子无怒，秋以为期。

乘彼垝（guǐ）垣（yuán），以望复关。

不见复关，泣涕涟涟。

既见复关，载笑载言。

尔卜尔筮（shì），体无咎言。

以尔车来，以我贿迁。

桑之未落，其叶沃若。

于（xū）嗟鸠兮，无食桑葚（shèn）！

于嗟女兮，无与士耽！

士之耽兮，犹可说（tuō）也。

女之耽兮，不可说也。

桑之落矣，其黄而陨（yǔn）。

自我徂（cú）尔，三岁食贫。

淇水汤（shāng）汤，渐（jiān）车帷裳（cháng）。

女也不爽，士贰（tè）其行（háng）。

士也罔极，二三其德。

三岁为妇，靡室劳矣。

夙兴夜寐，靡有朝（zhāo）矣。

言既遂矣，至于暴矣。

兄弟不知，咥（xī）其笑矣。

静言思之，躬自悼（dào）矣。

及尔偕老，老使我怨。

淇则有岸，隰（xí）则有泮（pàn）。

总角之宴，言笑晏晏。

信誓旦旦，不思其反。

反是不思，亦已焉哉！

2 钗头凤（二首）

陆游（1125—1210），字务观，中年自号放翁，越州山阴（今浙江省绍兴市）人，南宋著名爱国诗人、词人。陆游少年时即受家庭中爱国思想熏陶，宋高宗时应礼部试，为秦桧所黜。中年入蜀，投身军旅生活，官至宝章阁待制。因民族矛盾尖锐、国势危迫，"扫胡尘""靖国难"也成为陆游一生的志向。陆游诗、词、文皆长，尤以诗歌成就最高，今存九千多首，创作题材广泛，包括一草一木、一鱼一鸟，无不入诗。他的时事政治作品激昂慷慨，表达了广大人民恢复中原的愿望，与辛弃疾的词作一同成为这个时代的最强音。陆游早年曾受江西诗派的影响，后来人生经历丰富，悟出了诗歌与现实生活的关系，从而形成自己独特的诗歌风格。

唐婉，字蕙仙，生卒年月不详，陆游的表妹，陆游母舅唐诚的女儿，自幼文静灵秀，才华横溢。陆家曾以一只精美无比的家传凤钗作信物，与唐家定亲。陆游20岁时与唐婉结合，不料唐婉与陆游的亲密感情，却被陆母认为是唐婉耽误儿子的前程，遂命陆游休了唐婉。陆游曾另筑别院安置唐婉，其母察觉后，命陆游另娶一位温顺本分的王氏女为妻。唐婉而后由家人作主嫁给了皇家后裔、同郡士人赵士程。绍兴二十一年（1151），陆游礼部会试失利后到沈园去游玩，偶然遇见了唐婉，两个人都非常难过。陆游感伤地在墙上题了一首《钗头凤·红酥手》。数年后，唐婉再次来到沈园，无意瞥见陆游的题词，不由感慨万千，于是和了一阕《钗头凤·世情薄》。随后不久便抑郁而终。

钗头凤[1]·红酥手

陆 游

红酥[2]手，黄縢酒[3]，满城春色宫墙[4]柳。东风恶，欢情薄。一怀愁绪，几年离索[5]。错，错，错！

春如旧，人空瘦，泪痕红浥鲛绡透[6]。桃花落，闲池阁，山盟虽在，锦书[7]难托[8]。莫，莫，莫！

【注释】

[1] 钗头凤：词牌名。该词牌自五代时《撷芳词》中"都如梦，何曾共，可怜孤似钗头凤"句，截取一片而来。相传钗头凤为陆唐二人定亲之信物，而兼怀世事都如梦的无尽慨叹，便取此调记下千古伤心语。

[2] 红酥：红润而软腻。

[3] 黄縢酒：宋时官酒上以黄纸封口，又称黄封酒。

[4] 宫墙：山阴为古越国都城，宋高宗时又曾以此地为行都，故称沈园之墙为宫墙。

[5] 离索：离群索居，分离也。

[6] 泪痕红浥（yì）鲛绡透：泪水洗尽了脸上的胭脂，又把薄绸的手帕全都湿透。浥，沾湿。鲛绡，传说鲛人织绡，极薄，后以泛指薄绸。鲛，神话传说中生活在海中的人，其泪珠能变成珍珠，亦作"鲛人"

[7] 锦书：书信。

[8] 难托：难以寄出。

钗头凤·世情薄

唐 婉

世情薄，人情恶，雨送黄昏花易落。晓风干，泪痕残。欲笺[1] 心事，独语斜阑。难，难，难！

人成各，今非昨，病魂长似秋千索。角声[2] 寒[3]，夜阑珊[4]。怕人寻问，咽泪装欢。瞒，瞒，瞒！

【注释】

[1] 笺：写，倾诉。

[2] 角声：画角之声。角，号角，古代军中吹角以为昏明之节。

[3] 寒：凄凉幽怨。

[4] 阑珊：残，将尽。

【赏析提示】

《钗头凤·红酥手》是一首描写词人与原配唐婉爱情悲剧的词。全词记录了词人在禹迹寺南沈园与唐婉偶然相遇的情景，展现了二人自被迫分别后词人对唐婉深沉的眷恋和切切的相思，是一首情感真挚、令人感动的作品。

上片，"红酥手，黄滕酒"两句，展现了唐婉的美丽和温柔，通过描写她捧酒的动作，回顾了往昔夫妻共度的美好时光。"满城春色宫墙柳"一句扩展了视野，词人心中的挚爱如同宫墙外的柳树，可望而不可即。"满城春色"与"宫墙柳"的对比，含蓄地表达了词人内心的隐痛和哀怨。"东风"句的冷漠和可憎，直至"一怀愁绪，几年离索"，直接表达了词人被迫与原配离异的心情和难以平复的创伤，情感如洪水般奔腾，词人喊出"错，错，错"，字字饱含血泪，彰显了内心的悲愤和无奈，令人心痛。

下片写"人空瘦"，与"红酥手"形成鲜明对比，充分展现了"几年离索"给唐婉带来的精神折磨和痛苦。"泪痕红浥鲛绡透"刻画了唐婉哀痛欲绝的神态，表达的是词人对唐婉的怜惜和眷恋。"桃花落，闲池阁"景象映衬出词人内心的凄凉，美丽的桃花凋零，楼阁空荡。"山盟虽在，锦书难托"表达了往昔的誓言如今难以实现的无奈，"莫，莫，莫"的哀叹，在一片悲哀之情中结束了全词。《钗头凤·红酥手》中词人运用长短句，结构跌宕起伏，自然开合，笔触简洁，情感丰富，抒情含蓄而深刻。总体而言，这首词的内容和形式达到了完美统一，是一首情感饱满、令人感动的作品。唐婉读后，内心深受触动，也和了一首《钗头凤·世情薄》。

唐婉的《钗头凤·世情薄》倾诉了婚变给女性带来的沉重精神打击。她被休弃，这是人生中最大的耻辱，更悲惨的是不仅与丈夫诀别，还要被迫改嫁。她的心被撕裂，还要遭受践踏。"世情薄，人情恶"是她切身的体验，也是控诉。"难，难，难""瞒，瞒，瞒"表达了唐婉的哀怨、无助和孤苦，"雨送黄昏花易落""病魂常似秋千索"这两句比喻形象生动，是她对自己不幸命运的惨痛预言。唐婉这位美丽、才华横溢的女子，被封建礼教所吞噬，为爱情付出了生命的代价，留下了这首如杜鹃泣血的哀歌。

（1）仔细体会"东风恶，欢情薄。一怀愁绪，几年离索。错，错，错"所包含的意蕴。

（2）两首《钗头凤》的艺术特点有何不同？

（3）《钗头凤·世情薄》展现了一个什么样的女子形象？

【相关链接】

沈园二首

陆　游

其一

城上斜阳画角哀，沈园非复旧池台。

伤心桥下春波绿，曾是惊鸿照影来。

其二

梦断香消四十年，沈园柳老不吹绵。

此身行作稽山土，犹吊遗踪一泫然。

3　项脊轩志

归有光

归有光（1507—1571），字熙甫、开甫，别号震川，苏州府昆山县（今江苏省昆山市）人。归有光出生在一个家道中落的大家族中，他8岁丧母，父亲是一介穷秀才。嘉靖四十四年（1565），58岁的归有光第九次上京参加会试，终于考取进士，开始了短暂的为官生涯，其初任浙江长兴县令，因得罪豪门与上司，调任顺德府（今河北省邢台市）通判，后经大学士高拱推荐，任南京太仆寺丞，后卒于任上。归有光其文被称作"明文第一"，他对前、后"七子"的盲目拟古倾向不满，崇尚唐宋古文，所作散文继承欧阳修、曾巩的文风，朴素简洁，善于叙事，能以情动人，有较大成就，且把家庭琐事引到古文中来，扩大了散文的表现范围，清人将其与王慎中、唐顺之、茅坤相提并论，近人则径称他们为"唐宋派"。归有光的散文记叙家人之谊、朋友之情，感情真挚，神态生动，风韵悠远。他还参与编修了《世宗实录》，著有《三吴水利录》《马政志》《易图论》《震川文集》《震川尺牍》等。

项脊轩[1]，旧南阁子也。室仅方丈[2]，可容一人居。百年老屋，尘泥渗漉[3]，雨泽下注[4]，每移案[5]，顾视，无可置者。又北向，不能得日[6]，日过午已昏[7]。余稍为修葺，使不上漏。前辟四窗，垣墙周庭[8]，以当[9]南日，日影反照，室始洞然[10]。又杂植兰桂竹木于庭，旧时栏楯[11]，亦遂增胜[12]。借[13]书满架，偃仰啸歌[14]，冥然兀坐[15]，万籁有声。而庭阶寂寂，小鸟时来啄食，人至不去。三五之夜[16]，明月半墙，桂影斑驳，风移影动，珊珊[17]可爱。

然予居于此，多可喜，亦多可悲。先是庭中通南北为一。迨诸父异爨[18]，内外多置小门墙，往往[19]而是。东犬西吠[20]，客逾庖而宴[21]，鸡栖于厅。庭中始为篱，已[22]为墙，凡再变矣[23]。家有老妪[24]，尝居于此。妪，先大母[25]婢也，乳二世[26]，先妣抚之甚厚[27]。室西连于中闺[28]，先妣尝一至。妪每谓余曰："某所，而母立于兹。"妪又曰："汝姊在吾怀，呱呱而泣；娘以指叩门扉曰：'儿寒乎？欲食乎？'吾从板[29]外相为应答[30]……"语未毕，余泣，妪亦泣。

余自束发[31]，读书轩中，一日，大母过余[32]曰："吾儿，久不见若影，何竟日[33]默默在此，大类[34]女郎也？"比去[35]，以手阖门[36]，自语曰："吾家读书久不效，儿之成，则可待乎！"顷之，持一象笏[37]至，曰："此吾祖太常公[38]宣德间执此以朝，他日汝当用之！"瞻顾遗迹[39]，如在昨日，令人长号[40]不自禁。

轩东，故尝为厨；人往，从轩前过。余扃牖[41]而居，久之，能以足音辨人。轩凡四遭火，得不焚，殆有神护者。

项脊生[42]曰："蜀清守丹穴，利甲天下，其后秦皇帝筑女怀清台[43]；刘玄德与曹操争天下，诸葛孔明起陇中[44]。方二人之昧昧于一隅也[45]，世何足以知之，余区区处败屋中，方扬眉、瞬目[46]，谓有奇景。人知之者，其谓与坎井之蛙何异[47]？"

余既为此志，后五年，吾妻来归[48]，时至轩中，从余问古事，或凭几学书[49]。吾妻归宁[50]，述诸小妹语曰："闻姊家有阁子，且何谓阁子也？"其后六年，吾妻死，室坏不修。其后二年，余久卧病无聊，乃使人复葺南阁子，其制[51]稍异于前。然自后余多在外，不常居。

庭有枇杷树，吾妻死之年所手植[52]也，今已亭亭如盖[53]矣。

【注释】

[1] 轩：小的房室。

[2] 方丈：一丈见方。

[3] 尘泥渗漉：从小孔慢慢漏下。渗，透过。漉，漏下。渗漉，渗漏。

[4] 雨泽下注：雨水往下流。下，往下。雨泽，雨水。

[5] 案：几案，桌子。

[6] 得日：照到阳光。

[7] 昏：光线不明。

[8] 垣墙周庭：庭院四周砌上围墙。垣，矮墙，也泛指墙。周庭，把院子四周围住。

[9] 当：对着。

［10］洞然：透明敞亮。

［11］栏楯（shǔn）：栏杆。纵的叫栏，横的叫楯。

［12］增胜：增添了光彩。胜，美。

［13］借：通"藉"，狼藉，意为杂乱不整。

［14］偃仰啸歌：随着心意自由地高声吟诵诗歌。偃仰，即俯仰，这里指安居、休息，形容生活悠然自得。啸歌，长啸或吟唱，这里指吟咏诗文。啸，口中发出悠长而清越的声音。

［15］冥然兀坐：静静地独自端坐着。兀坐，端坐。

［16］三五之夜：农历每月十五的夜晚。

［17］珊珊：通"姗姗"，形容衣裙玉佩的声音，引申为美好的样子。

［18］迨（dài）诸父异爨（cuàn）：等到伯、叔们分了家。迨，及，等到。诸父，伯父、叔父的统称。异爨，分灶做饭，意思是分家。

［19］往往：指到处，处处。

［20］东犬西吠：东家的狗对着西家的狗叫。意思是分家后，狗把原住同一庭院的人当作陌生人。

［21］逾庖而宴：越过厨房而去吃饭，指办事不合情理。庖，厨房。

［22］已：已而，随后不久，然后。

［23］凡再变矣：总共变了两次。凡，总共。再，两次。

［24］老妪：老年妇女。

［25］先大母：已故的祖母。大母，祖母。

［26］乳二世：喂养过两代人。乳，此指喂奶。

［27］先妣抚之甚厚：已故的母亲对她（指祖母的婢女）很好。先妣，已故的母亲。抚，对待，照顾。

［28］中闺：指内室。

［29］扃：门。

［30］相为应答：（对她）作出回答。

［31］束发：古代男孩十五为成童之年，要把头发束起来盘到头顶上。

［32］过余：到我这里。

［33］竟日：一天到晚。竟，从头到尾。

［34］大类：很像。

［35］比去：等到离开时。

［36］阖（hé）：通"合"，关闭。

［37］象笏（hù）：象牙制的长方形板，又称象简、手版，古代大臣朝见君主时手执之物。

［38］太常公：指归有光祖母的祖父夏昶，昶字仲昭，明永乐年间进士，曾任太常寺卿。

［39］瞻顾遗迹：回忆旧日事物。瞻顾，泛指看，有瞻仰、回忆的意思。

［40］长号（háo）：大声痛哭。

[41] 扃（jiōng）牖（yǒu）：关着窗户。扃，从外面关闭门户的门环、门闩等。牖，窗户。

[42] 项脊生：作者的别号。

[43] "蜀清"三句：巴蜀地方有个名叫清的寡妇，她继承了丈夫留下的朱砂矿，采矿获利为天下第一，秦始皇筑"女怀清台"纪念她。丹穴，朱砂矿。利，利润。甲，第一。《史记·货殖列传》云："巴寡妇清，其先得丹穴，而擅其利数世，家亦不訾。清，寡妇也，能守其业，用财自卫，不见侵犯。秦皇帝以为贞妇而客之，为筑女怀清台。"

[44] 陇中：田垄之中。陇，通"垄"。

[45] 方二人之昧昧于一隅也：当这两个人无声无息地住在偏僻的地方时。方，当。二人，指寡妇清和孔明。昧昧，不明的样子，指不被人知道。隅，角落。

[46] 扬眉、瞬目：一举眉，一转眼。此处兼有沾沾自喜之意。

[47] "人知"二句：如果有知道我这种境遇的人，恐怕会把我看作目光短浅的井底之蛙吧！坎，坑穴。

[48] 来归：嫁到我家来。

[49] 凭几学书：伏在案几上学写字。几，小而矮的桌子。

[50] 归宁：出嫁的女儿回娘家省亲。

[51] 制：指建造的格式和样子。

[52] 手植：亲手种植。

[53] 盖：伞。此句比喻枇杷树长得高大，枝叶茂盛。

【赏析提示】

《项脊轩志》是一篇卓越的抒情散文，作者通过"借一阁以记三世之遗迹"（清人梅曾亮语）的方式，全文以项脊轩为起点和终点，运用一间旧屋作为线索，将人物和事件紧密联系在一起。初看似信手拈来，实则蕴含着精心的提炼和严密的构思。文章内含身世之感和思亲之情，外以项脊轩的变迁为缩合，尽管全文讲述的不过是日常琐事，涉及的三代人——祖母、母亲和妻子——却能让读者感受到一种清淡而深沉的情感。

【思考探究】

(1) 项脊轩在全文中起到什么作用？文中作者是怎样描写归家三代的变迁情况的？

(2) "又杂植兰桂竹木于庭""万籁有声"两句各有什么表达作用？

(3) 作者抓住了哪几个富有特征性的细节，来描写旧式大家庭的四分五裂之状？

(4) 解释下列"之"字的含义。

① 儿之成，则可待乎！

② 顷之，持一象笏至。

③ 吾妻死之年所手植也。

④ 先妣抚之甚厚。

⑤ 三五之夜。

【相关链接】

寒花葬志

归有光

婢，魏孺人媵也。嘉靖丁酉五月四日死，葬虚丘。事我而不卒，命也夫！

婢初媵时，年十岁，垂双鬟，曳深绿布裳。一日天寒，爇火煮荸荠熟，婢削之盈瓯。予入自外，取食之，婢持去不与。魏孺人笑之。孺人每令婢倚几旁饭，即饭，目眶冉冉动。孺人又指予以为笑。

回思是时，奄忽便已十年。吁，可悲也已！

4 武松大闹飞云浦

施耐庵

施耐庵（1296—1370），名子安，号耐庵，江苏兴化（今江苏省盐城市）人，元末明初文学家。他的生平事迹，史料记载甚少，或说曾于元至顺间中进士，官钱塘，以不合当道权贵，弃官归里，闭门著述。传说亦多互相矛盾。据明高儒《百川书志》载："《忠义水浒传》一百卷，钱塘施耐庵的本，罗贯中编次。"明郎瑛《七修类稿》所记略同。明胡应麟《少室山房笔丛》谓罗贯中为施耐庵门人。一般认为施耐庵是《水浒传》的作者。一说《水浒传》是施、罗合编，一说是施作罗续，按此说法，罗贯中应也参与了《水浒传》的创作。

且说施恩于次日安排了许多酒馔，甚是齐备，来央康节级引领，直进大牢里看视武松，见面送饭。此时武松已自得康节级看觑，将这刑禁都放宽了。施恩又取三二十两银子，分俵[1]与众小牢子，取酒食叫武松吃了。施恩附耳低言道："这场官司明明是都监替蒋门神报仇，陷害哥哥。你且宽心，不要忧念，我已央人和叶孔目说通了，甚有周全你的好意。且待限满断决你出去，却再理会。"此时武松得松宽了，已有越狱之心，听得施恩说罢，却放了那片心。施恩在牢里安慰了武松，归到营中。过了两日，施恩再备些酒食钱财，又央康节级引领，入牢里与武松说话。相见了，将酒食管待，又分俵了些零碎银子与众人做酒钱。回归家来，又央浼人上下去使用，催趱打点文书。过得数日，施恩再备了酒肉，做了几件衣裳，再央康节级维持，相引将来牢里请众人吃酒，买求看觑武松，叫他更换了些衣服，吃了酒食。

出入情熟，一连数日，施恩来了大牢里三次。却不提防被张团练家心腹人见了，回去报知。那张团练便去对张都监说了其事。张都监却再使人送金帛来与知府，就说与此事。那知府是个赃官，接受了贿赂，便差人常常下牢里来闸看，但见闲人便要拿问。施恩得知了，那里敢再去看觑。武松却自得康节级和众牢子自照管他。施恩自此早晚只去得康节级家里讨信，得知长短，都不在话下。

看看前后将及两月，有这当案叶孔目一力主张，知府处早晚说开就里。那知府方才知得张都监接受了蒋门神若干银子，通同张团练设计排陷武松，自心里想道："你倒赚了银两，教我与你害人！"因此心都懒了，不来管看。捱到六十日限满，牢中取出武松，当厅开了枷。当案叶孔目读了招状，定拟下罪名，脊杖二十，刺配恩州牢城，原盗赃物给还本主。张都监只得着家人当官领了赃物。当厅把武松断了二十脊杖，刺了金印，取一面七斤半铁叶盘头枷钉了，押一纸公文，差两个壮健公人防送武松，限了时日要起身。那两个公人领了牒文，押解了武松出孟州衙门便行。有诗为证：

> 孔目推详秉至公，武松垂死又疏通。
> 今朝远戍恩州去，病草凄凄遇暖风。

且说叶孔目从公拟断，决配了武松。原来武松吃断棒之时，却得老管营使钱通了，叶孔目又看觑他，知府亦知他被陷害，不十分来打重，因此断得棒轻。武松忍着那口气，带上行枷，出得城来，两个公人监在后面。约行得一里多路，只见官道旁边酒店里钻出施恩来，看着武松道："小弟在此专等。"武松看施恩时，又包着头，络着手臂。武松问道："我好几时不见你，如何又做恁地模样？"施恩答道："实不相瞒哥哥说，小弟自从牢里三番相见之后，知府得知了，不时差人下来牢里点闸，那张都监又差人在牢门口左右两边寻看着，因此小弟不能勾再进大牢里看望兄长，只在得康节级家里讨信。半月之前，小弟正在快活林中店里，只见蒋门神那厮又领着一伙军汉到来厮打。小弟被他又痛打一顿，也要小弟央浼人陪话，却被他仍复夺了店面，依旧交还了许多家火什物。小弟在家将息未起，今日听得哥哥断配恩州，特有两件绵衣送与哥哥路上穿着，煮得两只熟鹅在此，请哥哥吃两块了去。"施恩便邀两个公人，请他入酒肆。那两个公人那里肯进酒店里去，便发言发语道："武松这厮，他是个贼汉！不争我们吃你的酒食，明日官府上须惹口舌。你若怕打，快走开去！"施恩见不是话头，便取十来两银子送与他两个公人。那厮两个那里肯接，恼忿忿地只要催促武松上路。施恩讨两碗酒叫武松吃了，把一个包裹拴在武松腰里，把这两只熟鹅挂在武松行枷上。施恩附耳低言道："包裹里有两件绵衣，一帕子散碎银子，路上好做盘缠，也有两只八搭麻鞋在里面。只是要路上仔细提防，这两个贼男女不怀好意！"武松点头道："不须分付，我已省得了，再着两个来也不惧他。你自回去将息，且请放心，我自有措置。"施恩拜辞了武松，哭着去了，不在话下。有诗为证：

> 朝磨暮折走天涯，坐趱行催重可嗟。
> 多谢施恩深馈送，棱棱义气实堪夸。

武松和两个公人上路，行不到数里之上，两个公人悄悄地商议道："不见那两个来？"武松听了，自暗暗地寻思，冷笑道："没你娘鸟兴，那厮倒来扑复老爷！"武松右手却吃钉住在行枷上，左手却散着。武松就枷上取下那熟鹅来，只顾自吃，也不采那两个公人。又行了一二里路，再把这只熟鹅除来，右手扯着，把左手撕来只顾自吃。行不过五里路，把这两只熟鹅都吃尽了。

约莫离城也有八九里多路，只见前面路边先有两个人，提着朴刀，各跨口腰刀，先在那里等候。见了公人监押武松到来，便帮着做一路走。武松又见这两个公人与那两个提朴刀的挤眉弄眼，打些暗号。武松早瞧见，自瞧了八分尴尬，只安在肚里，却且只做不见。又走不过数里多路，只见前面来到一处济济荡荡鱼浦，四面都是野港阔河。五个人行至浦边，一条阔板桥，一座牌楼，上有牌额，写着道"飞云浦"三字。武松见了，假意问道："这里地名唤做甚么去处？"两个公人应道："你又不眼瞎，须见桥边牌额上写道'飞云浦'！"

武松踅[2]住道："我要净手则个。"那一个公人走近一步，却被武松叫声："下去！"一飞脚早踢中，翻筋斗踢下水去。这一个急待转身，武松右脚早起，扑咚地也踢下水里去。

那两个提朴刀的汉子望桥下便走。武松喝一声："那里去！"把枷只一扭，折做两半个，扯开封皮，将来撇在水里，赶将下桥来。那两个先自惊倒了一个。武松奔上前去，望那一个走的后心上只一拳打翻，便夺过朴刀来，搠上几朴刀，死在地上。却转身回来，这个才挣得起，正待要走。武松追着，劈头揪住，喝道："你这厮实说，我便饶你性命！"那人道："小人两个是蒋门神徒弟。今被师父和张团练定计，使小人两个来相帮防送公人，一处来害好汉。"

武松道："你师父蒋门神今在何处？"那人道："小人临来时，和张团练都在张都监家里后堂鸳鸯楼上吃酒，专等小人回报。"武松道："原来恁地，却饶你不得！"手起刀落，也把这人杀了。解下他腰刀来，拣好的带了一把。将两个尸首都撺在浦里。又怕那两个公人不死，提起朴刀，每人身上搠了几朴刀。立在桥上看了一回，思量道："虽然杀了这四个贼男女，不杀得张都监、张团练、蒋门神，如何出得这口恨气！"提着朴刀，踌躇了半晌，一个念头，竟奔回孟州城里来。

不是这个武松投孟州城里来要杀张都监，有分教：画堂深处，尸横厅事阶前；红烛光中，血满彩阁内。哄动乾坤，大闹寰宇。正是：两只大虫分胜败，一双恶兽并输赢。毕竟武松再奔回孟州城里来怎地结末，且听下回分解。

【注释】

[1] 分俵：分散、分配的意思。有时也写作"俵分"。

[2] 踅（xué）：来回地走。

【赏析提示】

在《水浒传》中，因蒋门神和张都监联手陷害，武松被冤枉偷窃财物，最终被判处流放到恩州。在流放途中，受蒋门神的指示，差人企图在飞云浦暗杀武松。武松机警过人，在桥头假装观望，趁两名差人动手时，飞脚将他们踢入河中。剩下的两个差人企图逃跑，然而武松挣脱了木枷，将这两人也斩杀了，展现了他惊人的神力和高超的武艺。这一系列动作不仅展示了武松的勇猛和武艺的高超，也凸显了他在危机面前的冷静和应对能力。

当武松得知真相，知道是蒋门神在暗中陷害他，便决定返回孟州城，这段情节的描述为"有分教：画堂深处，尸横厅事阶前；红烛光中，血满彩阁内。哄动乾坤，大闹寰宇"，暗示了接下来的场景将会有重大变化，武松将不再是被动挨打的角色，而选择主动出击，洗清自己的冤屈。

【思考探究】

（1）说说文章哪几个段落的描写令你印象深刻，并说明理由。

（2）结合《水浒传》的其他章回，全面分析武松的人物形象。

【相关链接】

张都监血溅鸳鸯楼

施耐庵

词曰：

> 神明照察，难除奸狡之心。国法昭彰，莫绝凶顽之辈。
>
> 损人益己，终非悠远之图；害众成家，岂是久长之计。
>
> 福缘善庆，皆因德行而生；祸起伤财，盖为不仁而至。
>
> 知廉识耻，不遭罗网之灾；举善荐贤，必有荣华之地。
>
> 行慈行孝，乃后代之昌荣；怀妒怀奸，是终身之祸患。
>
> 广施恩惠，人生何处不相逢；多结冤仇，路逢狭处难回避。

话说这篇言语，劝人行善逢善，行恶逢恶。话里所说，张都监听信这张团练说诱嘱托，替蒋门神报仇，贪图贿赂，设出这条奇计，陷害武松性命。临断出来，又使人买嘱两个防送公人，却教蒋门神两个徒弟相帮公人，同去路上结果他性命。谁想四个人倒都被武松搠死在飞云浦了。当时武松立于桥上，寻思了半晌，踌躇起来，怨恨冲天："不杀得张都监，如何出得这口恨气！"便去死尸身边解下腰刀，选好的取把将来跨了，拣条好朴刀提着，再径回孟州城里来。进得城中，早是黄昏时候，只见家家闭户，处处关门。但见：

十字街荧煌灯火，九曜寺香霭钟声。一轮明月挂青天，几点疏星明碧汉。六军营内，呜呜画角频吹；五鼓楼头，点点铜壶正滴。四边宿雾，昏昏罩舞榭歌台；三市寒烟，隐隐蔽绿窗朱户。两两佳人归绣幕，双双士子掩书帏。

当下武松入得城来，径踅去张都监后花园墙外，却是一个马院。武松就在马院边伏着，听得那后槽却在衙里，未曾出来。正看之间，只见呀地角门开，后槽提着个灯笼出来，里面便关了角门。武松却躲在黑影里，听那更鼓时，早打一更四点。那后槽上了草料，挂起灯笼，铺开被卧，脱了衣裳，上床便睡。武松却来门边挨那门响，后槽喝道："老爷方才睡，你要偷我衣裳，也早些哩。"武松把朴刀倚在门边，却掣出腰刀在手里，又呀呀地推门。那后槽那里忍得住，便从床上赤条条地跳将起来，拿了搅草棍，拔了拴，却待开门，被武松就势推开去，抢入来把这后槽劈头揪住。却待要叫，灯影下见明晃晃地一把刀在手里，先自惊得八分软了，口里只叫得一声："饶命！"武松道："你认得我么？"后槽听得声音，方才知是武松，便叫道："哥哥，不干我事，你饶了我罢！"武松道："你只实说，张都监如今在那里？"后槽道："今日和张团练、蒋门神他三个吃了一日酒，如今兀自在鸳鸯楼上吃哩。"武松道："这话是实么？"后槽道："小人说谎，就害疔疮。"武松道："恁地却饶你不得！"手起一刀，把这后槽杀了，砍下头来，一脚踢过尸首。武松把刀插入鞘里，就灯影下去腰里解下施恩送来的绵衣，将出来，脱了身上旧衣裳，把那两件新衣穿了，拴缚得紧凑，把腰刀和鞘跨在腰里。却把后槽一床絮被包了散碎银两，入在缠袋里，却把来挂在门边。又将两扇门立在墙边，先去吹灭了灯火，却闪将出来，拿了朴刀，从门上一步步爬上墙来。

月却明亮，照耀如同白日。武松从墙头上一跳，却跳在墙里，便先来开了角门，掇过了门扇，复翻身入来，虚掩上角门，拴都提过了。武松却望灯明处来看时，正是厨房里。只见两个丫嬛正在那汤罐边埋怨，说道："伏侍了一日，兀自不肯去睡，只是要茶吃！那两个客人也不识羞耻，噇得这等醉了，也兀自不肯下楼去歇息，只说个不了。"那两个女使正口里喃喃讷讷地怨怅，武松却倚了朴刀，掣出腰里那口带血刀来，把门一推，呀地推开门，抢入来，先把一个女使鬟角儿揪住，一刀杀了。那一个却待要走，两只脚一似钉住了的，再要叫时，口里又似哑了的，端的是惊得呆了。休道是两个丫嬛，便是说话的见了，也惊得口里半舌不展。武松手起一刀，也杀了，却把这两个尸首拖放灶前，去了厨下灯火，趁着那窗外月光，一步步挨入堂里来。

武松原在衙里出入的人，已自都认得路数，径矮到鸳鸯楼胡梯边来。捏脚捏手摸上楼时，早听得那张都监、张团练、蒋门神三个说话。武松在胡梯口听，只听得蒋门神口里称赞不了，只说："亏了相公与小人报了冤仇。再当重重地答报恩相。"这张都监道："不是看我兄弟张团练面上，谁肯干这等的事！你虽费用了些钱财，却也安排得那厮好。这早晚多是在那里下手，那厮敢是死了。只教在飞云浦结果他。待那四人明早回来，便见分晓。"张团练道："这一夜四个对付他一个，有甚么不了！再有几个性命也没了。"蒋门神道："小人也分付徒弟来，只教就那里下手，结果了快来回报。"正是：

> 暗室从来不可欺，古今奸恶尽诛夷。
> 金风未动蝉先觉，暗送无常死不知。

武松听了，心头那把无明业火高三千丈，冲破了青天。右手持刀，左手叉开五指，抢入楼中。只见三五枝画烛高明，一两处月光射入，楼上甚是明朗，面前酒器，皆不曾收。蒋门神坐在交椅上，见是武松，吃了一惊，把这心肝五脏都提在九霄云外。说时迟，那时快，蒋门神急待挣扎时，武松早落一刀，劈脸剁着，和那交椅都砍翻了。武松便转身回过刀来，那张都监方才伸得脚动，被武松当时一刀，齐耳根连脖子砍着，扑地倒在楼板上。两个都在挣命。这张团练终是个武官出身，虽然酒醉，还有些气力，见剁翻了两个，料道走不迭，便提起一把交椅轮将来。武松早接个住，就势只一推，休说张团练酒后，便清醒白醒时，也近不得武松神力，扑地望后便倒了。武松赶入去，一刀先剁下头来。蒋门神有力，挣得起来，武松左脚早起，翻筋斗踢一脚，按住也割下头。转身来，把张都监也割了头。见桌子上有酒有肉，武松拿起酒钟子，一饮而尽，连吃了三四钟，便去死尸身上割下一片衣襟来，蘸着血，去白粉壁上大写下八字道：

> "杀人者，打虎武松也！"

把桌子上银酒器皿踏匾了，揣几件在怀里。却待下楼，只听得楼下夫人声音叫道："楼上官人们都醉了，快着两个上去搀扶。"说犹未了，早有两个人上楼来。武松却闪在胡梯边看时，却是两个自家亲随人，便是前日拿捉武松的。武松在黑处让他过去，却拦住去路。两个入进楼中，见三个尸首横在血泊里，惊得面面厮觑，做声不得。正如分开八片顶阳骨，倾下半桶冰雪水。急待回身，武松随在背后，手起刀落，早剁翻了一个。那一个便跪下讨饶，武松道："却饶你不得。"揪住，也砍了头。杀得血溅画楼，尸横灯影。武松道："一不做，二不休。杀了一百个，也只是这一死。"提了刀下楼来。夫人问道："楼上怎地大惊小怪？"武松抢到房前，夫人见条大汉入来，兀自问道："是谁？"武松的刀早飞起，劈面门剁着，倒在房前声唤。武松按住，将去割时，刀切头不入。武松心疑，就月光下看那刀时，已自都砍缺了。武松道："可知割不下头来。"便抽身去后门外去拿取朴刀，丢了缺刀，复翻身再入楼下来。只见灯明，前番那个唱曲儿的养娘玉兰，引着两个小的，把灯照见夫人被杀死在地下，方才叫得一声："苦也！"武松握着朴刀，向玉兰心窝里搠着。两个小的亦被武松搠死，一朴刀一个，结果了。走出中堂，把拴拴了前门，又入来寻着两三个妇女，也都搠死了在房里。武松道："我方才心满意足。"有诗为证：

> 都监贪婪甚可羞，谩施奸计结深仇。
> 岂知天道能昭鉴，渍血横尸满画楼。

5　古驿道上相失（节选）

杨　绛

杨绛（1911—2016），本名杨季康，小名阿季，中国著名的作家、戏剧家、翻译家，主要代表作有《干校六记》《洗澡》《我们仨》《走到人生边上——自问自答》等，翻译的《堂吉诃德》广受好评。2003 年，90 多岁的杨绛出版了散文集《我们仨》，这本书写尽了她对丈夫和女儿最深切绵长的怀念。2016 年 5 月 25 日，杨绛逝世，享年 105 岁。

这天很冷。我饭后又特地上楼去，戴上阿圆为我织的巴掌手套。下楼忽见阿圆靠柜台站着。她叫的一声"娘"，比往常更温软亲热。她前两天刚来过，不知为什么又来了。她说："娘，我请长假了，医生说我旧病复发。"她动动自己的右手食指——她小时候得过指骨节结核，休养了将近一年。"这回在腰椎，我得住院。"她一点点挨近我，靠在我身上说："我想去看看爸爸，可是我腰痛得不能弯，不能走动，只可以站着。现在老伟（我的女婿）送我住院去。医院在西山脚下，那里空气特好。医生说，休养半年到一年，就会完全好，我特来告诉一声，叫爸爸放心。老伟在后门口等着我呢，他也想见见妈妈。"她又提醒我说，"妈妈，你不要走出后门。我们的车就在外面等着。"店家为我们拉开后门。我扶着她慢慢地走。门外我女婿和我说了几句话，他叫我放心。我站在后门口看他护着圆圆的腰，上了一辆等在路边的汽车。圆圆摇下汽车窗上的玻璃，脱掉手套，伸出一只小小的白手，只顾挥手。我目送她的车去远了，退回客栈，后门随即关上。我惘惘然一个人从前门走上驿道。

驿道上铺满落叶，看不清路面，得小心着走。我想，是否该告诉锺书，还是瞒着他。瞒是瞒不住的，我得告诉，圆圆特地来叫我告诉爸爸的。

锺书已经在等我，也许有点生气，故意闭上眼睛不理我。我照常盘腿坐在他床前，慢慢地说："刚才是阿圆来叫我给爸爸传几句话。"他立即张大了眼睛。我就把阿圆的话，委婉地向他传达，强调医生说的休养半年到一年就能完全养好。我说：从前是没药可治的，现在有药了，休息半年到一年，就完全好了。阿圆叫爸爸放心。

锺书听了好久不说话。然后，他很出我意外地说："坏事变好事，她可以好好地休息一下了。等好了，也可以卸下担子。"

这话也给我很大的安慰。因为阿圆胖乎乎的，脸上红扑扑的，谁也不会让她休息；现在有了病，她自己也不能再鞭策自己。趁早休息，该是好事。

我们静静地回忆旧事：阿圆小时候一次两次的病，过去的劳累，过去的忧虑，过去的希望……我握着锺书的手，他也握握我的手，好像是叫我别愁。

回客栈的路上，我心事重重。阿圆住到了医院去，我到哪里去找她呢？我得找到她。我得做一个很劳累的梦。我没吃几口饭就上床睡了。我变成了一个很沉重的梦。

我的梦跑到客栈的后门外，那只小小的白手好像还在招我。恍恍惚惚，总能看见她那只小小的白手在我眼前。西山是黑地里也望得见的。我一路找去。清华园、圆明园，那一带我都熟悉，我念着阿圆阿圆，那只小小的白手直在我前面挥着。我终于找到了她的医院，在苍松翠柏间。

进院门，灯光下看见一座牌坊，原来我走进了一座墓院。不好，我梦魇了。可是一拐弯我看见一所小小的平房，阿圆的小白手在招我。我透过门，透过窗，进了阿圆的病房。只见她平躺在一张铺着白单子的床上，盖着很厚的被子，没有枕头。床看来很硬。屋里有两张床。另一张空床略小，不像病床，大约是陪住的人睡的。有大夫和护士在她旁边忙着，我的女婿已经走了。屋里有两瓶花，还有一束没解开的花，大夫和护士轻声交谈，然后一同走出病房，走进一间办公室。我想跟进去，听听他们怎么说，可是我走不进。我回到阿圆的病房里，阿圆闭着眼乖乖地睡呢。我偎着她，我拍着她，她都不知觉。

我不嫌劳累，又赶到西石槽，听到我女婿和他妈妈在谈话，说幸亏带了那床厚被，他说要为阿圆床头安个电话，还要了一只冰箱。生活护理今晚托清洁工兼顾，已经约定了一个姓刘的大妈。我又回到阿圆那里，她已经睡熟，我劳累得不想动了，停在她床头边消失了。我睁眼身在客栈床上。我真的能变成一个梦，随着阿圆招我的手，找到了医院里的阿圆吗？有这种事吗？我想阿圆只是我梦里的人。她负痛小步挨向妈妈，靠在妈妈身上，我能感受到她腰间的痛；我也能感觉到她舍不得离开妈妈去住医院，舍不得撇我一人在古驿道上来来往往。但是我只抱着她的腰，缓步走到后门，把她交给了女婿。她上车弯腰坐下，一定都很痛很痛，可是她还摇下汽车窗上的玻璃，脱下手套，伸出一手向妈妈挥挥，她是依恋不舍。我的阿圆，我唯一的女儿，永远叫我牵心挂肚的，睡里梦里也甩不掉，所以我就创造了一个梦境，看见了阿圆。该是我做梦吧？我实在拿不定我的梦是虚是实。我不信真能找到她的医院。

我照常到了锺书的船上，他在等我。我握着他的手，手心是烫的。摸摸他的脑门子，也是热烘烘的。锺书是在发烧，阿圆也是在发烧，我确实知道的就这一点。

我以前每天总把阿圆在家的情况告诉他。这回我就把梦中所见的阿圆病房，形容给他听，还说女婿准备为她床头安电话，为她要一只冰箱，等等。锺书从来没问过我怎么会知道这些事。他只在古驿道的一只船里，驿道以外，那边家里的事，我当然知道。我好比是在家里，他却已离开了家。我和他讲的，都是那边家里的事。他很关心地听着。

他嘴里不说，心上和我一样惦着阿圆。我每天和他谈梦里所见的阿圆。他尽管发烧，精神很萎弱，但总关切地听。

我每晚做梦，每晚都在阿圆的病房里。电话已经安上了，就在床边。她房里的花越来越多。睡在小床上的是刘阿姨，管阿圆叫钱教授，阿圆不准她称教授，她就称钱老师。刘阿姨和钱老师相处得很好。医生护士对钱瑗都很好。她们称她钱瑗。

医院的规格不高，不能和锺书动手术的医院相比。但是小医院里，管理不严，比较乱，也可说很自由。我因为每到阿圆的医院总在晚间，我的女婿已不在那里，我变成的梦，不怕劳累，总来回来回跑，看了这边的圆圆，又到那边去听女婿的谈话。阿圆的情况我知道得还周全。我尽管拿不稳自己是否真的能变成一个梦，是否看到真的阿圆，也许我自己只在梦中，看到的只是我梦中的阿圆。但是我切记着驿站的警告。我不敢向锺书提出任何问题，我只可以向他讲讲他记挂的事，我就把我梦里所看到的，一一讲给锺书听。

我告诉他，阿圆房里有一只大冰箱，因为没有小的了。邻居要借用冰箱，阿圆都让人借用，由此结识了几个朋友。她隔壁住着一个"大款"，是某饭店的经理，入院前刷新了房间，还配备了微波炉和电炉；他的夫人叫小马，天天带来新鲜菜蔬，并为丈夫做晚饭。小马大约是山西人，圆圆常和她讲山西"四清"时期的事，两人很相投。小马常借用阿圆的大冰箱，也常把自己包的饺子送阿圆吃。医院管饭的大师傅待阿圆极好，一次特为她做了一尾鲜鱼，亲自托着送进病房。阿圆吃了半条，剩半条让刘阿姨帮她吃完。阿圆的婆婆叫儿子送来她拿手的"妈咪鸡"，阿圆请小马吃，但他们夫妇只欣赏饺子。小马包的饺子很大，阿圆只能吃两只。医院里能专为她炖鸡汤，每天都给阿圆炖西洋参汤。我女婿为她买了一只很小的电炉，能热一杯牛奶……

我谈到各种吃的东西，注意锺书是否有想吃的意思。他都毫无兴趣。

我又告诉他，阿圆住院后还曾为学校审定过什么教学计划。阿圆天天看半本侦探小说，家里所有的侦探小说都搜罗了送进医院，连她朋友的侦探小说也送到医院去了。但阿圆不知是否精力减退，又改读菜谱了。我怕她是精力减退了，但是我没有说。也许只是我在担心。我觉得她脸色渐变苍白。

我又告诉锺书，阿圆的朋友真不少，每天病房里都是鲜花。学校的同事、学生不断地去看望。亲戚朋友都去，许多中学的老同学都去看她。我认为她太劳神了，应该少见客人。但是我听西石槽那边说，圆圆觉得人家远道来访不易，她不肯让他们白跑。

我谈到亲戚朋友，注意锺书是否关切。但锺书漠无表情。以前，每当阿圆到船上看望，他总强打精神。自从阿圆住院，他干脆都放松了。他很倦怠，话也懒说，只听我讲，张开眼又闭上。我虽然天天见到他，只觉得他离我很遥远。

阿圆呢？是我的梦找到了她，还是她只在我的梦里？我不知道。她脱了手套向我挥手，让我看到她的手而不是手套。可是我如今只有她为我织的手套与我相亲了。

快过了半年，我听见她和我女婿通电话，她很高兴地说：医院特为她赶制了一个护腰，是量着身体做的；她试过了，很服帖；医生说，等明天做完CT，让她换睡软床，她穿上护腰，可以在床上打滚。

但是阿圆很瘦弱，屋里的大冰箱里塞满了她吃不下而剩下的东西。她正在脱落大把大把的头发。西石槽那边，我只听说她要一只帽子。我都没敢告诉锺书。他刚发过一次高烧，正渐渐退烧，很倦怠。我静静地陪着他，能不说的话，都不说了。我的种种忧虑，自个儿担着，不叫他分担了。

第二晚我又到医院。阿圆戴着个帽子，还睡在硬床上，张着眼睛，不知在想什么。刘阿姨接了电话，说是学校里打来的让她听。阿圆接了话筒说："是的，嗯……我好着。今天护士、大夫，把我扛出去照CT，完了，说还不行呢。老伟来过了。硬床已经拆了，都换上软床了。可是照完CT，他们又把软床换去，搭上硬床。"她强打欢笑说："穿了护腰一点儿不舒服，我宁愿不穿护腰，斯斯文文地平躺在硬床上；我不想打滚。"

大夫来问她是否再做一个疗程。阿圆很坚强地说："做了见好，再做。我受得了。头发掉了会再长出来。"

我听到隔壁那位"大款"和小马的谈话。

男的问："她知道自己什么病吗？"

女的说："她自己说，她得的是一种很特殊的结核病，潜伏了几十年又再发，就很厉害，得用重药。她很坚强。真坚强。只是她一直在惦着她的爹妈，说到妈妈就流眼泪。"

我觉得我的心上给捅了一下，绽出一个血泡，像一只饱含着热泪的眼睛。

锺书高烧之后剃成一个光头，阿圆帽子底下也是光头。两人的头型和五官都很相像，只不过阿圆的眼皮不双。

锺书高烧退了又渐渐有点精神。我就告诉他阿圆的病情：据医生说，潜伏几十年后又复发的结核病比原先厉害，还得慢慢养；反正她乖乖地躺着休养，休养总是好的。我说："我看你们两个越看越像。一样的脑袋，一样的脸型。惟独和爸爸的双眼皮不像，但眼神完全像爸爸。可阿圆生了病就变成双眼皮了。"

锺书得意地说："'方凳妈妈'第一次见到阿圆就说，她眼睛像爸爸。'方凳'眼睛尖。"

我的梦很疲劳。真奇怪，疲劳的梦也影响我的身体。我天天拖着疲劳的脚步在古驿道上来来往往。阿圆住院时，杨柳都是光秃秃的，现在，成荫的柳叶已开始黄落。我天天带着自己的影子，踏着落叶，一步一步小心地走，没完地走。

我每晚都在阿圆的病房里。一次，她正和老伟通电话。阿圆强笑着说："告诉你一个笑话。昨晚我做了一个梦，梦见妈妈偎着我的脸。我梦里怕是假的。我对自己说，是妖精就是香的，是妈妈就不香。我闻着不香，我说，这是我的妈妈。但是我睁不开眼，看不见她。我使劲儿睁开眼，后来眼睛睁开了——我在做梦。"她放下电话，嘴角抽搐着，闭上眼睛，眼角滴下眼泪。她把听筒交给刘阿姨。刘阿姨接下说："钱老师今天还要抽肺水，不让多说了。"接下是她代阿圆报告病情。

我心上又绽出几个血泡，添了几只饱含热泪的眼睛。我想到她梦中醒来，看到自己孤零零躺在医院病房里，连梦里的妈妈都没有了。而我的梦是十足无能的，只像个影子。我依偎着她，抚摸着她，她一点不觉得。

我知道梦是富有想象力的。想念得太狠了，就做噩梦。我连夜做噩梦。阿圆渐渐不进饮食。她头顶上吊着一袋紫红色的血，一袋白色的什么蛋白，大夫在她身上打通了什么管子，输送到她身上。刘阿姨不停地用小勺舀着杯里的水，一勺一勺润她的嘴。我心上连连地绽出一只又一只饱含热泪的眼睛。有一晚，我女婿没回家，他也用小勺，一勺一勺地舀着杯子里的清水，润她的嘴。她直闭着眼睛睡。

我不敢做梦了。可是我不敢不做梦。我疲劳得都走不动了。我坐在锺书床前，握着他的手，把脸枕在他的床边。我一再对自己说："梦是反的，梦是反的。"阿圆住院已超过一年，我太担心了。

我抬头忽见阿圆从斜坡上走来，很轻健。她稳步走过跳板，走入船舱。她温软亲热地叫了一声"娘"，然后挨着我坐下，叫一声"爸爸"。

锺书睁开眼，睁大了眼睛，看着她，看着她，然后对我说："叫阿圆回去。"

阿圆笑眯眯地说："我已经好了，我的病完全好了，爸爸……"

锺书仍对我说："叫阿圆回去，回家去。"

我一手搂着阿圆，一面笑说："我叫她回三里河去看家。"我心想梦是反的，阿圆回来了，可以陪我来来往往看望爸爸了。

锺书说："回到她自己家里去。"

"嗯，回西石槽去，和他们热闹热闹。"

"西石槽究竟也不是她的家。叫她回到她自己家里去。"

阿圆清澈的眼睛里，泛出了鲜花一样的微笑。她说："是的，爸爸，我就回去了。"

太阳已照进船头，我站起身，阿圆也站起身。我说："该走了，明天见！"

阿圆说："爸爸，好好休息。"

她先过跳板，我随后也走上斜坡。我仿佛从梦魇中醒来。阿圆病好了！阿圆回来了！

她拉我走上驿道，陪我往回走了几步。她扶着我说："娘，你曾经有一个女儿，现在她要回去了。爸爸叫我回自己家里去。娘……娘……"

她鲜花般的笑容还在我眼前，她温软亲热的一声声"娘"还在我耳边，但是，就在光天化日之下，一晃眼她没有了。就在这一瞬间，我也完全省悟了。

我防止跌倒，一手扶住旁边的柳树，四下里观看，一面低声说："圆圆，阿圆，你走好，带着爸爸妈妈的祝福回去。"我心上盖满了一只一只饱含热泪的眼睛，这时一齐流下泪来。

我的手撑在树上，我的头枕在手上，胸中的热泪直往上涌，直涌到喉头。我使劲咽住，但是我使的劲儿太大，满腔热泪把胸口挣裂了。只听得嗶嗒一声，地下石片上掉落下一堆血肉模糊的东西。迎面的寒风，直往我胸口的窟窿里灌。我痛不可忍，忙蹲下把那血肉模糊的东西揉成一团往胸口里塞；幸亏血很多，把滓杂污物都洗干净了。我一手抓紧裂口，另一手压在上面护着，觉得恶心头晕，生怕倒在驿道上，跟跟跄跄，奔回客栈，跨进门，店家正要上闩。

我站在灯光下，发现自己手上并没有血污，身上并没有裂口。谁也没看见我有任何异乎寻常的地方。我的晚饭，照常在楼梯下的小桌上等着我。

我上楼倒在床上，抱着满腔满腹的痛变了一个痛梦，赶向西山脚下的医院。

阿圆屋里灯亮着，两只床都没有了，清洁工在扫地，正把一堆垃圾扫出门去。我认得一只鞋是阿圆的，她穿着进医院的。

我听到邻室的小马夫妇的话："走了，睡着去的，这种病都是睡着去的。"

我的梦赶到西石槽刘阿姨在我女婿家饭间尽头的长柜上坐着淌眼抹泪。我的女婿在自己屋里呆呆地坐着。他妈妈正和一个亲戚细谈阿圆的病，又谈她是怎么去的。她说：钱瑗的病，她本人不知道，驿道上的爹妈当然也不知道。现在，他们也无从通知我们。

我的梦不愿留在那边，虽然精疲力竭，却一意要停到自己的老窝里去，安安静静地歇歇。我的梦又回到三里河寓所，停在我自己的床头上消失了。

我睁眼身在客栈。我的心已结成一个疙疙瘩瘩的硬块，居然还能按规律匀匀地跳动。每跳一跳，就牵扯着肚肠一起痛。阿圆已经不在了，我变了梦也无从找到她；我也疲劳得无力变梦了。

驿道上又飘拂着嫩绿的长条，去年的落叶已经给北风扫净。我赶到锺书的船上，他正在等我。他高烧退尽之后，往往又能稍稍恢复一些。

他问我："阿圆呢？"

我在他床前盘腿坐下，扶着床说："她回去了！"

"她什么？？"

"你叫她回自己家里去，她回到她自己家里去了。"

锺书很诧异地看着我，他说："你也看见她了？"

我说："你也看见了。你叫我对她说，叫她回去。"

锺书着重说："我看见的不是阿圆，不是实实在在的阿圆，不过我知道她是阿圆。我叫你去对阿圆说，叫她回去吧。"

"你叫阿圆回自己家里去，她笑眯眯地放心了。她眼睛里泛出笑来，满面鲜花一般的笑，我从没看见她笑得这么美。爸爸叫她回去，她可以回去了，她可以放心了。"

锺书凄然看着我说："我知道她是不放心。她记挂着爸爸，放不下妈妈。我看她就是不放心，她直在抱歉。"

老人的眼睛是干枯的，只会心上流泪。锺书眼里是灼热的痛和苦，他黯然看着我，我知道他心上也在流泪。我自以为已经结成硬块的心，又张开几只眼睛，清清流泪，把胸中那个疙疙瘩瘩的硬块湿润得软和了些，也光滑了些。

我的手是冰冷的。我摸摸他的手，手心很烫，他的脉搏跳得很急促。锺书又发烧了。

我急忙告诉他，阿圆是在沉睡中去的。我把她的病情细细告诉。她腰痛住院，已经是病的末期，幸亏病转入腰椎，只那一节小骨头痛，以后就上下神经断连，她没有痛感了。她只是希望赶紧病好，陪妈妈看望爸爸，忍受了几次治疗。现在她什么病都不怕了，什么都不用着急了，也不用起早贪黑忙个没完没了了。我说，自从生了阿圆，永远牵心挂肚肠，以后就不用牵挂了。

我说是这么说，心上却牵扯得痛。锺书点头，却闭着眼睛。我知道他心上不仅痛惜圆圆，也在可怜我。

【赏析提示】

本文节选自《我们仨·古驿道上相失》。节选部分是本篇文章中情感内涵最为沉郁、最显露真情的部分。作者与钱锺书唯一的女儿阿圆生病了，作者不得不一个人变成沉重的梦，来回奔波于治疗阿圆的医院和古驿道上锺书所在的船上，面对至亲的病体，作者的牵挂、担忧、悲怆，丝丝缕缕溢出文字，叙述着最沉甸甸的情感。阿圆生病了，作者目送她前往医院，一个人茫然地走在古驿道上，此时的驿道铺满落叶，连路都难以辨认，仿佛被浓雾笼罩，给人一种荒凉感。想象着一个八旬老人孤零零地在驿道上走着，担忧着女儿和丈夫的病情，这样的情感非亲身体验难以感同身受。作者实在是担忧女儿，变成了一个沉重的梦。在梦中，作者寻到了女儿所在的医院，"在苍松翠柏之间"，有"一座墓院"，女儿的病床上覆盖着白单子，这样的描写暗示着阿圆的病情实在非常严重！"我"一会儿在医院，一会儿又在"西石槽"家里，一会儿又在隔壁病友的房间，母亲、女婿、病友都在关切阿圆的病情，现实与梦境浑然一体。当"我"听到隔壁病友说着女儿的病，女儿还在担忧着妈妈，"我觉得我的心上给揘了一下，绽出一个血泡，像一只饱含着热泪的眼睛"。随着阿园病情的恶化，作者的心上不断绽出血泡，直到女儿离去，作者心上仿佛"盖满了一只一只饱含热泪的眼睛"，共同流泪。父母还在女儿先行，这对耄耋之年的老人而言是多么残忍，确是锥心之痛。"杨柳都是光秃秃的，现在，成荫的柳叶已开始黄落"，"驿道上又飘拂着嫩绿的长条，去年的落叶已经给北风扫净"，黄了枯、枯了又绿的柳树，在满目深情的老人眼中是这样的忧伤凄苦；四季变换的风景，对走在黄昏中的老人亦是如此凄美哀怨。"一切景语皆情语"，朴素的描写替代撕心裂肺、寸断肝肠的悲声。虽不事渲染，却无比感人；虽不言悲伤，却字字含悲，力透纸背达到极致。通过情景交融营造梦境的邈远迷离，过于深重的死别的悲情，把丰富复杂的情感寓于景中。这时锺书的病也越来越严重，"老人的眼睛是干枯的，只会心上流泪"。女儿"走了"，这样一个梦中梦，更突显了生离死别时三人的惆怅和无奈。

【思考探究】

(1) 文中的景物描写有什么作用？

(2) 读完《古驿道上相失》，说说你的感受。

【相关链接】

围城（节选）

钱锺书

方鸿渐的父亲是一乡之望，周经理少不得上门拜访，因此成了朋友，从朋友攀为亲家。鸿渐还在高中读书，随家里作主订了婚。未婚妻并没见面，只瞻仰过一张半身照相，也漠不关心。

两年后到北平进大学，第一次经历男女同学的风味。看人家一对对谈情说爱，好不眼红。想起未婚妻高中读了一年书，便不进学校，在家实习家务，等嫁过来做能干媳妇，不由自主地对她厌恨。这样怨命，怨父亲，发了几天呆，忽然醒悟，壮着胆写信到家里要求解约。他国文曾得老子指授，在中学会考考过第二，所以这信文绉绉，没把之乎者也用错。信上说什么："迩来触绪善感，欢寡愁殷，怀抱剧有秋气。每揽镜自照，神寒形削，清癯非寿者相。窃恐我躬不阅，周女士或将贻误终身。尚望大人垂体下情，善为解铃，毋小不忍而成终天之恨。"他自以为这信措词凄婉，打得动铁石心肠。谁知道父亲快信来痛骂一顿："吾不惜重资，命汝千里负笈，汝埋头攻读之不暇，而有余闲照镜耶？汝非妇人女子，何须置镜？惟梨园子弟，身为丈夫而对镜顾影，为世所贱。吾不图汝甫离膝下，已濡染恶习，可叹可恨！且父母在，不言老，汝不善体高堂念远之情，以死相吓，丧心不孝，于斯而极！当是汝校男女同学，汝睹色起意，见异思迁；汝托词悲秋，吾知汝实为怀春，难逃老夫洞鉴也。若执迷不悔，吾将停止寄款，命汝休学回家，明年与汝弟同时结婚。细思吾言，慎之切切！"方鸿渐吓矮了半截，想不到老头子竟这样精明。忙写回信讨饶和解释，说：镜子是同室学生的，他并没有买；这几天吃美国鱼肝油丸、德国维他命片，身体精神好转，脸也丰满起来，只可惜药价太贵，舍不得钱；至于结婚一节，务请到毕业后举行，一来妨碍学业，二来他还不能养家，添他父亲负担，于心不安。他父亲收到这封信，证明自己的威严远及于几千里外，得意非凡，兴头上汇给儿子一笔钱，让他买补药。方鸿渐从此死心不敢妄想，开始读叔本华，常聪明地对同学们说："世间哪有恋爱？压根儿是生殖冲动。"

转眼已到大学第四年，只等明年毕业结婚。一天，父亲来封快信，上面说："顷得汝岳丈电报，骇悉淑英病伤寒，为西医所误，遂于本月十三日下午四时长逝，殊堪痛惜。过门在即，好事多磨，皆汝无福所致也。"信后又添几句道："塞翁失马，焉知非福，使三年前结婚，则此番吾家破费不资矣。然吾家积德之门，苟婚事早完，淑媳或可脱灾延寿。姻缘前定，勿必过悲。但汝岳父处应去一信唁之。"鸿渐看了有犯人蒙赦的快活，但对那短命的女孩子，也稍微怜悯。自己既享自由之乐，愿意旁人减去悲哀，于是向未过门丈人处真去了一封慰唁的长信。周经理收到信，觉得这孩子知礼，便吩咐银行里文书科王主任作复。文书科主任看见原信，向东家大大恭维这位未过门姑爷文理书法都好，并且对死者情词深挚，想见天性极厚，定是个远到之器。周经理听得开心，叫主任回信说：女儿虽没过门，翁婿名分不改，生平只有一个女儿，本想好好热闹一下，现在把陪嫁办喜事的那笔款子加上方家聘金为女儿做生意所得利息，一共两万块钱，折合外汇一千三百镑，给方鸿渐明年毕业了做留学费。方鸿渐做梦都没想到这样的好运气，对他死去的未婚妻十分感激。他是个无用之人，学不了土木工程，在大学里从社会学系转哲学系，最后转入中国文学系毕业。学国文的人出洋"深造"，听来有些滑稽。事实上，惟有学中国文学的人非到外国留学不可。因为一切其他科目像数学、物理、哲学、心理、经济、法律等等都是从外国灌输进来的，早已洋气扑鼻；只有国文是国货土产，还需要外国招牌，方可维持地位，正好像中国官吏、商人在本国剥削来的钱要换外汇，才能保持国币的原来价值。

秦汉文学概述

秦汉文学是指公元前 221 年秦始皇统一六国，到东汉末汉献帝建安元年（196）这一历史时期的文学。

一、秦代文学

公元前 221 年，秦始皇完成统一六国的事业，建立了中国历史上第一个中央集权的封建王朝。为了加强思想统一，秦王朝采取了一些极端的专制主义的文化政策，例如焚书坑儒，阻碍了学术文化的发展，加之秦代只存在短短的十几年，因此在文学方面没有什么太高的成就。有作品传世的作家只有李斯，而其富有文采的作品，就只有一篇《谏逐客书》，主要内容是劝阻秦王不要驱逐客卿，文章富有气势和文采，是一篇很好的散文。

二、汉代文学

汉代文学是在先秦文学的基础上，在汉代现实生活的土壤里发展起来的。从文体上看，汉代文学的发展主要体现在辞赋、散文、诗歌等方面。

（一）辞赋

辞赋是汉代最盛行的文体。赋，最初是《诗经》中的一种表现手法，与比、兴并列。战国后期，赋发展成一种独立的文体，内容侧重于状物叙事，形式介于诗歌与散文之间，可以说是诗的散文化、散文的诗化。赋不能入乐歌唱，只适用于诵读。赋作为一种文体，是由宋玉和荀况首创的。宋玉由屈原的词赋变化出赋体，为汉赋的形成奠定了基础。荀况受楚国文学的影响，作有《赋篇》，对汉代咏物赋以及重视赋的教化作用，有较大的影响。

赋产生于战国后期的楚国，盛行于汉代。汉代的赋可以分为骚体赋、大赋和小赋三类。骚体赋产生于西汉初年，是西汉文人模仿楚辞而创造的一种赋体，这种赋体在内容上侧重于抒情，形式上与楚辞没有多大差别，代表作有贾谊的《吊屈原赋》、司马相如的《长门赋》、司马迁的《悲士不遇赋》等。

大赋兴盛于汉武帝到东汉中期，是汉赋中的代表，创作也达到鼎盛。大赋的篇幅大多较长，结构宏达，一般都在千言以上。大赋常用夸张的手法、富丽的辞藻，对宫殿、京都、山川等壮丽事物，以及帝王政治上的阙失和统治阶级的奢侈生活做穷极声貌的描写，它的主旨是"既美且刺"，一方面大力宣扬汉王朝的威望和气魄，歌颂帝王的功德，另一方面又对帝王政治上的阙失和统治阶级的淫奢生活进行讽刺和劝诫，因此很受汉代文人喜爱，汉代文人进行了大量的创作，达到了汉赋创作的鼎盛。枚乘的《七发》标志着大赋的正式形成，最著名的大赋作家是"汉赋四大家"，即司马相如（代表作有《子虚赋》《上林赋》）、扬雄（代表作有《甘泉赋》《河东赋》《羽猎赋》《长杨赋》）、班固（代表作有《西都赋》《东都赋》）和张衡（代表作有《西京赋》《东京赋》）。

小赋产生于汉末，以讥讽时事、言志抒情为特点，篇幅较短，文辞清丽，代表作有张衡的《归田赋》、蔡邕的《述行赋》等。

（二）散文

汉代散文内容丰富、形式多样，其中以政论散文和史传散文成就最高，数量众多，是汉代散文的主流。此外，还有记事散文，如刘向的《说苑》《新序》《列女传》等，和以书信为载体，剖白个人心迹、抒发个人情感为主的抒情议理散文，如司马迁《报任安书》等，也是脍炙人口的散文作品。

1. 政论散文

汉代政论散文是继先秦散文发展而来的，西汉初年，人们开始从秦朝的灭亡中汲取经验教训，再加上当时内忧外患的存在，由此促进了政论散文的发展。政论散文在这一时期至于兴盛，代表作有贾谊《过秦论》、晁错《论贵粟疏》、邹阳《上书吴王》、枚乘《上书谏吴王》、司马相如《难蜀父老》、刘向《谏营昌陵疏》。到了东汉后期，政论之风再兴，但这一时期作品的气势、文采普遍不如西汉初年，代表作有王符《潜夫论》、王充《论衡》等。

2. 史传散文

汉代散文另一杰出的成就是史传散文，又称史传文学。史传文学是由著名历史学家、文学家司马迁开创的文体，代表作有司马迁的《史记》和班固的《汉书》。司马迁撰写的《史记》，被誉为"二十四史之首"，《史记》的编写体例不同于以时间为次序的编年体，或以地域划分的国别体，而是以人物传记为中心来叙述史实，后世称这种编写体例为"纪传体"。《史记》是中国历史上第一部纪传体通史，记载了上至上古传说中的黄帝时代，下至汉武帝太初四年间共 3000 多年的历史。《史记》全书由十二本纪、三十世家、七十列传、十表、八书组成，共一百三十篇，五十二万六千五百余字。本纪主要记载历代帝王的政绩，世家主要记载诸侯国和汉代诸侯、勋贵兴亡的历史，列传主要记载重要人物的言行事迹（其中最后一篇为自序），表即大事年表，书则记录各种典章制度。其中本纪、世家、列传部分是《史记》的主体内容。

《史记》通过人物活动的叙述，生动描绘了广阔的社会生活画面，思想内容丰富多

大学语文

彩，主要包括以下几点：第一，对封建统治阶级的丑行劣迹予以大胆的揭露和批判；第二，对陈涉、项羽等反暴秦的"豪杰"予以充分的肯定和歌颂；第三，歌颂了具有爱国思想、坚持正义、反对暴政的人物；第四，为封建社会中下层的历史人物作传，歌颂他们高贵的品质。

《史记》高超的艺术成就主要体现在：第一，叙事技巧，叙事态度更具文学性，通过第三人称客观叙述；第二，人物刻画，使用互见法，避免叙事重复，精选代表性事件展示人物形象，并通过戏剧性冲突情节、细致的心理描写和细节描写刻画人物性格特征；第三，语言运用，人物语言极具个性化，还引用了民谣和谚语，语言简洁、精练，极富表现力。

《史记》对后世传记文学、散文、戏剧、小说等都产生了深远的影响，鲁迅曾评价其"史家之绝唱，无韵之《离骚》"。

东汉班固的《汉书》，是继《史记》之后又一部史传文学的典范，因只记西汉一代，是中国第一部纪传体的断代史，与《史记》《后汉书》《三国志》并称为"前四史"，也是"二十四史"之一。《汉书》的体例基本承袭《史记》，只是改"书"为"志"，将"世家"并入"列传"。全书包括十二纪、十志、八表、七十传，共一百篇，记载了从汉高祖元年（前206）到王莽地皇四年（23）两百余年的历史。《汉书》的体例比《史记》更为严格整齐，史料比《史记》更加完善。《汉书》不像《史记》那样绘声绘色地夸张场面、渲染气氛、描写情节，而是在娓娓叙谈中简练准确地勾画人物，使各类人物的心理、神情跃然纸上。《汉书》行文叙事详密谨严，语言简洁规范、整饬富赡。

（三）诗歌

汉代诗歌分为汉代乐府民歌和文人五言诗两部分。

1. 乐府民歌

两汉时期，乐府原指音乐机关。到魏晋南北朝时期，乐府变为一种带有音乐性质的诗体名称。唐代，乐府一变成为一种批判现实的讽刺诗。宋元以后，单从入乐这一点出发，称词曲为乐府。汉乐府民歌最早见于记录的是沈约的《宋书·乐志》，现存仅三四十首。保存乐府民歌最完备的总集是南朝宋郭茂倩编纂的《乐府诗集》。

汉代乐府民歌继承和发扬了《诗经》的现实主义传统，皆"感于哀乐，缘事而发"，诗歌中表现了人们普遍关心的现实问题，如对阶级剥削和压迫的反抗，对战争和劳役的揭露，亦反映了爱情、婚姻与家庭问题等，有着丰富的思想内容，是汉代社会生活的一面镜子。

汉代乐府民歌的艺术特色主要包括：首先以叙事为主，标志着中国古代叙事诗的发展趋向成熟；其次，善于通过人物的语言和行动来表现人物的性格特征，并善于运用比兴和铺陈手法，诗歌形式灵活多样，有五言、七言和杂言，不仅直接影响了文人五言诗的产生，也孕育了后来的七言诗。汉代乐府民歌的代表作有《江南》《陌上桑》《孔雀东南飞》等，其中《孔雀东南飞》作为中国古代文学史上著名的长篇叙事诗，是汉代乐府民歌发展的最高峰。

2. 文人五言诗

与汉代乐府民歌相比，汉代文人诗歌黯然失色。在乐府民歌的影响下，东汉文人开始写完整的五言诗，即文人五言诗。最早的文人五言诗是班固的《咏史》，语言技巧更为成熟的是张衡的《同声歌》，模仿乐府民歌较成功的作品是辛延年的《羽林郎》，而《古诗十九首》则代表了汉代文人五言诗的最高成就。

《古诗十九首》的名称，最早见于萧统编纂的《文选》，这十九首诗是东汉一群无名诗人的作品，因内容和风格相近，都是完整的五言，所以萧统把它们编在一起。《古诗十九首》反映的是中下层文人的生活和思想感情，内容大致分为两类：一类描写仕途失意的苦闷和悲哀；另一类写游子思妇的别离相思之苦。

《古诗十九首》既包含了抒情、委婉、含蓄的表现手法，又体现出深沉、曲折的思想感情，诗歌语言浅近自然、意蕴丰厚，标志着文人五言诗的发展趋向成熟，刘勰更是誉称其"五言之冠冕"。

第三单元

大 好 河 山

　　山川的壮丽，古往今来都让人心驰神往。在这片大好河山之间，我们不仅能沉醉于自然的鬼斧神工，更能触碰到人文历史的深沉脉动。每一篇文章，都是一次心灵的远足，徜徉在文字的海洋，我们去倾听自然的呼吸，去感受人文的温度。触碰这些文字，不仅是对山水的凝望，更是与生命与文化的深情相拥。本单元精选的五篇文章，从五种不同的视角，共同描绘出一幅壮丽多彩的大好河山画卷，不仅是对自然之美的深情礼赞，更是对人文精神的深刻致敬。每一处景致，每一段文字，都在提醒我们：这片土地，不仅有山川的巍峨，还有文化的厚重；不仅有自然的馈赠，还有人类的智慧与情感。

1　石壁精舍还湖中作^[1]

谢灵运

谢灵运（385—433），名公义，字灵运，陈郡阳夏（今河南省周口市太康县）人，南朝宋代文学家。谢灵运是东晋名将谢玄之孙，袭封康乐公，入宋后被降为侯，曾任侍中、内史等职。谢灵运喜山水，对自然景物的观察细致入微，是第一位全力创作山水诗的诗人，其能于诗中再现大自然的美景，使景致格调与境界为之一新，被后世文人尊为"山水诗派"鼻祖。

昏旦变气候，山水含清晖。

清晖能娱人，游子憺^[2]忘归。

出谷日尚早，入舟阳已微。

林壑敛暝色^[3]，云霞收夕霏。

芰荷^[4]迭映蔚，蒲稗^[5]相因依。

披拂趋南径，愉悦偃东扉。

虑澹物自轻，意惬理无违。

寄言摄生客，试用此道推。

【注释】

[1] 精舍：这里指佛寺。石壁精舍在今浙江省绍兴市上虞区。湖：指巫湖。

[2] 憺（dàn）：安闲的样子。

[3] 暝色：暮色。

[4] 芰（jì）荷：菱叶和荷花。

[5] 蒲稗：蒲草与稗草，后来用以指相近相依的事物。

【赏析提示】

"昏旦变气候，山水含清晖。清晖能娱人，游子憺忘归"四句描绘了游子畅游山水的乐趣。山水之清晖不仅愉悦了游子的心性，更使其沉醉其中，将日常哲学融入了理趣横生的诗境。

"出谷日尚早，入舟阳已微。林壑敛暝色，云霞收夕霏"四句则正式转入对傍晚还湖时所见景色的描写。"出谷日尚早，入舟阳已微"两句，记录了诗人从早晨离开山谷

到傍晚归来上船的游览历程，这一过程是对"憺忘归"情感的补充。在清晖的照耀下，诗人忘却了时间，从早到晚都在享受山水的乐趣。即便归来已晚，诗人的游兴仍旧未减，他细致地观赏着夕阳西下的美景。"林壑敛暝色，云霞收夕霏"两句展现了诗人观察景物的细腻感情，用"敛"字形容天边的暮色仿佛被远处的林壑逐渐聚集，而"收"字则写晚霞慢慢变暗，仿佛将落日的余晖予以收藏。这两个字的运用，使诗句生动起来，也体现了诗作的精妙之处。

"芰荷迭映蔚，蒲稗相因依"两句描述了湖面水草在暮色朦胧的影子中的色泽与动态。诗人在欣赏湖面美景的同时，拨开丛生的荒草，沿着南边的小径快步回家。在东屋歇息时，心中仍感意犹未尽，不禁感叹良多。"虑澹物自轻，意惬理无违。寄言摄生客，试用此道推"最后四句诗人表达了若人内心淡泊，自然能够看淡外物，能在山水间感到适意，便是不违背自然之理的思考。诗人以此言寄意于那些寻求养生之道的人，建议他们不妨以此理推求养生之道。诗歌以玄言作结，深含哲理。

谢灵运作为中国历史上第一位全力创作山水诗的诗人，其在观察景物的细腻程度和构图的时空层次上为后人留下了宝贵的经验，这首诗便是极好的例证。

【思考探究】

（1）通过想象，描绘本诗的意境。

（2）以《石壁精舍还湖中作》《登池上楼》等作品为例，说说谢灵运诗歌的艺术特色。

【相关链接】

登池上楼

谢灵运

潜虬媚幽姿，飞鸿响远音。
薄霄愧云浮，栖川怍渊沉。
进德智所拙，退耕力不任。
徇禄反穷海，卧疴对空林。
衾枕昧节候，褰开暂窥临。
倾耳聆波澜，举目眺岖嵚。
初景革绪风，新阳改故阴。
池塘生春草，园柳变鸣禽。
祁祁伤豳歌，萋萋感楚吟。
索居易永久，离群难处心。
持操岂独古，无闷征在今。

2　望海潮^[1]·东南形胜

柳　永

　　柳永（约984—约1053），原名三变，字景庄，后改名永，字耆卿，因家中排行第七，又称柳七，福建崇安（今福建省武夷山市）人。柳永出身官宦世家，少时学习诗词，有功名用世之志，成年后离开家乡，流寓杭州、苏州等地，常入勾栏瓦肆、茶坊酒楼，听歌买笑，参加科举考试，屡试不中，直到晚年才得中进士，历任睦州团练推官、余杭县令、泗州判官等职，以屯田员外郎致仕，世称柳屯田。

　　柳永是北宋著名词人，婉约派代表人物。他精通音律，善于汲取民间词的精华，其词作大量运用铺排、白描等手法，写景抒情，淋漓尽致，被称为"慢词第一人"。柳永词因用笔细腻、情感真挚，深受广大民众喜爱，时人有"凡有井水处，皆能歌柳词"的赞誉，有《乐章集》传世。

东南形胜，三吴^[2]都会，

钱塘^[3]自古繁华。

烟柳画桥，风帘翠幕，

参差十万人家。

云树绕堤沙。

怒涛卷霜雪，天堑无涯。

市列珠玑，

户盈罗绮、竞豪奢。

重湖叠𪩘^[4]清嘉。

有三秋^[5]桂子，十里荷花。

羌管弄晴，菱歌泛夜，

嬉嬉钓叟莲娃。

千骑拥高牙^[6]。

乘醉听箫鼓，吟赏烟霞^[7]。

异日图将^[8]好景，

归去凤池夸^[9]。

【注释】

　　[1] 望海潮：词牌名。北宋新声，属仙吕调。正体双调107字，上片11句五平韵，下片11句六平韵。《望海潮》调名，当由钱塘观潮之意取之，内容本为歌咏杭州

的繁华佳美，此后，内容逐渐扩展，题材多元，如表现歌舞升平、酬和祝寿、友情恋情、伤春抒怀等。

[2] 三吴：旧指吴兴、吴郡、会稽。

[3] 钱塘：即杭州。

[4] 叠巘：指灵隐寺、南屏山、慧日峰等重重叠叠的山岭。

[5] 三秋：指农历九月。王勃《滕王阁序》有"时维九月，序属三秋"之句。

[6] 高牙：牙旗，将军之旗。这里借指孙何。

[7] 吟赏烟霞：吟咏、欣赏山水景色。

[8] 图将：图，描绘。将，助词，用于动词之后，无实义。

[9] 归去凤池夸：待回到朝廷，（向人们）夸耀杭州的美景。这是委婉称赞孙何因政绩卓著，将入朝执政。凤池，即凤凰池，原指禁苑中的池沼，代指最高行政机关中书省。

【赏析提示】

这首词描绘了北宋时期杭州的繁盛景象和壮美自然风景。上片起首三句总起，"东南形胜，三吴都会，钱塘自古繁华"，概述了杭州的地理优势、历史底蕴，在广阔的空间背景下勾勒出古城的胜概。"烟柳"三句描绘了杭州街巷和民宅的美丽与雅致；"云树"三句则展现了钱塘江水澎湃的壮阔景象；"市列"三句则刻画出杭州城的繁华和市民的富裕。

下片重点描绘了西湖的美景。"重湖"三句描写了西湖的自然之美；"羌管"三句则展现了西湖的人文风情；"千骑"三句彰显了达官贵人对西湖美景的钟爱之情。这些描写不仅烘托了西湖的静态美，还增添了生气与欢乐，使其充满诗意和美感，令人向往。

此外，"三吴都会""三秋桂子""十万人家""千骑拥高牙"等词句的使用，无论虚实，都带有夸张的成分，极大地促进了豪迈词风的形成。

【思考探究】

（1）这首词描绘了怎样的城市场景？作者是从哪些方面来描写杭州的繁华与美丽的？

（2）赏析"羌管弄晴，菱歌泛夜"两句。

（3）赏析《八声甘州》。

【相关链接】

八声甘州

柳　永

对潇潇暮雨洒江天，一番洗清秋。
渐霜风凄紧，关河冷落，残照当楼。

是处红衰翠减，苒苒物华休。

惟有长江水，无语东流。

不忍登高临远，望故乡渺邈，归思难收。

叹年来踪迹，何事苦淹留？

想佳人、妆楼颙望，误几回、天际识归舟？

争知我，倚栏杆处，正恁凝愁。

3 始得西山[1] 宴游记

柳宗元

　　柳宗元（773—819），字子厚，河东郡（今山西省运城市永济、芮城一带）人，唐代文学家、哲学家、散文家和思想家，世称"柳河东""河东先生"，"唐宋八大家"之一，因官终柳州刺史，又称"柳柳州"。柳宗元与韩愈并称"韩柳"，与刘禹锡并称"刘柳"，与王维、孟浩然、韦应物并称"王孟韦柳"。

　　柳宗元一生留下诗文作品六百余篇，其文的成就高于诗。柳氏所作骈文有近百篇，散文论说性强，笔锋犀利，讽刺辛辣，游记写景状物，多有所寄托，有《河东先生集》存世，代表作为《溪居》《江雪》《渔翁》《永州八记》等。《永州八记》是柳宗元山水游记的代表作，也是我国游记散文中的一朵奇葩，《始得西山宴游记》就是《永州八记》的第一篇，其艺术魅力历久弥新。永州山水，在柳宗元之前，并不为世人所知，这些荒僻偏远的山水景致，在柳宗元的笔下，却表现出别具洞天的审美特征，极富艺术生命力。

　　自余为僇人[2]，居是州，恒惴栗。其隙也，则施施而行，漫漫而游。日与其徒上高山，入深林，穷回溪，幽泉怪石，无远不到。到则披草而坐，倾壶而醉。醉则更相枕以卧，卧而梦。意有所极，梦亦同趣。觉而起，起而归；以为凡是州之山水有异态者，皆我有也，而未始知西山之怪特。

　　今年九月二十八日，因坐法华西亭[3]，望西山，始指异之。遂命仆人过湘江，缘染溪[4]，斫榛莽，焚茅茷，穷山之高而止。攀援而登，箕踞而遨，则凡数州之土壤，皆在衽席之下。其高下之势，岈然洼然，若垤若穴，尺寸千里，攒蹙累积，莫得遁隐。萦青缭白，外与天际，四望如一。然后知是山之特立，不与培塿为类。悠悠乎与颢气俱，而莫得其涯；洋洋乎与造物者游，而不知其所穷。引觞满酌，颓然就醉，不知日之入。苍然暮色，自远而至，至无所见，而犹不欲归。心凝形释，与万化冥合。然后知吾向之未始游，游于是乎始。

　　故为之文以志。是岁，元和四年[5]也。

【注释】

[1] 西山：山名。《清一统志》："永州府：西山在零陵（今湖南省永州市）县西。县治在县西隔河二里，自朝阳岩起，至黄茅岭北，长亘数里，皆西山也。"

[2] 僇（lù）人：罪人。僇同"戮"。

[3] 法华西亭：法华寺西的一座亭子，寺在永州城内东山上，作者于元和四年建亭，称为西亭，并有《永州法华寺新作西亭记》。

[4] 染溪：即冉溪，潇水支流，在永州城西南。

[5] 元和四年：公元809年。元和为唐宪宗的年号。

【赏析提示】

《始得西山宴游记》是唐代文学家柳宗元的一篇经典山水游记。该作品成书于柳宗元被贬为永州司马期间，不仅记录了他在政治失意中寻求精神慰藉的心路历程，也反映了他对自然和人生的深刻感悟。柳宗元的文章，以文字清新脱俗、简洁而富有韵味著称，其擅长用细腻的笔触描绘自然景色，使山水仿佛具有生命，且与人的情感相互映照。在这篇游记中，西山被塑造为一个超然物外、远离尘嚣的理想境界。文章结构紧凑、条理清晰，先介绍游览的原因和背景，再详细描绘西山景色，最后抒发感慨和思考。柳宗元通过对西山景色的描绘，不仅表达了对自然美景的喜爱，还流露出对人生际遇的感慨，既表达了对政治现实的无奈，又流露出对精神自由的向往。柳宗元通过游览西山，对人生意义和自我价值进行反思，并抒发了自己被贬后的孤独和苦闷，以及对理想境界的追求。

作为中国古代山水游记的代表作之一，《始得西山宴游记》对后世的文学创作产生了深远的影响。它不仅体现了唐代文学的风格特点，也蕴含了中国古代文人对于自然和人生的独特理解。《始得西山宴游记》是柳宗元文学创作中的佳作，其以优美的文字、深邃的情感和哲学的思考，展现了中国古代文人对于自然和人生的独特感悟。这篇游记不仅是柳宗元个人情感的抒发，也是中国山水文学的瑰宝，对后世产生了深远的影响。

【思考探究】

（1）西山之游，是怎样的"游"？

（2）比较《始得西山宴游记》与《小石潭记》二者在风格、情感表达上的异同。

【相关链接】

小石潭记

柳宗元

从小丘西行百二十步，隔篁（huáng）竹，闻水声，如鸣珮环，心乐之。伐竹取道，下见小潭，水尤清冽。全石以为底，近岸，卷石底以出，为坻（chí），为屿（yǔ），为嵁（kān），为岩。青树翠蔓，蒙络摇缀，参差披拂。

潭中鱼可百许头，皆若空游无所依。日光下澈，影布石上，佁然不动；俶（chù）尔远逝，往来翕（xī）忽，似与游者相乐。

潭西南而望，斗折蛇行，明灭可见。其岸势犬牙差（cī）互，不可知其源。

坐潭上，四面竹树环合，寂寥无人，凄神寒骨，悄（qiǎo）怆（chuàng）幽邃（suì）。以其境过清，不可久居，乃记之而去。

同游者：吴武陵，龚古，余弟宗玄。隶而从者，崔氏二小生：曰恕己，曰奉壹。

4 根河之恋

叶 梅

叶梅，原名房广兰，1953 年出生于湖北巴东，土家族，祖籍山东东阿，著名作家，曾担任茅盾文学奖、鲁迅文学奖、全国少数民族文学骏马奖、中宣部"五个一工程"奖等奖的评委，现任中国作家协会主席团委员、中国少数民族作家学会常务副会长、中国散文学会会长、中国国际笔会中心副会长等。叶梅从 1973 年开始进行文艺创作并发表个人作品，迄今为止共创作小说、报告文学及影视剧本等文学作品数百万字。

6 月，与大兴安岭的公路同行的，是那条流动的根河，它像一个信心满满的情人，紧紧相依，时而弯曲，时而浩荡，时而又隐入葱茏的绿树丛中，豪迈、率真、娇羞，兼而有之。

让人诧异的是，河水看去竟是黑的，醇厚地放着光，就如皮肤黝黑的青春透着光泽。为什么会是黑色的河呢？当地朋友笑言之，是河两旁茂密的草丛和树林染成的，它们簇拥亲昵着这河，将自己曼妙的身影投入河的怀抱，于是便成了河的一部分。一起涌动在河水里的，还有天上的白云，它们从高高的蓝天俯瞰着大地，根河成为它们美妙的镜子，它们为河水带去流动的光波，还有无比高远的气息。我一度恍惚，这是天在河里，还是河在天上？

不由地，我也很想成为一棵树，或是一朵云，长久地，就这样依偎着，或是不断亲近着这条河，这条名叫根河的河。

如果是春天，根河会从厚厚的冰层中泛起春潮，河的生命力会巨大地迸发开来，它推去坚冰，欢快地伸展腰肢，向远方而去。这破冰时节的河水才是它真正的本色，纯真清冽，水晶一般透明。河岸上，那些被严冬萧条了枝干的桦树林和灌木丛刚刚发青，它们与河的亲密还有待时日。它们互相邀约并相守着，等待不久之后的相拥。这条源自大兴安岭的河，原本的名字就是"葛根高勒"，正是清澈透明的意思。在一个个春天的日子里，根河回到童年，回到本真，然后再一次次丰满成熟，将涓涓乳汁流送给两岸的万千生物。

地球上如果没有河流，也就没有人类，人的踪迹总是跟河有关，又总爱把河水比作乳汁，将家乡的河称之为母亲河，给大河小河赋予了生命源泉的意味。在根河境内，

大学语文

有一千五百多条汩汩流动的河流与深浅不一的湖泊，构成了中国北方的大河之源。因为这河，人们寻觅而来。在东北的山岭草原、湖泊河水之间，历史上无数北方族群部落逐河而居，使鹿的鄂温克人便是其中之一。他们跟森林河流贴得最近，西到额尔古纳河岸，北到恩和哈达和西林吉，东到卡玛兰河口和呼玛尔河上游，南到根河，他们与这些河流相依为命。在千百年的相处之中，萨满与神的对话，留给人们一首歌：

> 蓝天蓝天你好吗？
> 还好吗？
> 我们是天上飞翔的鸟儿啊！
> 河水河水你好吗？
> 还好吗？
> 我们是水里游动的鱼儿啊！

鄂温克人就这样世代生活在大自然的怀抱里，根河目睹了这一切。

鄂温克人像家人一般与驯鹿为伴，生活起居、狩猎劳动，都离不开看上去"四不像"的驯鹿，它长着马头、鹿角、驴身和牛蹄，毛色淡灰或纯白，体态高贵，温顺优雅，唐朝诗人李白曾赋诗："别君去兮何时还，且放白鹿青崖间。"乾隆皇帝则大为惊叹："我闻方蓬海中央，仙人来往骑白鹿。然疑未审今见之，驯良迥异麋麝族。"如今的小孩子会觉得驯鹿眼熟，圣诞老人从天边所至时，就是它昂着漂亮的犄角拉着雪橇奔腾而来的。驯鹿属于童话，它活蹦乱跳时就会有神奇的童话如金豆般诞生。

眼下，这些令诗人和皇帝惊讶不已的温顺的大鹿在全世界已所剩不多，中国也唯独在大兴安岭根河一带幸留着几个饲养点。相比从前的从前，古老的大兴安岭消瘦了许多，为了对生态及动物进行保护，鄂温克人结束了最后的狩猎，放下了猎枪。但驯鹿人的生活仍在继续，所有的人都有理由选择离开森林，进入城市或远走他乡，但敖鲁古雅部落受人尊重的长辈、94岁的玛丽亚·索一步也不想离开她的驯鹿。

一踏进根河，我们就听说了她美丽的名字。先是在一些画册里见过这位老奶奶的影像，她神色坚毅平静，紧闭着嘴唇，嘴角两旁的皱纹宛如桦树皮上的纹路，仿佛她的脸上就印刻着她相守了一生的森林，即使沉默着，也能看出她和鹿群的故事。

她或许就是根河的化身，充满了母性，慈祥温暖，柔和坚强，又有着丰富的传奇。年轻时她漂亮能干，是大兴安岭远近闻名的女猎手，与丈夫在密林里行走，打下的猎物无论多远，总是她领着驯鹿运回部落。常有人在茫茫林海中迷路，遭遇不测，玛丽亚·索会刻下"树号"——用短斧或猎刀在树干上砍下小小的印迹，举家搬迁或是远足狩猎，以此为指示；或者在大树上砍一个缺口，绑上横木杆，然后扎上柳条小圈，柳条圈会告诉人们搬家的方向，圆圈到树干的长度预示搬家的距离。这样，无论林海多么神秘遥远，都在她的方寸之中。玛丽亚·索豪气十足，聪明过人，还是一个能生养的母亲，一口气为她的民族养下了七个孩子。鄂温克族对人丁的繁衍几近崇拜，历史上因为气候严寒、多种疾病，还有饮酒过度，使得人口本来就极少的鄂温克发展缓慢，玛丽亚·索的七个孩子个个活泼健壮，她果真就是一条生命之河。丈夫在她生下第一个孩子之后就酗酒，不理家事，玛丽亚·索用丰沛的乳汁养大了孩子。她的部落人丁兴旺，鹿群生气勃勃，她的名字就是守护森林的敖鲁古雅的象征。

那天，本来准备到玛丽亚·索的部落去参观，但我却犹豫再三，终究未去。在我心里，其实已经见过她了，她的脸庞是那样熟悉，她的气息似乎就吹拂在耳边；虽然没有听见过她说话，但她如森林微风、根河波涛一般的声音似乎就流淌在我的心底。作家乌热尔图为玛丽亚·索拍的一张图片不止一次吸引住我的目光：白桦林里，老人穿着长袍，扎着头巾，侧身站在一头七叉犄角的驯鹿前，她微微佝偻着身子，皱巴巴的手抚过鹿柔细的皮毛、湿润的嘴角，鹿很欢喜地舐食着老人伸过来的苔藓，依偎在她的袍子下，那儿一定有着母亲的气息。这图片如诗如画，是那样的朴素自然，这位伟大的母亲恬然生活在她的鹿群之中，我们这些陌生的外来人，怎敢轻易去打扰她的平静？

其实我也很想为玛丽亚·索拍一张照片，以我的角度和理解。这些年，涌到玛丽亚·索猎民点参观游览的人络绎不绝，来自全世界，带着各式各样的目光。我想，每个人心中都有自己的根河，自己的玛丽亚·索，但我们这样匆匆地来去，怎么能有乌热尔图目光里的深沉呢？

因为乌热尔图就是根河的儿子。当年，这位从小生活在大兴安岭的鄂温克青年捧着他的《琥珀色的篝火》走上了文坛，霎时让人眼前一亮。人们从他的小说里，认识了这个寂寞又热烈的民族。出乎意料的是，乌热尔图带给文坛的除了他的小说，还有他后来辞去京官重返故乡的惊人之举。时隔多年，当我行走在呼伦贝尔草原上，那些将天边画出蜿蜒起伏线条的山丘，那些怒放成海洋或孤零零独自开放的花儿，那些低头吃草或昂头沉思的马群，还有袒露在草原上、始终默默流淌的河，都让人忍不住心潮涌动。我不禁联想起这位鄂温克作家的返乡，或许有诸多原因，但那或许都并不重要，只有一个理由就足够了，就是这片草原这些河流这些民族啊！她们无时无刻不在召唤啊，生活在山林里的祖先留在他身体里的血脉在涌动啊！我这样以为，不知对不对。在根河的一个夜晚，我问乌热尔图，他用他那双鹿一般的眼神看了看我，用力点点头，说是的，是这样的。

他和玛丽亚·索有着同样的眼神。乌热尔图在回到草原以后的日子里，完成了《呼伦贝尔笔记》一系列著作和摄影，那是他数十载的文化寻根，是他作为一个鄂温克的儿子，对母亲的深情眷念和报答。

记得来到根河的头一天，一切都是新鲜的。晚餐之后，热情的根河人为我们备好了第二天进入森林的行装，那是一双齐小腿的帆布靴子，还有一个养蜂人戴的帽子，说是为了防止一种叫"草爬子"的飞虫叮咬。在北京时，根河的朋友就再三发来短信，叮嘱备足衣物，来后又给了一张友情提示，说到草爬子的危害和防范措施。比如它类似蚂蟥，叮住就不松口，情愿没了性命也不撤退，会将半截身子扎在人肉里，只能拿烟熏，如果硬扯会断在肉里发炎，导致血液感染，过去就曾有一位因此而得了脑炎等等。大家都很当回事，但走过几处山林，除了飞来飞去的瞎蠓围着人乱转，并没有遇到令人恐惧的草爬子。从小生活在海拉尔的艾平一路陪同我们，说小时候并没有这么多虫子啊，在她的印象中，她和小伙伴们常常在林子里玩耍，一玩就好半天，也从没被叮成什么样儿。是人类退化了，还是环境变化了呢？或许原本这世界就是所有生物共同拥有的，人类占有太多，才引发虫的攻击？人一下车，蠓虫就围上来了，上车时也跟着，在车厢里狂舞，大家一阵乱扑，但艾平说不要紧，只要车一开它们就不见了。虽然车门紧闭，它们并没飞出去，但奇怪的是一会儿工夫就都不知躲到哪儿去了。

人说，大兴安岭里的蝴蝶真多啊！那天因为《民族文学》的图片要定稿下厂印刷，我留在根河的住处看图样未跟队伍同行，从山里回来的各位就是这样惊叹的。他们说公路旁，车前人后，白蝴蝶层层叠叠飞舞，就像盛开的花朵，好长好长一片啊！

山外的人远道去看山，原本住在山上的人却搬下了山。

人类到了21世纪，越来越意识到人与自然必须平等相处，生活在根河的大多数鄂温克人恋恋不舍地告别了山林，将更多的空间留给了无边的草木以及黑熊、狼、灰鼠和蝴蝶昆虫，在离城市不远的一个地方，新建了童话般的村落。

我们去到那里时，从山林里搬出的鄂温克人正三三两两地在自家门前，干着一些零碎的活儿。男人穿着时尚的T恤和牛仔裤，女孩们烫了发，也有的挑染成黄的深红的，在阳光下格外惹眼，她们的裙子仍然长长的，跟老去的玛丽亚·索一样，但却是城市里流行的花色，胸口有波浪似的蕾丝花边，眉毛精心描画过，越发显出鄂温克人有些突出的额头和凹下去的眼睛。

这里的房屋都是政府投资兴建的，咖色外墙，小尖顶，搬进来的一家家鄂温克人按照自己的想法装扮屋子，并盘算生计。我从那些敞开的门前慢慢走过，看窗户里垂下的花帘，摆放在门前的摩托车，挂在墙上的红辣椒，主人倚在门前，微笑点头。

鄂温克人热情好客，每当客人从远方来，全家都会出迎并行执手礼，老人们留给年轻人这样的教诲："外来的人不会背着自己的房子，你出去也不会带着家。如果不热情招待客人，你出门也就没有人照顾你。有火的屋才有人进来，有枝的树才有鸟落。"鄂温克祖祖辈辈形成了独特的生产生活方式以及宗教，待人接物的传统习惯，他们称之为"敖敖尔"，是族人自觉遵循的行为规范。

一处宽大的屋檐下，一辆童车里坐着个戴花帽的小女孩儿，粉团团的脸儿，对着人咯咯发笑。我张开双臂，她一点儿也不认生，两只胖乎乎的小手举得高高的，我一把将她抱在了怀里。母亲走过来，那是一个体态丰满的鄂温克少妇，她嫁给了一个山东汉族青年，一家三口住在这童话般的小屋里。门前的桦树皮牌子上写着"布丽娜鹿产品专卖店"，屋子上下两层，楼下的玻璃柜里摆着鹿茸鹿酒、桦树皮做的小盒子小杯子什么的。山东青年看样子对这里的生活很满意，递过妻子的名片，说这里的鹿产品都是最纯正的，是直接从敖鲁古雅部落运来的。妻子在一旁领首微笑，她就是布丽娜。鄂温克人与外族人通婚是常见的事情，近些年显然更为普遍，他们的孩子取的是鄂温克名字，成为这新部落的新一代。

这座小城就叫根河，在中国冷极之地，大兴安岭的腹地之中。六月的阳光将这个北国小城照耀得如火如荼，让人丝毫也无法与冬季零下五十多度联系起来。而一年之中的十二个月中，根河确实有九个月需要取暖。过去的岁月烧去的柴禾来自一片片消失的森林，而今烧煤，并有不少人迁往了外地。除了驯鹿的鄂温克人，在这里生活的根河人大都是几十年前从山东、辽宁、吉林等地迁徙而来。

这里有过多年的繁忙，大兴安岭的木材源源不断从根河运往大江南北，贮木厂是小城最重要的企业，林业局林场可以说是小城的另一个名称。过往的一切留在了画册里，留在了几代人难以磨灭的记忆中。眼下，伐木工变作了看林人，大家挂在口边的是"天保工程"——天然林资源保护工程。自 1998 年以来，兴安岭木材砍伐逐年减量，现已减产到位，大批工人需要谋求新的职业和技能，他们制造压缩板材、可以装卸的小木屋，所有的努力在与以往告别，与未来接轨。根河人守着富饶的大兴安岭，但再不能轻易动它一下，这需要足够的定力。

根河天亮得很早。刚来的那天，半夜里就醒了，窗外明晃晃的，以为至少到了七点，一看表不过才三点多，反复几次，只得早早起床。走到窗前一看，根河就在眼前，河对面的广场上已经有许多人翩翩起舞，那么多的人，男女老少，似乎这个小城的人都聚集在此了。舞在前面的高手穿戴耀眼，红衫白裤、白手套白帽子，仪仗队似的整齐好看，跟在后面的大队伍五颜六色，却也是招式分明。

清晨和夜晚，我在窗前看了好几回，根河水伴着音乐，伴着舞蹈，让人跃跃欲试。那天黄昏之后我忍不住蹚过根河桥，进入到舞者的欢乐之中。用不着有任何忐忑，谁也不会在意一个人的加入，大家都是这样笑着来又笑着去。在我身边的这些或高大丰满，或皮肤白皙的女人，有蒙古族、满族、达斡尔族、鄂伦春族、俄罗斯族，这从她们的穿戴和不时的言语中能觉察出来。我模仿着她们举手投足，扭动腰肢，想象着生活在此的种种愉悦。那是我度过的最为愉快的一天。

只有一个女子的舞蹈与众不同，我注意到她时，暮色已经降临，大批的人已在酣畅的运动之后纷纷散去，意犹未尽的还有一群人，她们伴随着一组民歌风的乐曲再次起舞。这女子却独自在一旁，仿佛只有音乐与她牵着一条线，她单薄的身体像一张弓，时而弯曲时而挺直，她随心所欲，两只手臂狂放不羁，在越来越浓的夜色中千变万化，就像六月根河那些黑色的带着神秘色彩的波涛，时而柔情时而迅猛。我从没在舞台之外的场合见到如此专注的独舞，或者她并不是为了舞蹈而只是一种宣泄。她在诉说什么呢，这个让我看不清模样的女人？

乐曲从"草原上的卓玛"到"哥哥门前一条弯弯的河"，再到土家人的龙船调，我在中国最北端的小城里，听到了来自三峡的"妹妹要过河，哪个来推我"。这女人，用力划动着手臂，似乎她就要过河，她伏下肩膀又昂起头，跺着脚，用尽了全身气力。她是妻子，是母亲，她心中的大河一定交织着千般的喜悦与苦痛，还有希冀啊。这个根河的女人，让我忍不住热泪盈眶。

我转身离去，根河就在身边。大桥上的灯光将河水映照得流光溢彩，我知道我来过了但却远远抵达不了这河的深奥，我只能记住这些人和这些时光。

这些缓缓流淌的让人眷念的时光。

【赏析提示】

叶梅的民族志式写作，感悟于自然的法度与草原河流荣辱与共的现实关怀，怀揣着乡愁和怅惘，追寻整理民族历史中的文化根脉。《根河之恋》一文以象征手法勾勒出根河的特征，它生机勃勃、纯真清澈，年复一年滋养着两岸儿女，这正是鄂温克人的民族风貌。作者从 94 岁的玛丽亚·索开始，选取老、中、青三代人，展现他们生活的变迁，这三代人对故乡的深沉眷恋，成为文章散而不乱的线索。

94 岁的玛丽亚·索一生从未离开过故土，她是老一辈鄂温克人的代表。作者用一自然段收束对玛丽亚·索的记述，随即让乌热尔图出场，为下文的展开做铺垫。乌热

大学语文

尔图探望她时"目光里的深沉"象征了鄂温克族代代绵延不断的深情与凝聚力。乌热尔图是鄂温克族中年人的代表，他年少成名，后来辞官返乡，用著作和摄影来描绘故乡、报答故乡，点出乌热尔图的象征意义，他是"鄂温克的儿子"。鄂温克人将新建的城市仍然命名为"根河"，体现了他们对故乡的眷恋之情。青年一代走出山林过上了城市生活，在与新时代接轨的同时，仍保留着传统的衣着和生活习惯。文章结尾一改开头的含蓄，直接表达出作者对鄂温克人坚守民族精神的尊敬与赞美，使文章更显厚重而有情。

【思考探究】

（1）根河有哪些特点？有什么象征意义？

（2）作者为什么说"我知道我来过了但却远远抵达不了这河的深奥，我只能记住这些人和这些时光"？

【相关链接】

额尔古纳河右岸（节选）

迟子建

在大兴安岭任何一处山脊上朝东仰望，你能看见那边的一颗颗蓝白相间的山塔，就像横卧在风光的梯田之上的几块青白色的石墙。然而，那些属于货真价实的高山，绝不是因为通风隔热、挡风减雪或是打断人类与人类之间的视窗，才应当层叠屹立在那里。它们由严重的火山爆发崩塌形成，它们之间的弯曲深沟相互交叉，有时它们的前面、后面的东西两个大山处于瓜瓤状态的一体，如拱式飞檐的诗意；有时在阴暗的深沟内和茂密的高大树木之间灼热着雄浑无缝的烂漫气氛。

我的阿勒泰（节选）

李 娟

高山披白雪，白雪映蓝天，蓝天映雪山。千里冰封，万里冰封，辉煌壮丽，震撼心灵。这是一个色彩斑斓、气势磅礴的世界，这是一个美不胜收、令人陶醉的地方，这是一个神奇辽阔、美不胜收的公园。

日落合欢山（节选）

林清玄

我爱雪，爱青松，也爱落日，可是血红的夕阳落过群山、落过青松、落进一片茫茫白雪的情景，以前只在梦里见过。合欢山是梦境的重现，所以我总是舍不得，舍不得在日头落山时离开松云楼前可以悄悄欣赏落日的位置。

合欢山即使是太阳高照，也仍然抵不住四处涌来的寒意，因此坐在草地上晒太阳，是一种很可贵的享受。

太阳的速度很快，平常不觉得，一到它依在山边又舍不得它沉进森森的黑里才能感觉到。夕阳的深橙色，地上的银白色，山里的靛青色，在合欢山交织成缤纷的色彩世界，粗看是各色独立，细细品味才知道这些颜色是浑然而一的，尤其是那白而晶亮的雪地里，在夕阳中竟现出一种淡淡的橘色，一种很清亮的古典。

我靠在藤椅上看太阳躺进它的眠床，遥望雪地，滑雪的人休息了，玩乐的人在找栖息的地方。夕阳在此刻仿佛是一种耳语，怕被第三个人听见，用它轻柔的语言诉说它的光华，诉说它的生命永远不会死亡，诉说"我就要休息了，明天请允许我轻叩你的窗子"，诉说它工作了一天，需要一夜的休息——它告诉了我宇宙时空循环的不朽道理。

放眼无际的云天万迭，我不禁感叹，在悠久而无穷尽、无起始的时间中，个人的生命不过是电光一闪、流星稍纵；在广大无垠、圆整无缺的空间中，个人的重要又如沧海一粟、戈壁细沙。个人有什么可以自豪的，当面对这样的浩浩宇宙朗朗乾坤！

我看夕阳，思及人世间的许多道理，总要想起明朝于谦的一首诗：

千锤万凿出深山，烈火焚烧若等闲。粉骨碎身浑不怕，要留清白在人间。

曾有一阵子寒流来袭，山上终日飘着细柔的雪花，门口的雪一天厚过一天，终于厚成半透明的冰。许多年轻人冒着那样的冷寒在雪地里打雪仗、堆雪人，甚至滑雪。可是雪下久了，我心里总是倦倦，只能依在窗前安静地读书，那时候确是在祷祝，希望第二天能有太阳。

有时候晨光起时，艳阳高照，一到下午，天色漾上一层浓浓的灰，雪花飘下来，看夕阳的希望又被雪花浇熄了；又有时候竟会无端飘来许多黑云，没有阳光，也不下雪，只是郁沉沉的。每回遇到这样的气候我就会想：天意竟是在如此可解与不可解之间呀！

可是我相信，最美的太阳总是落在合欢山的怀里。

5　都江堰[1]

余秋雨

余秋雨，1946年生，浙江省慈溪市人，当代学者，曾任上海戏剧学院院长，著有《戏剧理论史稿》《戏剧审美心理学》《艺术创造工程》等，20世纪80年代末开始创作文化散文，结集为《文化苦旅》《文明的碎片》等。

一

我以为，中国历史上最激动人心的工程不是长城，而是都江堰。

长城当然也非常伟大，不管孟姜女们如何痛哭流涕，站远了看，这个苦难的民族竟用人力在野山荒漠间修了一条万里屏障，为我们生存的星球留下了一种人类意志力

的骄傲。长城到了八达岭一带已经没有什么味道，而在甘肃、陕西、山西、内蒙一带，劲厉的寒风在时断时续的颓壁残垣间呼啸，淡淡的夕照、荒凉的旷野溶成一气，让人全身心地投入对历史、对岁月、对民族的巨大惊悸，感觉就深厚得多了。

但是，就在秦始皇下令修长城的数十年前，四川平原上已经完成了一个了不起的工程。它的规模从表面上看远不如长城宏大，却注定要稳稳当当地造福千年。如果说，长城占据了辽阔的空间，那么，它却实实在在地占据了邈远的时间。长城的社会功用早已废弛，而它至今还在为无数民众输送汩汩清流。有了它，旱涝无常的四川平原成了天府之国，每当我们民族有了重大灾难，天府之国总是沉着地提供庇护和濡养。因此，可以毫不夸张地说，它永久性地灌溉了中华民族。

有了它，才有诸葛亮、刘备的雄才大略，才有李白、杜甫、陆游的川行华章。说得近一点，有了它，抗日战争中的中国才有一个比较安定的后方。

它的水流不像万里长城那样突兀在外，而是细细浸润、节节延伸，延伸的距离并不比长城短。长城的文明是一种僵硬的雕塑，它的文明是一种灵动的生活。长城摆出一副老资格等待人们的修缮，它却卑处一隅，像一位绝不炫耀、毫无所求的乡间母亲，只知贡献。一查履历，长城还只是它的后辈。

它，就是都江堰。

二

我去都江堰之前，以为它只是一个水利工程罢了，不会有太大的游观价值。连葛洲坝都看过了，它还能怎么样？只是要去青城山玩，得路过灌县县城，它就在近旁，就乘便看一眼吧。因此，在灌县下车，心绪懒懒的，脚步散散的，在街上胡逛，一心只想看青城山。

七转八弯，从简朴的街市走进了一个草木茂盛的所在。脸面渐觉滋润，眼前愈显清朗，也没有谁指路，只向更滋润、更清朗的去处走。忽然，天地间开始有些异常，一种隐隐然的骚动，一种还不太响却一定是非常响的声音，充斥周际。如地震前兆，如海啸将临，如山崩即至，浑身起一种莫名的紧张，又紧张得急于趋附。不知是自己走去的还是被它吸去的，终于陡然一惊，我已站在伏龙观前，眼前，急流浩荡，大地震颤。

即便是站在海边礁石上，也没有像这里强烈地领受到水的魅力。海水是雍容大度的聚会，聚会得太多太深，茫茫一片，让人忘记它是切切实实的水，可掬可捧的水。这里的水却不同，要说多也不算太多，但股股叠叠都精神焕发，合在一起比赛着飞奔的力量，踊跃着喧嚣的生命。这种比赛又极有规矩，奔着奔着，遇到江心的分水堤，刷地一下裁割为二，直窜出去，两股水分别撞到了一道坚坝，立即乖乖地转身改向，再在另一道坚坝上撞一下，于是又根据筑坝者的指令来一番调整……也许水流对自己的驯顺有点恼怒了，突然撒起野来，猛地翻卷咆哮，但越是这样越是显现出一种更壮丽的驯顺。已经咆哮到让人心魄俱夺，也没有一滴水溅错了方位。阴气森森间，延续着一场千年的收伏战。

水在这里吃够了苦头也出足了风头，就像一大拨翻越各种障碍的马拉松健儿，把最强悍的生命付之于规整，付之于企盼，付之于众目睽睽。看云看雾看日出各有胜地，要看水，万不可忘了都江堰。

<h1 style="text-align:center">三</h1>

这一切，首先要归功于遥远得看不出面影的李冰。

四川有幸，中国有幸，公元前 251 年出现过一项毫不惹人注目的任命：李冰任蜀郡守。

此后中国千年官场的惯例，是把一批批有所执持的学者遴选为无所专攻的官僚，而李冰，却因官位而成了一名实践科学家。这里明显地出现了两种判然不同的政治走向。在李冰看来，政治的含义是浚理，是消灾，是滋润，是濡养，它要实施的事儿，既具体又质朴。他领受了一个连孩童都能领悟的简单道理：既然四川最大的困扰是旱涝，那么四川的统治者必须成为水利学家。

前不久我曾接到一位极有作为的市长的名片，上面的头衔只印了"土木工程师"，我立即追想到了李冰。

没有证据可以说明李冰的政治才能，但因有过他，中国也就有过了一种冰清玉洁的政治纲领。

他是郡守，手握一把长锸[2]，站在滔滔的江边，完成了一个"守"字的原始造型。那把长锸，千年来始终与金杖玉玺、铁戟钢锤反复辩论。他失败了，终究又胜利了。

他开始叫人绘制水系图谱。这图谱，可与今天的裁军数据、登月线路遥相呼应。

他当然没有在哪里学过水利。但是，以使命为学校，死钻几载，他总结出治水三字经（"深淘滩，低作堰"）、八字真言（"遇湾截角，逢正抽心"），直到 20 世纪仍是水利工程的圭臬[3]。他的这点学问，永远水气淋漓，而后于他不知多少年的厚厚典籍，却早已风干，松脆得无法翻阅。

他没有料到，他治水的韬略很快被替代成治人的计谋；他没有料到，他想灌溉的沃土将会时时成为战场，沃土上的稻谷将有大半充作军粮。他只知道，这个人种要想不灭绝，就必须要有清泉和米粮。

他大愚，又大智。他大拙，又大巧。他以田间老农的思维，进入了最澄彻的人类学的思考。

他未曾留下什么生平资料，只留下硬扎扎的水坝一座，让人们去猜详。人们到这儿一次次纳闷：这是谁呢？死于两千年前，却明明还在指挥水流。站在江心的岗亭前，"你走这边，他走那边"的吆喝声、劝诫声、慰抚声，声声入耳。没有一个人能活得这样长寿。

秦始皇筑长城的指令，雄壮、蛮吓、残忍；他筑堰的指令，智慧、仁慈、透明。

有什么样的起点就会有什么样的延续。长城半是壮胆半是排场，世世代代，大体是这样。直到今天，长城还常常成为排场。

都江堰一开始就清朗可鉴，结果，它的历史也总显出超乎寻常的格调。李冰在世时已考虑事业的承续，命令自己的儿子作三个石人，镇于江间，测量水位。李冰逝世四百年后，也许三个石人已经损缺，汉代水官重造高及三米的"三神石人"测量水位。

这"三神石人"其中一尊即是李冰雕像。这位汉代水官一定是承接了李冰的伟大精魂，竟敢于把自己尊敬的祖师，放在江中镇水测量。他懂得李冰的心意，唯有那里才是他最合适的岗位。这个设计竟然没有遭到反对而顺利实施，只能说都江堰为自己流泻出了一个独特的精神世界。

石像终于被岁月的淤泥掩埋，20世纪70年代出土时，有一尊石像头部已经残缺，手上还紧握着长锸。有人说，这是李冰的儿子。即使不是，我仍然把他看成是李冰的儿子。一位现代作家见到这尊塑像怦然心动，"没淤泥而蔼然含笑，断颈项而长锸在握"，作家由此而向现代官场衮衮诸公[4]诘问：活着或死了应该站在哪里？

出土的石像现正在伏龙观里展览。人们在轰鸣如雷的水声中向他们默默祭奠。在这里，我突然产生了对中国历史的某种乐观。只要都江堰不坍，李冰的精魂就不会消散，李冰的儿子会代代繁衍。轰鸣的江水便是至圣至善的遗言。

四

继续往前走，看到了一条横江索桥。桥很高，桥索由麻绳、竹篾编成。跨上去，桥身就猛烈摆动，越犹豫进退，摆动就越大。在这样高的地方偷看桥下会神志慌乱，但这是索桥，到处漏空，由不得你不看。一看之下，先是惊吓，后是惊叹。脚下的江流，从那么遥远的地方奔来，一派义无反顾的决绝势头，挟着寒风，吐着白沫，凌厉锐进。我站得这么高还感觉到了它的砭肤冷气，估计它是从雪山赶来的罢。但是，再看桥的另一边，它硬是化作许多亮闪闪的河渠，改恶从善。人对自然力的驯服，干得多么爽利。如果人类干什么事都这么爽利，地球早已是另一副模样。

但是，人类总是缺乏自信，进进退退，走走停停，不断地自我耗损，又不断地为耗损而再耗损。结果，仅仅多了一点自信的李冰，倒成了人们心中的神。离索桥东端不远的玉垒山麓，建有一座二王庙，祭祀李冰父子。人们在虔诚膜拜，膜拜自己同类中更像一点人的人。钟鼓铙磬[5]，朝朝暮暮，重一声，轻一声，伴和着江涛轰鸣。

李冰这样的人，是应该找个安静的地方好好纪念一下的，造个二王庙，也合民众心意。

实实在在为民造福的人升格为神，神的世界也就会变得通情达理、平适可亲。中国宗教颇多世俗气息，因此，世俗人情也会染上宗教式的光斑。一来二去，都江堰倒成了连接两界的桥墩。

我到边远地区看傩戏[6]，对许多内容不感兴趣，特别使我愉快的是，傩戏中的水神河伯，换成了灌县李冰。傩戏中的水神李冰比二王庙中的李冰活跃得多，民众围着他狂舞呐喊，祈求有无数个都江堰带来全国的风调雨顺，水土滋润。傩戏本来都以神话开头的，有了一个李冰，神话走向实际，幽深的精神天国一下子贴近了大地，贴近了苍生。

【注释】

[1] 本文选自《文化苦旅》。

[2] 锸（chā）：一种挖土的工具，即现今的锹。

[3] 圭臬（guī niè）：原指圭表（臬就是测日影的表），这里喻指准则或法度。

[4] 衮（gǔn）衮诸公：指众多身居高位而无所作为的官僚。

[5] 铙（bó）磬（qìng）：铙，打击乐器，用两个圆铜片相互拍打发声。磬，古代乐器，用石或玉雕成，悬挂于架上，击之而鸣。

[6] 傩（nuó）戏：驱鬼逐疫的传统民间戏剧。

【赏析提示】

本文是一篇融合了哲学与历史深度的人文景观游记。作者从现代的视角对历史人物和事件进行了深刻的反思。文章不仅是一篇游记，更是一次文化的探索和思辨，体现了作者对人类文明早期创造力的深情赞颂，以及对民族文化的深刻思考，为读者提供了丰富的思想启迪。

文章在结构和内容上展现了巧妙的对比和开合，不仅记录了旅行经历，还通过对比都江堰与长城，详述了造坝过程，其中穿插了李冰父子的生平故事，并回顾了石像的历史。这种叙述方式不仅彰显了历史的深度，也使文章内容更加饱满厚重。文章紧扣都江堰的文化内涵，从不同的角度诠释了人文精神，使得文章的思想内容集中且连贯。

在语言和表达上，文章视野广阔、内涵深厚，语言简洁而富有韵味，引人深思。除了对长城与都江堰进行对比，文章还巧妙地运用了其他对比，如海水与都江堰之水的对比，水系图谱与"今天的裁军数据、登月线路"的对比，以及李冰的真学问与后世"厚厚典籍"的对比，这些对比无疑增强了文章的说服力和感染力。

总的来说，这是一篇非常出色的游记，不仅描绘了都江堰美丽的景色，还展示了深刻的历史文化见解，既有学术的深度，又有旅行的乐趣，给读者带来精神和视觉的双重享受。

【思考探究】

（1）文章在构思和表达方面有什么特色？

（2）作者对都江堰的情感有何变化？这样写有何好处？

【相关链接】

石犀行

杜　甫

君不见秦时蜀太守，刻石立作三犀牛。

自古虽有厌胜法，天生江水向东流。

蜀人矜夸一千载，泛溢不近张仪楼。

今年灌口损户口，此事或恐为神羞。

终藉堤防出众力，高拥木石当清秋。

先王作法皆正道，鬼怪何得参人谋。

嗟尔三犀不经济，缺讹只与长川逝。

但见元气常调和，自免洪涛恣凋瘵。
安得壮士提天纲，再平水土犀奔茫。

十二月十一日视筑堤

陆　游

江水来自蛮夷中，五月六月声摩空。
巨鱼穿龟牙须雄，欲取阛市为龙宫。
横堤百丈卧霁虹，始谁筑此东平公。
今年乐哉适岁丰，吏不相倚勇赴功。
西山大竹织万笼，船舸载石来亡穷。
横陈屹立相叠重，置力尤在水庙东。
我登高原相其冲，一盾可受百箭攻。
蜿蜿其长高隆隆，截如长城限羌戎。
安得椽笔记始终，插江石崖坚可砻。

观都江堰

董必武

鱼嘴分江内外流，宝瓶直扼内江喉。
成都坝仰离堆水，禾稻年年庆饱收。
李冰父子功劳大，作堰淘滩尽手工。
六字遗经传不朽，友邦人士共钦崇。

魏晋南北朝文学概述

魏晋南北朝文学是指从东汉建安元年（196）起到隋开皇九年（589）隋文帝杨坚灭陈近四百年的文学发展历程。

魏晋南北朝时期，阶级矛盾、民族矛盾、统治阶级内部矛盾十分尖锐，导致社会处于大动荡、大分裂的局面。这一时期的思想文化领域，玄学和清谈兴起，佛教、道教盛行，对文学的发展产生了深远影响：文学逐渐从经史的附庸地位中独立出来，不同创作者的文学作品也更具有个性化。

魏晋南北朝文学的成就有诗歌、辞赋、散文、小说以及文学理论等，其中成就最高的是诗歌。

一、诗歌

诗歌是魏晋南北朝文学最主要的文体，此时文人创作五言诗达到了兴盛时期，七言古诗和新体诗也出现了很多佳作。

建安文学是从汉末到魏初这一时期的文学发展现象，建安是汉献帝的年号，文学史上的建安时期，一般指建安至魏初，即196—239年。建安文学的成就是多方面的，其最高成就主要在诗歌领域。建安诗歌继承并发扬了汉乐府民歌的现实主义精神，既广阔而真实地反映了汉末的战乱社会，又表现出人民积极奋发的进取精神，使诗歌作品呈现出悲凉慷慨、清新刚健的风格特征，因此又被人们称作"建安风骨"。

建安诗歌的主要代表诗人有"三曹"、"建安七子"和女诗人蔡琰等。"三曹"是指曹操、曹丕、曹植父子三人，他们既是建安时代政治的中枢，又是文坛的领袖。"三曹"以自己特殊的身份，吸引了许多文人，创建了邺下文人集团，开创了一代文学风气。

曹操，字孟德，小字阿瞒，著名的政治家、军事家和文学家。东汉末年官渡之战击败袁绍，之后逐步统一了北方，其子曹丕称帝后追尊他为武帝，史称魏武帝。曹操诗今存二十余首，他开创了以古乐府写新内容的风气，用乐府旧题写时事，具有很强的创新精神，其诗歌作品有四言诗、五言诗和杂言诗，以四言诗成就最高。曹操的诗歌主要反映了汉末社会动乱和百姓疾苦，以及抒发自己的理想和壮志，因此其诗歌风格慷慨悲凉、气韵沉雄，代表作有《蒿里行》、《短歌行》、《步出夏门行》（五首）、《苦寒行》等。

曹丕，字子桓，曹操次子，建安二十二年（217），立为魏太子，二十五年（220），曹操去世，曹丕继曹操为魏王，随即废汉自立，世称魏文帝。清沈德潜《古诗源》："子桓诗有文士气，一变乃父悲壮之习矣。"与父亲曹操不一样，曹丕的诗歌语言清丽自然，描写更为细致。曹丕诗现存约四十首，其善写游子行役、思妇别愁等类，其中《燕歌行》（二首）抒写思妇之情，音节和婉，修辞精美，是曹丕的代表作，也是中国诗歌史上第一首较为成熟的七言古诗。

曹植，字子建，曹丕同母弟，曾封为陈王，死后谥号"思"，故世称陈思王。曹植的创作风格以曹丕称帝为界：前期创作主要抒发理想和抱负，洋溢着乐观、浪漫的情调和奋发进取的精神，作品有《白马篇》《名都篇》等；后期创作多写个人受压抑的不幸遭遇，表现反迫害、求自由的愤懑之情，作品有《赠白马王彪》《野田黄雀行》等。曹植尤其长于五言，是第一位大力写作五言诗的文人，也是当时诗坛最杰出的代表。

建安诗歌的另一代表就是"建安七子"，即孔融、陈琳、王粲、徐干、阮瑀、应玚、刘桢。"建安七子"中，以王粲成就最高，刘勰《文心雕龙》称其为"七子之冠冕"。王粲今存诗二十三首，以《七哀诗》（三首）为其代表作。

蔡琰，字文姬，东汉末著名学者、诗人蔡邕的女儿，是中国文学史上第一位杰出的女诗人。蔡琰诗今存三首，为五言体《悲愤诗》、骚体《悲愤诗》和《胡笳十八拍》。其中五言体《悲愤诗》比较可信，它是中国文学史上第一篇自传体的叙事诗，通过叙写个人的不幸遭遇和惨痛经历，真实再现了汉末军阀混战的社会现实，具有深刻的社会意义。建安文学之后，诞生了正始文学。正始文学与建安文学风貌迥异，正始文学的现实性大为削弱，这一时期抒写个人忧愤的诗歌增多，诗风由建安文学时期的慷慨悲壮变为辞旨渊永、寄托遥深，体现出独特的艺术风貌，这就是后人所说的"正始之音"。

正始文学的代表诗人为"竹林七贤"，即嵇康、阮籍、山涛、向秀、王戎、刘伶和阮咸。"竹林七贤"中，以阮籍和嵇康的文学成就为最高，其余五人的作品流传下来的不多，向秀的《思旧赋》和刘伶的《酒德颂》比较有名。

阮籍，"建安七子"之一阮瑀的儿子。因为当时特殊的政治原因，阮籍的生活充满了矛盾与挣扎，内心悲痛苦闷，其代表作《咏怀》（八十二首），非一时一地所作，内容广泛，抒发了阮籍痛苦、寂寞和愤懑的心情，寓时代悲剧于个人哀怨之中。

嵇康，"竹林七贤"的另一核心人物和精神领袖。嵇康的文学成就主要表现在诗歌和散文创作上，所作诗歌现存五十余首，以四言成就最高，他的四言诗是继曹操所作四言诗之后的又一批成功之作，代表作有《赠兄秀才从军》（十八首）。

西晋太康时期，诗坛比较繁荣，出现了一批优秀的诗人，杰出的有"三张"（张载、张协、张亢）、"二陆"（陆机、陆云）、"两潘"（潘岳、潘尼）和"一左"（左思）。

这一时期诗歌创作脱离现实生活，过分追求辞藻华美和对偶工整，以致走向形式主义，所以这一时期诗歌的成就不高，唯有左思继承现实主义传统，成为当时杰出的现实主义诗人。左思的代表诗作《咏史》（八首），主要内容便是抒发寒士的不平之鸣，诗歌风格豪放洒脱、气势磅礴，感情深沉细腻，独立于当时士族所追求的繁缛华丽、注重辞藻的诗歌风格之外。左思博学多才，除了诗歌外，其所创作的《三都赋》，朝野竞相传抄，一时洛阳纸贵。

东晋永嘉时期，民族斗争激烈，亦存在亡国之危，所以当时的诗人或写家国之痛，语词愤激而有余悲，或抒愤世之情，诗境玄虚而慕仙幻，抽象、枯燥的玄言诗充斥诗坛，刘琨和郭璞为这一时期的代表诗人，刘琨的诗歌继建安传统抒写家国之痛，表现出悲壮的情怀，郭璞的诗歌也反映了现实情境，抒写愤世之情。

直到晋宋之际，陶渊明的出现，才一扫玄言风气。陶渊明，名潜，字元亮，别号五柳先生，私谥靖节，世称靖节先生。陶渊明是东晋时期非常杰出的诗人，其文学创作以诗的成就最为突出，现存诗一百二十余首。陶渊明的散文、辞赋也写得很好，如《五柳先生传》《归去来兮辞》《感士不遇赋》《闲情赋》等，都是历来传诵的名篇。因"不为五斗米折腰"，陶渊明选择了辞官隐退，归返田园，并以诗词寄傲，歌咏田园风光，开创了田园诗歌，其代表诗歌作品有《归园田居》（五首）、《饮酒》（二十首）等，诗歌内容描写了农村景物，反映了村居生活，形成了独特的艺术风格。

陶渊明诗歌的另一类题材是咏怀、咏史诗，诗歌内容主要写出仕和隐居的矛盾，表现了诗人壮志不伸的苦闷和不与统治者同流合污的高尚情操，曲折地暴露了时政的浑浊、黑暗，如《杂诗》（十二首）、《读山海经》（十三首）、《咏贫士》（七首）等。

南北朝时期的诗歌主要为文人诗歌和民歌。文人诗歌发展到南北朝，在题材和风格上有所变化和发展，南朝文人诗歌语言清新自然，喜欢用双关语和谐音。南朝宋时期，活跃在文坛上的三位诗人谢灵运、鲍照、颜延之，他们在注重描绘山川景物、讲究辞藻华丽和对仗工整方面有类似之处，被称为"元嘉三大家"。谢灵运是中国文学史上第一位大力写作山水诗的诗人，完成了从玄言诗到山水诗的转变，其代表作有《登池上楼》《石壁精舍还湖中作》等。

鲍照出身寒微，少有才名，但因出身低微贫寒，在门第观念严重的刘宋时期，其在政界和文坛都受到轻视，郁郁不得志，因此贫贱者的悲愤，成为他的诗歌主调。鲍照今存诗二百余首，诗歌内容较丰富，创作了不少五言、七言乐府诗，为七言歌行体开拓了道路，其代表作有《拟行路难》（十八首）等。

颜延之在诗歌方面与谢灵运齐名，并称"颜谢"。颜延之今存诗二十九首，多为应诏之作，其代表作有《五君咏》（五首）等。

随着声律理论的兴起，南朝齐永明年间出现了一种新诗体——"永明体"，其主要特征是讲究声律和对偶。"永明体"是从古体诗向近体诗的一种过渡，其代表作家是"竟陵八友"——沈约、谢朓、王融、任昉、陆倕、范云、萧琛、萧衍，其中，谢朓的文学成就最高。

谢朓与"大谢"谢灵运同族，同以山水诗见长，世称"小谢"，因曾任宣城太守，又称"谢宣城"。谢朓的山水诗，往往以情观景、由景入情，达到了情景交融的境界，同时还摆脱了玄言诗的成分，形成一种清新流丽的风格，其代表作有《晚登三山还望京邑》等。

南朝梁、陈时期，梁简文帝、庾信等宫体诗人，以宫廷生活为描写对象，诗歌内容多为吟咏女性，在情调上伤于轻艳，风格比较柔靡缓弱。宫体诗讲求声律、对仗等，为唐代格律诗的发展提供了借鉴。庾信早年曾与徐陵一起任萧纲的东宫学士，成为宫体文学的代表作家，他们的文学风格，也被称为"徐庾体"。庾信的文学创作，以其42岁出使西魏为界，可分为前后两期：前期作品多为宫体性质，轻艳流荡，富于辞采之

美；后期作品则多自抒胸怀与怀念故国之作，感情深挚，语言精练而富有表现力。由南入北的经历，使庾信的艺术造诣达到"穷南北之胜"的高度，体现了南北文风合流的趋势，为唐代新诗风的形成做了必要的准备。

南北朝时期的民歌，继承和发扬了《诗经》和汉乐府民歌的优良传统，但因为在政治、经济、文化、民情等方面存在差异，南北朝民歌也呈现出不同的情调和风格。

南朝乐府民歌，大部分存录于南朝宋郭茂倩所编的《乐府诗集》中。南朝乐府民歌绝大部分是情歌，主题比较单一，按其产生的地域又分为吴声（三百二十六首）和西曲（一百四十二首）两大类，其中代表作品有《西州曲》等。北朝乐府民歌绝大部分保存在《乐府诗集》中《横吹曲辞·梁鼓角横吹辞曲》部分，约七十首，民歌的创作者为鲜卑、匈奴、羌、汉等各族人民。北朝民歌的内容与风格与南朝民歌迥然不同，其表现内容远较南朝民歌更为丰富，广泛反映了北朝社会生活的各个方面，代表作品有《木兰辞》《敕勒歌》等。

二、辞赋

魏晋南北朝时期的辞赋也有重要的发展，其标志是抒情小赋的涌现。这一时期的辞赋在艺术形式上比一般骈体文更为讲究，藻饰、声律、骈偶、用典等修辞手段被大量使用，语言十分工整精丽，出现逐渐律化的发展趋势。这一时期辞赋的代表作品有王粲《登楼赋》（《文心雕龙》誉其"魏晋之赋首"）、曹植《洛神赋》、向秀《思旧赋》、左思《三都赋》等。

三、散文

魏晋南北朝时期的散文较汉代有很大的发展，有关叙事、言情、书信和记叙山川形胜等类的文章兴盛起来。但这一时期的散文受到辞赋的影响，逐渐出现骈俪化倾向，从东汉到魏晋，骈俪化倾向日趋严重，到南朝齐、梁时代，骈文盛极一时，其过分讲求辞藻华丽、对偶排比、堆砌典故、声律求工。

这一时期的散文代表作品有诸葛亮《出师表》、李密《陈情表》、陈寿《三国志》、王羲之《兰亭集序》、郦道元《水经注》、杨衒之《洛阳伽蓝记》、颜之推《颜氏家训》等。

四、小说

"小说"一词，最早见于《庄子·外物》"饰小说以干县令，其于大达亦远矣"，指的是那些琐屑的言谈、无关政教的小道理。小说作为一种文体，在先秦、两汉时期开始萌芽，到了魏晋南北朝时期兴盛起来。魏晋南北朝时期的小说大体可以分为两类：一类是谈鬼神怪异的"志怪小说"，如干宝《搜神记》，这类小说已有了较为完整的情节，也注意到了对人物性格的描写；另一类是记录人物轶闻琐事的"志人小说"，如刘义庆《世说新语》，其大量记载了当时士大夫阶层的思想面貌与生活情态。魏晋南北朝时期的小说，标志着我国小说初具规模，是后世小说、戏曲进一步发展的基础。

五、文学理论

魏晋南北朝时期，中国古代文学理论由单篇文章发展到整部著作，由具体的文学批评发展到系统的理论体系，中国古代文论在短短几百年间就趋于成熟。《典论·论文》（曹丕）、《文赋》（陆机）、《文心雕龙》（刘勰）、《诗品》（钟嵘）等作品的出现，代表了这一时期文学批评和文学理论的成就，尤其是《文心雕龙》和《诗品》，标志着我国古代文学批评和文学理论发展的高峰。

第四单元

家 国 情 怀

在中华民族悠久的历史长河中，家国情怀如同一条深沉而绵长的河流，流淌过无数文人墨客的心灵与笔端。这种情感，不仅仅是孟子对仁政理想的执着追求，更是高适在边塞烽火中对家园的深切眷恋；它是辛弃疾身处乱世时那颗始终炽热不灭的赤子之心，也是鲁迅在社会变革中力争民族觉醒的呐喊与呼唤，更是艾青在雪落大地时字里行间流露出的对故土的深情与热爱。这些文字，像一盏盏明灯，穿越了历史的时空，点亮了家与国的深情与担当。

1　齐桓晋文之事章

《孟子》

孟子（约前 372—前 289），名轲，字子舆，战国时期邹国（今山东省邹城市）人，著名的思想家、政治家、教育家，儒家学派的主要代表。孟子是孔子之孙子思的再传弟子，行历齐、宋、滕、魏等国，以其主张游说诸侯，曾任齐宣王客卿。孟子继承了孔子的学说，把孔子"仁"的理念发展为"仁政"思想，提倡"王道"，主张"性善论"，其思想对后世产生了深远的影响。

《孟子》一书是儒家的经典，一般认为是孟子及其弟子万章等撰。《汉书·艺文志》著录《孟子》十一篇，今传本七篇十四卷。南宋时，《孟子》《论语》《大学》《中庸》合称为"四书"。

齐宣王[1] 问曰："齐桓晋文[2] 之事，可得闻乎？"

孟子对曰："仲尼之徒，无道桓文之事者[3]，是以后世无传焉，臣未之闻[4] 也。无以，则王乎[5]？"

曰："德何如，则可以王矣[6]？"

曰："保民而王，莫之能御也[7]。"

曰："若寡人者，可以保民乎哉？"

曰："可。"

曰："何由知吾可也[8]？"

曰："臣闻之胡龁[9] 曰：王坐于堂上，有牵牛而过堂下者。王见之，曰：'牛何之[10]？'对曰：'将以衅钟[11]。'王曰：'舍之！吾不忍其觳觫[12]，若[13] 无罪而就死地。'对曰：'然则废衅钟与[14]？'曰：'何可废也，以羊易之！'不识有诸[15]？"

曰："有之。"

曰："是心足以王[16] 矣。百姓皆以王为爱[17] 也，臣固知王之不忍也。"

王曰："然，诚有百姓者[18]。齐国虽褊小，吾何爱一牛。即[19] 不忍其觳觫，若无罪而就死地，故以羊易之也。"

曰："王无异[20] 于百姓之以王为爱也，以小易大，彼恶[21] 知之。王若隐[22] 其无罪而就死地，则牛羊何择[23] 焉？"

王笑曰："是诚何心哉？我非爱其财而易之以羊也，宜乎百姓之谓我爱也。"[24]

曰："无伤也，是乃仁术也，见牛未见羊也[25]。君子之于禽兽也，见其生不忍见其死，闻其声[26] 不忍食其肉。是以君子远[27] 庖厨也。"

王说[28]，曰："《诗》云：'他人有心，予忖度之。'[29]，夫子之谓也[30]。夫我乃行之，反而求之，不得吾心[31]；夫子言之，于我心有戚戚[32] 焉。此心之所以合于王者，何也？"

曰："有复[33]于王者曰：'吾力足以举百钧[34]，而不足以举一羽[35]；明足以察秋豪[36]之末，而不见舆薪[37]。'则王许[38]之乎？"

曰："否。"

"今恩足以及禽兽[39]，而功不至于百姓者，独何与[40]？然则一羽之不举，为不用力焉；舆薪之不见，为不用明焉；百姓之不见保[41]，为不用恩焉。故王之不王[42]，不为也，非不能也。"

曰："不为者与不能者之形，何以异？[43]"

曰："挟太山以超北海[44]，语[45]人曰：'我不能。'是诚[46]不能也。为长者折枝[47]，语人曰：'我不能。'是不为也，非不能也[48]。故王之不王，非挟太山以超北海之类也；王之不王，是折枝之类也。老吾老[49]，以及人之老；幼吾幼[50]，以及人之幼，天下可运于掌[51]。《诗》云：'刑于寡妻，至于兄弟，以御于家邦[52]。'言举斯心，加诸彼而已[53]。故推恩足以保四海[54]，不推恩无以保妻子；古之人所以大过人者无他焉，善推其所为而已矣。今恩足以及禽兽，而功不至于百姓者，独何与？权然后知轻重，度然后知长短[55]；物皆然，心为甚[56]，王请度之[57]！抑王兴甲兵，危士臣，构怨于诸侯，然后快于心与[58]？"

王曰："否，吾何快于是，将以求吾所大欲也[59]。"

曰："王之所大欲，可得闻与？"

王笑而不言。

曰："为肥甘不足于口与？轻暖不足于体与[60]？抑为采色[61]不足视于目与？声音不足听于耳与？便嬖[62]不足使令于前与？王之诸臣，皆足以供之，而王岂为是哉？"

曰："否，吾不为是也。"

曰："然则王之所大欲可知已：欲辟土地，朝秦楚，莅中国而抚四夷也[63]。以若所为，求若所欲，犹缘木而求鱼也[64]。"

王曰："若是其甚与？"

曰："殆有甚焉。缘木求鱼，虽不得鱼，无后灾；以若所为，求若所欲，尽心力而为之，后必有灾。"

曰："可得闻与？"

曰："邹人与楚人战[65]，则王以为孰胜？"

曰："楚人胜。"

曰："然则小固不可以敌大，寡固不可以敌众，弱固不可以敌强。海内之地，方千里者九，齐集[66]有其一；以一服八，何以异于邹敌楚哉？盖亦反其本矣[67]。今王发政施仁[68]，使天下仕者皆欲立于王之朝，耕者皆欲耕于王之野，商贾皆欲藏于王之市，行旅皆欲出于王之途，天下之欲疾[69]其君者，皆欲赴愬[70]于王。其若是，孰能御之[71]！"

王曰："吾惛，不能进于是矣[72]。愿夫子辅吾志，明以教我；我虽不敏，请尝试之。"

曰："无恒[73]产而有恒心者，惟士为能；若民，则无恒产，因无恒心。苟无恒心，放辟邪侈[74]，无不为已；及陷于罪，然后从而刑[75]之，是罔[76]民也。焉有仁人在位，罔民而可为也[77]！是故明君制民之产[78]，必使仰足以事父母，俯足以畜妻子[79]；

乐岁终身饱，凶年免于死亡[80]；然后驱而之善，故民之从之也轻[81]。今也[82]，制民之产，仰不足以事父母，俯不足以畜妻子；乐岁终身苦，凶年不免于死亡；此惟救死而恐不赡，奚暇治礼义哉[83]？王欲行之，则盍反其本矣[84]。五亩之宅，树之以桑，五十者可以衣帛矣；鸡、豚、狗、彘之畜，无失其时，七十者可以食肉矣；百亩之田，勿夺其时，八口之家可以无饥矣；谨庠序之教，申之以孝悌之义，颁白者不负戴于道路矣；老者衣帛食肉，黎民不饥不寒：然而不王者，未之有也。"

【注释】

[1] 齐宣王：姓田，名辟疆，前319—前301在位。齐国都城临淄在今山东省淄博市，齐之祖先，本是春秋时姜姓齐国的大夫，到了田和，乃放逐齐之末君康公于海上，建立了齐田氏的封建政权，齐宣王即战国时期田齐政权的第五位国君。

[2] 齐桓晋文：齐桓，即齐桓公，姓姜，名小白。晋文，即晋文公，姓姬，名重耳。二人皆春秋时霸君。

[3] "仲尼"二句：孔子的弟子们没有称说"霸道"如齐桓公、晋文公之事的。

[4] 未之闻：即"未闻之"。在古代汉语里否定副词加代词（宾语）加动词，等于现代汉语里的否定副词加动词加代词（宾语）。

[5] 无以，则王乎：一定要我说的话，就说"王（wàng）天下之道"好吗？无以，不得已。以，同"已"，止。

[6] "德何如"二句：要怎样的德行，才可以王天下？

[7] "保民"二句：安抚人民而得王天下，是挡不住的自然趋势。保，安抚，保护。御，挡住，制止。莫之能御，即"莫能御之"。

[8] 何由知吾可也：从哪里看出我可以保民？由，从。

[9] 胡龁：宣王左右的近臣。

[10] 之：作"往"字解。

[11] 衅（xìn）钟：古代新钟铸成，要杀牲取血，涂抹钟的缝隙。

[12] 觳（hú）觫（sù）：恐惧发抖的样子。

[13] 若：如此。

[14] 然则废衅钟与（yú）：既然如此，那么不用祭钟了吗？废，不用。与，疑问助词。

[15] 诸：同"之"。

[16] 足以王（wàng）：足够"王天下"的条件。

[17] 爱：作"吝啬"解。

[18] 诚有百姓者：的确有这样对我误解的百姓。诚，的确。

[19] 即：就是。

[20] 无异：莫怪。

[21] 恶（wū）：何，怎么。

[22] 隐：痛，不忍。

[23] 何择：有何区别？

[24]"王笑曰"三句：宣王笑说："这究竟是什么思想呢？我思想上不是吝财而是以小易大，但又不能怪百姓批评我吝财。"诚，究竟。宜乎，应该，莫怪。

[25]"无伤也"三句：孟子的意思是这个矛盾无关紧要，王的这种思想就是"仁术"的表现；这时牛的"觳觫"摆在你面前，刺激你的"不忍"而不愿其死；羊虽然也怕死，但还没有在你的面前表现出"觳觫"的情状，所以没有引起你思想上的感性作用——"不忍"。无伤，不要紧。仁术，为仁的道路。

[26]声：指畏死的哀鸣。

[27]远：远离。

[28]说（yuè）：同"悦"，因被理解而喜悦。

[29]"他人"二句：此二句引自《诗经·小雅·巧言》。忖度（duó），有分寸、恰如其分地了解到。

[30]夫子之谓也：这话对先生说来，是适当的。夫子，先生。谓，有适当评价的意义。

[31]"夫我"三句：我根据我的心理这样做了，回头去想，心里却想不出为什么要这样做。夫，转换话头的连词。乃，副词，在这里表相反的语气，犹今言"却"。

[32]戚戚：心情激动的样子。

[33]复：陈述，报告。

[34]钧：古代重量单位名称。一钧为三十斤。

[35]羽：鸟羽毛。

[36]豪：同"毫"。毫毛的末端到秋天更加尖细，故小而难见。

[37]舆薪：以车载薪，大而易见。舆，车。

[38]许：许可，肯定。

[39]今恩足以及禽兽：指齐宣王不忍杀一头牛。前省去"孟子曰"，表示语气紧凑。恩，恩惠。

[40]独何与：我就只问这个，这恰恰是什么道理呢？独，作副词用，犹今言"正是""恰恰"，表反问语气。

[41]见保：被爱护。"见"字表示被动。

[42]不王（wàng）：指未能实行王道。

[43]"不为者"二句：此句为宣王问，以下孟子答。形，具体表现。何以异，怎样区别。

[44]挟太山以超北海：夹着泰山跨越渤海，比喻绝对不可能做到的事情。挟，用腋挟持。太山，即"泰山"。超，跳过。北海，渤海。

[45]语：告诉。

[46]诚：真正。

[47]为（wèi）长者折枝：为长者按摩。折枝，转折肢体，谓"按摩"。枝，与"支"或"肢"通用。

[48]是不为也，非不能也：少者以被役使为可耻，不肯做为长者按摩的事情，并不是不能。

[49]老吾老：前"老"作动词，尊敬。后"老"作名词，老人。

［50］幼吾幼：前"幼"作动词，爱护幼小。后"幼"作名词，小孩子。

［51］运于掌：运转于手掌中，譬喻天下甚容易治理。

［52］"刑于"三句：引自《诗经·大雅·思齐》。此处歌颂周文王的美德，先给自己的妻子做榜样，再推及兄弟，更推及全国。刑，典型，法则，此作动词用。寡妻，正妻。御，推进。家邦，国家。

［53］"言举"二句：孟子总结诗意以说明"推恩"的意义，即文王不过把自己这颗善良的心施加于别人身上而已。诸，于。

［54］保四海：使天下安定。保，安定，保持。四海，泛指全国各地，与"天下"同义，根据《尔雅》所释："九夷八狄七戎六蛮，谓之四海。"

［55］"权然"二句：有"权"才能知轻重，有"度"才能知长短。权，秤锤。度，丈尺。

［56］"物皆然"二句：凡物都要加以衡量才能知其轻重长短，且心比物还重要，更应该好好分析，才能把它评量准确。

［57］王请度（duó）之：孟子希望宣王进行反省，究竟自己的思想是怎样的？对于"推恩""保民"，是"不能"，还是"不为"？下文便对宣王的思想做种种推论，加以批评。度，作动词用，衡量。

［58］"抑王"四句："兴兵构怨"是齐国当前的事实，所以孟子问王："王一定要这样做，心里才痛快吗？"抑，犹"或"，表示揣测未定的连词。兵，兵器。危，有"动"义。危士臣，动员士卒臣民，即兴师动众。士，指士卒。臣，包括臣僚和人民。构怨，结怨，挑衅。快，痛快。

［59］"吾何"二句：我不是满足于"兴兵构怨"这个做法，而是将它作为手段，要求达到我的"大欲"。是，指这样做。

［60］"为肥"二句：是因为那些肥美鲜甜的食物不能满足口腹之欲吗？那些轻薄暖和的衣服不能让身体感到舒服吗？为（wèi），因为，与下"抑为""岂为""不为"同。肥甘，指肥美鲜甜的食物。轻暖，指轻薄暖和的衣服。肥甘和轻暖俱作名词用。

［61］采色：文采美色。

［62］便（pián）嬖：在王的左右被宠爱的人。

［63］"欲辟"三句：想扩张疆土，使秦国、楚国前来朝拜，统治整个中原地区，安抚四方的少数民族。辟，扩大。朝（cháo）秦楚，接受秦、楚两国来朝。莅，临，至。中国，指中原。抚，安抚。

［64］"以若"三句：齐国一贯执行"兴兵构怨"的政策，以这样的手段，要求达到这样的目的（欲辟土地……抚四夷也），好比爬上树木去捉鱼，是绝对不可能的。若，如此。

［65］邹人与楚人战：邹，指代小国。楚，指代大国。

［66］集：据有。

［67］盖（hé）亦反其本矣：何不回到根本上以求得解决。盖，与"盍"同，何不。反其本，返回根本上。

［68］发政施仁：开展王政，施行仁恩。

［69］疾：仇恨。

[70] 赴愬（sù）：前往申诉。愬，同"诉"。

[71] "其若"二句：人心所向，谁能够挡得住！

[72] "吾惛"二句：我头脑糊涂，不能进行这个方针了。惛，思想混乱。不能，主观力量不够。进，进行。是，这个方针。

[73] 恒：常，一定的。

[74] 放辟邪侈：肆意为非作歹。放，放荡。辟，同"僻"，与"邪"同义。侈，不依制度，胡行乱为。

[75] 刑：作动词用，加以刑罚。

[76] 罔：同"网"，作动词用，张开网罗，等到（人民）犯了罪就去惩罚他们，导致人民陷于绝路。

[77] "焉有"二句：哪有仁人执政而做致人民陷于绝路的事的道理！焉，何。

[78] 是故明君制民之产：所以圣明的君主规定老百姓的产业。是故，所以。明君，贤明的国君。制，规定。

[79] "必使"二句：一定使人民上能赡养父母，下能养活妻子儿女。仰，上。俯，下。畜，养。

[80] "乐岁"二句：丰年也总是生活在困苦之中，荒年免不了要饿死。乐岁，丰年。凶年，荒年。

[81] "然后"二句：再引导老百姓行善，这样他们就容易听从国君的号召。驱，驱使。"之善"的"之"，往，向。"民之"的"之"，的。"从之"的"之"，指明君。轻，易。

[82] 今也：现在。

[83] "此惟"二句：仅仅使自己摆脱死亡，还唯恐不足够，哪里顾得上讲求礼义呢？此，指身处这种境况下的人民。惟，仅，只。不赡（shàn），不足，不及。奚，何。暇，余时。治，学习。

[84] "王欲"二句：大王想要实行仁政，何不回到根本上来呢？之，指"发政施仁"的"王道"。反其本，根据"发政施仁"的方针，实行"明君制民之产"的根本办法，即"五亩之宅……"云云。

【赏析提示】

本文是《孟子》一书中为数不多的千字以上的文章。孟子在孔子的"仁"理念之上进一步阐述了重视民众、亲近民众的"仁政"理念，明确提出了"民为贵，社稷次之，君为轻"（《孟子·尽心章句下》）的著名论断。在此基础上，孟子向当时各国君王广泛传播他的仁政理念，他强调"仁者无敌"（《孟子·梁惠王上》），并警示"得道者多助，失道者寡助。寡助之至，亲戚畔之；多助之至，天下顺之"（《孟子·公孙丑下》）。孟子劝诫君王要亲近民众、爱护民众，唯有如此，方能实现天下的长治久安。孟子的民本思想是中国传统文化的珍贵遗产。

孟子向齐宣王阐述自己"保民而王"的"王道"理念，这正是其民本思想的生动体现。文章伊始，齐宣王询问齐桓公、晋文公之事，实则是希望了解称霸天下的方法。

孟子机智地将"霸道"转化为"王道"，明确提出了"保民而王，莫之能御"的观点。接着，他围绕这一论点，运用类比推理等逻辑推理方法，举例说明，最终得出结论：唯有实行"仁政"，方能使天下诚服；否则，便是"缘木求鱼"，徒劳无功。孟子还提出了具体的建议：首先，赋予民众稳定的产业，以培养民众的恒心，使他们向上能够赡养父母，向下能够养活妻子儿女；其次，应制定合理的赋税徭役制度，不违背农时，确保百姓免受饥寒之苦。可见，孟子所倡导的"仁政"并非空洞的道德说教，而是具有实际内容的治国安民之策。

在艺术特色方面，善于辩论是《孟子》的一大特点。孟子散文的另一大特点是善于运用比喻和寓言，在本文中，"以若所为，求若所欲，犹缘木而求鱼也"的比喻，生动地揭示了试图通过"霸道"来实现"欲辟土地，朝秦楚，莅中国而抚四夷也"的目的是不可能实现的。孟子散文的又一特点是大量使用排比和叠句等修辞手法，正面描绘了"发政施仁"后的美好景象，形成了气势磅礴、畅达雄辩的风格，对后世文章产生了深远的影响。

【思考探究】

孟子提倡"老吾老，以及人之老；幼吾幼，以及人之幼"，并断言"故推恩足以保四海，不推恩无以保妻子"。你同意这样的说法吗？请略做阐述。

【相关链接】

寡人之于国也

梁惠王曰："寡人之于国也，尽心焉耳矣。河内凶，则移其民于河东，移其粟于河内；河东凶亦然。察邻国之政，无如寡人之用心者。邻国之民不加少，寡人之民不加多，何也？"

孟子对曰："王好战，请以战喻。填然鼓之，兵刃既接，弃甲曳兵而走。或百步而后止，或五十步而后止。以五十步笑百步，则何如？"

曰："不可，直不百步耳，是亦走也。"

曰："王如知此，则无望民之多于邻国也。"

"不违农时，谷不可胜食也；数罟不入洿池，鱼鳖不可胜食也；斧斤以时入山林，材木不可胜用也。谷与鱼鳖不可胜食，材木不可胜用，是使民养生丧死无憾也。养生丧死无憾，王道之始也。"

"五亩之宅，树之以桑，五十者可以衣帛矣；鸡豚狗彘之畜，无失其时，七十者可以食肉矣；百亩之田，勿夺其时，数口之家可以无饥矣；谨庠序之教，申之以孝悌之义，颁白者不负戴于道路矣。七十者衣帛食肉，黎民不饥不寒，然而不王者，未之有也。"

"狗彘食人食而不知检，途有饿莩而不知发，人死，则曰：'非我也，岁也。'是何异于刺人而杀之，曰：'非我也，兵也。'王无罪岁，斯天下之民至焉。"

2　燕歌行[1]　·并序

高　适

高适（约700—765），字达夫，渤海蓨（今河北省衡水市景县）人。早年生活困顿，随父旅居岭南。20岁时曾入长安求仕，无功而返。30岁后北上蓟门，漫游燕赵，体验了边塞生活，后寓居宋中（今河南省商丘市一带）近10年，躬耕自养，贫困落拓。近50岁时考中有道科，授封丘尉，不久即辞官而去，入河西节度使哥舒翰幕府。至此高适迎来了人生的转折，此后官运亨通，做过淮南节度使、蜀州刺史、彭州刺史、刑部侍郎、散骑常侍等，后被封为渤海县侯，成为盛唐唯一封侯的边塞诗人。高适与岑参并称"高岑"，今存有《高常侍集》十卷。

高适的诗歌内容丰富，其中成就最高、影响最大的是边塞诗。高适的边塞诗笔力雄健，气势奔放，洋溢着盛唐时期所特有的奋发进取、蓬勃向上的时代精神。

开元二十六年，客有从御史大夫张公[2]出塞而还者，作《燕歌行》以示适。适感征戍之事，因而和焉。

汉家烟尘[3]在东北，汉将辞家破残贼。

男儿本自重横行[4]，天子非常赐颜色[5]。

摐金伐鼓[6]下榆关[7]，旌旆逶迤[8]碣石[9]间。

校尉羽书飞瀚海[10]，单于猎火照狼山[11]。

山川萧条极边土，胡骑凭陵杂风雨[12]。

战士军前半死生，美人帐下犹歌舞。

大漠穷秋[13]塞草腓[14]，孤城落日斗兵稀。

身当恩遇常轻敌[15]，力尽关山未解围。

铁衣[16]远戍辛勤久，玉箸[17]应啼别离后。

少妇城南[18]欲断肠，征人蓟北[19]空回首。

边庭飘飖[20]那可度[21]，绝域苍茫更何有[22]。

杀气三时[23]作阵云[24]，寒声一夜传刁斗[25]。

相看白刃血纷纷，死节[26]从来岂顾勋。

君不见沙场征战苦，至今犹忆李将军[27]。

【注释】

[1] 燕歌行：乐府《相和歌辞·平调曲》旧题，曹丕、萧绎、庾信所作，多吟咏东北边地（燕地）的征戍之苦及思妇的相思之情。

〔2〕张公：指张守珪，开元二十三年（735）因与契丹作战有功，拜辅国大将军兼御史大夫。

〔3〕汉家烟尘：汉家，借指唐朝，唐人诗中写时事，多托以汉朝。烟尘，战地烽烟和飞尘，指战争警报。开元十八年（730），契丹及奚族叛唐，此后唐与契、奚之间战事不断。

〔4〕横行：纵横驰骋，扫荡敌寇。

〔5〕非常赐颜色：破格赐予荣耀。

〔6〕摐（chuāng）金伐鼓：行军时鸣金击鼓。摐金，敲锣。

〔7〕榆关：山海关。

〔8〕逶迤：曲折行进、绵延不断的样子。

〔9〕碣石：山名，在此借指东北沿海一带。

〔10〕"校尉"句：描绘了边塞将领校尉紧急传递军事文书的场景。校尉，武官，官阶次于将军。羽书，羽檄，插有羽毛的紧急军事文书。瀚海，大沙漠。

〔11〕"单于"句：匈奴单于打猎时点燃的火光已照到我狼山。单于，秦汉时匈奴君主的称号，此指敌酋。猎火，狩猎时所举之火，古代游牧民族作战前会举行大规模的狩猎活动，实为军事演习。狼山，狼居胥山，在今内蒙古自治区中部，借瀚海、狼山泛指当时的战场。

〔12〕"胡骑"句：胡人的骑兵如风雨交加般来势凶猛。凭陵，凭威力或有利条件来侵凌别人。杂风雨，形容敌人来势凶猛，一说敌人乘风雨交加时冲过来。

〔13〕穷秋：深秋。

〔14〕腓（féi）：病，枯萎。一作"衰"。

〔15〕"身当"句：一写主帅受皇恩而轻敌。这句与"天子非常赐颜色"相呼应。

〔16〕铁衣：借指将士。《木兰辞》："寒光照铁衣。"

〔17〕玉箸：白色的筷子，比喻思妇的泪水如注。

〔18〕城南：长安的住宅区在城南，故云。沈佺期《独不见》："丹凤城南秋夜长。"

〔19〕蓟北：唐代蓟州、幽州一带，今河北省北部地区。此泛指东北战场。

〔20〕飘飖：一作"飘飘"，指形势动荡、险恶。

〔21〕度：越过相隔的路程，回归。

〔22〕"绝域"句：更遥远的边陲更加荒凉不毛。绝域，更遥远的边陲。更何有，更加荒凉不毛。

〔23〕三时：三，不表确数，指历时很久。

〔24〕阵云：战云。

〔25〕刁斗：军中夜里巡更敲击报时用的铜器。

〔26〕死节：指为国捐躯。节，气节，指保家卫国的壮志。

〔27〕李将军：指李广。李广善用兵，爱惜士卒，守右北平，匈奴畏之不敢南侵，后人称为飞将军。

【赏析提示】

　　本诗是一首叙事诗，诗人按照受命出征、奋勇杀敌、战败沉思等依次叙述了唐军将士出征抗敌的完整过程，在叙事的同时还融合了议论、抒情等表现手法，将复杂的思想情感条理清晰地呈现了出来。全诗既有对将士慷慨赴边、舍身报国的赞颂，又有对将士征战艰苦、命运凄凉的同情，更有对不公正的军中生活、将帅的昏庸轻敌、朝廷用将不得其人等的揭露和谴责。

　　本诗按战争进程分四个部分来写。首句至"单于猎火照狼山"为第一部分，写明了将士出征的原因及场景。"汉家烟尘在东北，汉将辞家破残贼"道出本诗是"感征戍之事"之作。"男儿本自重横行……旌旆逶迤碣石间"，先写汉将辞家去国时的威武荣耀，再写大军出行金鼓震天、大摇大摆前进的场面，由此可以揣知将军临战前不可一世的骄态，隐含讽刺，预伏下文。紧接着战端一启，"校尉羽书飞瀚海"，一个"飞"字揭示了军情危急，"单于猎火照狼山"更写出前文预想的"残贼"气势汹汹屯兵边境，战火一触即发。从辞家去国到榆关、碣石，再到瀚海、狼山，八句诗概括了出征的历程，逐步推进，气氛也从宽缓渐入紧张。

　　第二部分从"山川萧条极边土"至"力尽关山未解围"，写战斗危急而失利。落笔便是"山川萧条极边土"，展现开阔而无险可凭的地带，烘托出一片肃杀的气氛。"胡骑"迅急剽悍，像狂风暴雨，卷地而来。汉军奋力迎敌，杀得昏天黑地，不辨死生。然而，"战士军前半死生"时，某些不可一世的将军们却"美人帐下犹歌舞"，"出生入死"与"寻欢作乐"形成了强烈的事实对比，有力地揭露了汉军中将军和兵士的矛盾，暗示了战败的原因。紧接着写力竭兵稀，重围难解，孤城落日，衰草连天，具有鲜明边塞特点的阴惨景色，烘托出残兵败卒心境的凄凉。"身当恩遇常轻敌，力尽关山未解围"一句充分揭示了战败的根本原因，气氛显得尤为悲壮。

　　第三部分从"铁衣远戍辛勤久"至"寒声一夜传刁斗"，写士兵的思乡之情与悲苦景况，实是对汉将更深的谴责。"铁衣远戍辛勤久"以下三联，一句征人，一句思妇，错综相对，离别之苦，逐步加深。城南少妇，日夜悲愁，但是"边庭飘飖那可度"？蓟北征人，徒然回首，毕竟"绝域苍茫更何有"！相去万里，或永无见期，更何况是在"杀气三时作阵云，寒声一夜传刁斗"的绝境中。诗情从上一部分的悲壮转为悲凉，谁将士兵们推到这般绝境？诗人对将领骄奢轻敌的谴责自然凸显。

　　最后四句总束全篇，淋漓悲壮，感慨无穷。前两句写士兵们与敌人短兵相接，浴血奋战，却不是为了取得个人的功勋。诗人对此饱含悲悯和礼赞，同时"岂顾勋"则有力地讥刺了轻开边衅、冒进贪功的将领。最末二句，诗人以汉将李广结束全篇，意将其与那些骄横的将军形成无比鲜明的对比，揭露朝廷用将不得其人的问题。此诗以李广终篇，题旨鲜明，意境也更为雄浑深远。

【思考探究】

　　（1）"大漠""穷秋""塞草""孤城""落日""斗兵"六个意象想要营造出怎样的意境？

（2）这首诗主要运用了哪些表现手法？

（3）为什么"至今犹忆李将军"？李将军与诗中的将领有何不同？

【相关链接】

观猎

王　维

风劲角弓鸣，将军猎渭城。

草枯鹰眼疾，雪尽马蹄轻。

忽过新丰市，还归细柳营。

回看射雕处，千里暮云平。

3　摸鱼儿[1] ·更能消几番风雨

辛弃疾

辛弃疾（1140—1207），字幼安，号稼轩，山东历城（今山东省济南市）人。辛弃疾因生长于金人占领区，自幼就决心为民族复仇雪耻、收复失地。宋高宗绍兴三十一年（1161），济南府农民耿京聚众数十万反抗金朝的暴虐统治，时年21岁的辛弃疾，也趁机揭竿而起，拉起一支2000余人的队伍投奔耿京。后辛弃疾南归于宋，本希望尽展其雄才将略、横戈杀敌，然而，南宋王朝因符离之战失败，一战丧胆，甘心向金朝俯首称臣、纳贡求和，使得辛弃疾等英雄志士请缨无路、报国无门。辛弃疾一生积极进取，其坚持抗战复国的政治主张与当时只求苟安的政治环境相冲突，加之傲岸不屈、刚正独立的个性更使他屡遭不顺、常遭人排挤与谗害，仕途上未能有大的作为和建树。辛弃疾于67岁时含恨而逝，有《稼轩长短句》传世。

辛弃疾不同于一般的文人，他既有词人的气质，又有军人的豪情，他把自己一生的人生经历、生命体验和精神追求完整地表现在词作中。他自诩英雄，也有英雄的胆略和素质，却长期得不到施展抱负的机会，所以他的词中最主要的内容就是抒发个人的爱国之心、报国之志和功业难成的苦闷。

淳熙己亥[2]，自湖北漕移湖南[3]，同官王正之[4]置酒小山亭，为赋。

更能消[5]、几番风雨，匆匆春又归去。惜春长怕[6]花开早，何况落红无数。春且住，见说道、天涯芳草无归路[7]。怨春不语，算只有殷勤，画檐蛛网，尽日惹飞絮[8]。

长门事，准拟佳期又误。蛾眉曾有人妒。千金纵买相如赋，脉脉此情难诉[9]？君莫舞[10]，君不见、玉环飞燕皆尘土[11]！闲愁[12]最苦！休去倚危栏[13]，斜阳正在，烟柳断肠处[14]。

【注释】

[1] 摸鱼儿：词牌名，一名"摸鱼子"，唐玄宗时教坊曲名，后用为词调。

[2] 淳熙己亥：宋孝宗淳熙六年（1179）。

[3] "自湖北"句：由湖北转运副使调任湖南转运副使。宋代称转运使为漕司，掌管一路的财赋。

[4] 王正之：辛弃疾的旧交。此时王接替辛的职务，故曰同官。

[5] 更能消：还能经得住。更，还。消，经得住。

[6] 长怕：常怕，总怕。

[7] "见说道"二句：意为春天已去，不再回来。见说道，听说。

[8] "算只有"三句：看来只有屋檐下的蜘蛛网，在整天热心地粘惹纷飞的柳絮，想把春天留住。算，算来，看来。惹，沾挂。飞絮，飘飞的柳絮。

[9] "长门事"五句：长门，汉代宫殿名，汉武帝皇后陈阿娇失宠后被幽闭于此。准拟，拟定，约定。蛾眉，指美人，这里指陈阿娇。脉脉，含情的样子。这几句意思是说，纵使千金买得了司马相如的《长门赋》，感动了皇帝，可是重新得到亲幸的机会却没有了，因为美人常被人嫉妒，纵有深情却无处可诉。司马相如《长门赋序》："孝武皇帝陈皇后时得幸，颇妒，别在长门宫，愁闷悲思。闻蜀郡成都司马相如天下工为文，奉黄金百斤，为相如、文君取酒，因于解悲愁之辞。而相如为文以悟主上，陈皇后复得亲幸。"但按史书所载，陈皇后贬居长门宫后，未再得亲幸。词人把两种说法结合起来，谓陈皇后本来是可以再度得到汉武帝亲幸的，其所以"准拟佳期又误"，是由于"蛾眉曾有人妒"。

[10] 君莫舞：你们不要手舞足蹈、得意忘形。君，指朝中主和派。

[11] "玉环"句：意思是专宠的杨玉环和赵飞燕都变为尘土了。玉环，即杨贵妃，唐玄宗宠妃，安史之乱时，由于兵变，被玄宗赐死于马嵬坡。赵飞燕，汉成帝宠幸的皇后，后废为庶人而自杀。

[12] 闲愁：指精神上的愁闷。

[13] 危栏：高楼上的栏杆。

[14] "斜阳"二句：以夕阳喻国势衰微，烟柳喻前路渺茫，意指南宋形势危殆。

【赏析提示】

辛弃疾作此词时，南归已经17年了，这十多年中，由于"隆兴和议"的订立，辛弃疾所陈恢复之计，皆不为朝廷所用，因此被频频调动，以致无法施展其军事才能。《摸鱼儿·更能消几番风雨》是辛弃疾在湖北转运副使任上仅待了八个月，又调往湖南时，他忧虑政局的危殆、感叹自己的失意而作。他曾在《论盗贼札子》里说："生平刚拙自信，年来不为众人所容，恐言未脱口而祸不旋踵。"可见词中"蛾眉曾有人妒"之说是辛弃疾的自喻之言，所以本首词中流露出的哀怨是其对政治失意的哀怨，亦是对朝廷表达不满、对国家前途的担忧。

这首词继承了楚辞香草美人的传统，运用比兴寄托的表现手法，创设出一个具有多重象征意蕴的艺术境界。上阕通过惜春、留春、怨春几个层次的情绪转折，言在此而意在彼，实际上表达的是强烈的时间意识和对生命虚耗的惋惜怨恨。同时，春意阑珊的景象也容易令人联想到南宋日益衰微的国势，蜘蛛网絮令人联想到欲求振兴者的徒劳，寄托了词人壮志难酬的哀怨，以及对国家的担忧和留恋。

下阕用陈阿娇蛾眉遭妒的典故揭示了自己受到排挤、遭人嫉恨的处境，用杨玉环、赵飞燕的凄惨结局预示小人的下场，警告那些排挤打击自己的小人不要得意太早。然而，小人终究误国，词人在怨恨他们的同时，更加担忧如斜阳、烟柳般衰微的国势。结尾处以夕阳西下、烟柳朦胧照应开头无奈春去，以一个饱含韵味的苍茫暮景把词人的愁绪向纵深处铺展开来。

本词摧刚为柔、柔中带刚，情感幽深曲折，手法委婉含蓄，兼具豪放与婉约二家之长，给读者留下了广阔的品味空间。

【思考探究】

（1）请分析这首词的结构特点。

（2）请从表达技巧的角度，对上阕"春且住，见说道、天涯芳草无归路。怨春不语，算只有殷勤，画檐蛛网，尽日惹飞絮"一句进行赏析。

（3）夏承焘《唐宋词欣赏》中曾评价此词"肝肠似火，色貌如花"，在那一层婉约含蓄的外衣之下，我们可以感受词人一颗热切滚烫的心在跳动。那么，你是如何理解这样的评价的？

【相关链接】

节妇吟·寄东平李司空师道

张　籍

君知妾有夫，赠妾双明珠。

感君缠绵意，系在红罗襦。

妾家高楼连苑起，良人执戟明光里。

知君用心如日月，事夫誓拟同生死。

还君明珠双泪垂，恨不相逢未嫁时。

4　论雷峰塔的倒掉[1]

鲁　迅

鲁迅（1881—1936），浙江绍兴人，原名周樟寿，后改名周树人，字豫山，后改字豫才，著名文学家、思想家、民主战士，新文化运动的重要参与者，中国现代文学的奠基人之一。1918年，周树人首次用"鲁迅"的笔名在《新青年》上发表第一篇白话小说《狂人日记》，奠定了"五四"新文学运动的基石。五四运动前后，鲁迅参加《新青年》杂志工作，成为新文化运动的

主将。1918—1928 年，鲁迅陆续创作出版了小说集《呐喊》《彷徨》，散文诗集《野草》，散文集《朝花夕拾》，杂文集《坟》《热风》《华盖集》《华盖集续编》，等等。其中，1921 年 12 月发表的中篇小说《阿 Q 正传》，是中国现代文学史上的不朽杰作。毛泽东曾称赞鲁迅："鲁迅的方向，就是中华民族新文化的方向。"

听说，杭州西湖上的雷峰塔[2]倒掉了，听说而已，我没有亲见。但我却见过未倒的雷峰塔，破破烂烂的映掩于湖光山色之间，落山的太阳照着这些四近的地方，就是"雷峰夕照"，西湖十景之一。"雷峰夕照"的真景我也见过，并不见佳，我以为。

然而一切西湖胜迹的名目之中，我知道得最早的却是这雷峰塔。我的祖母曾经常常对我说，白蛇娘娘就被压在这塔底下。有个叫作许仙的人救了两条蛇，一青一白，后来白蛇便化作女人来报恩，嫁给许仙了；青蛇化作丫鬟，也跟着。一个和尚，法海禅师，得道的禅师，看见许仙脸上有妖气，——凡讨妖怪做老婆的人，脸上就有妖气的，但只有非凡的人才看得出，——便将他藏在金山寺的法座后，白蛇娘娘来寻夫，于是就"水满金山"。我的祖母讲起来还要有趣得多，大约是出于一部弹词叫作《义妖传》[3]里的，但我没有看过这部书，所以也不知道"许仙""法海"究竟是否这样写。总而言之，白蛇娘娘终于中了法海的计策，被装在一个小小的钵盂里了。钵盂埋在地里，上面还造起一座镇压的塔来，这就是雷峰塔。此后似乎事情还很多，如"白状元祭塔"之类，但我现在都忘记了。

那时我惟一的希望，就在这雷峰塔的倒掉。后来我长大了，到杭州，看见这破破烂烂的塔，心里就不舒服。后来我看看书，说杭州人又叫这塔作"保叔塔"，其实应该写作"保俶塔"[4]，是钱王的儿子造的。那么，里面当然没有白蛇娘娘了，然而我心里仍然不舒服，仍然希望他倒掉。

现在，他居然倒掉了，则普天之下的人民，其欣喜为何如？

这是有事实可证的。试到吴越的山间海滨，探听民意去。凡有田夫野老，蚕妇村氓，除了几个脑髓里有点贵恙的之外，可有谁不为白娘娘抱不平，不怪法海太多事的？

和尚本应该只管自己念经。白蛇自迷许仙，许仙自娶妖怪，和别人有什么相干呢？他偏要放下经卷，横来招是搬非，大约是怀着嫉妒罢，——那简直是一定的。

听说，后来玉皇大帝也就怪法海多事，以至荼毒生灵，想要拿办他了。他逃来逃去，终于逃在蟹壳里避祸，不敢再出来，到现在还如此。我对于玉皇大帝所做的事，腹诽的非常多，独于这一件却很满意，因为"水满金山"一案，的确应该由法海负责；他实在办得很不错。只可惜我那时没有打听这话的出处，或者不在《义妖传》中，却是民间的传说罢。

秋高稻熟时节，吴越间所多的是螃蟹，煮到通红之后，无论取那一只，揭开背壳来，里面就有黄，有膏；倘是雌的，就有石榴子一般鲜红的子。先将这些吃完，即一定露出一个圆锥形的薄膜，再用小刀小心地沿着锥底切下，取出，翻转，使里面向外，只要不破，便变成一个罗汉模样的东西，有头脸，身子，是坐着的，我们那里的小孩子都称他"蟹和尚"，就是躲在里面避难的法海。

当初，白蛇娘娘压在塔底下，法海禅师躲在蟹壳里。现在却只有这位老禅师独自静坐了，非到螃蟹断种的那一天为止出不来。莫非他造塔的时候，竟没有想到塔是终究要倒的么？

活该。

一九二四年十月二十八日。

【注释】

[1] 本篇最初发表于 1924 年 11 月 17 日《语丝》周刊第一期。

[2] 雷峰塔：原在杭州西湖净慈寺前面，北宋太平兴国二年（977）为吴越王钱俶所建，初名皇妃塔，又名西关砖塔，俗称黄妃塔；因建在名为雷峰的小山上，通称雷峰塔。1924 年 9 月 25 日倒坍。

[3]《义妖传》：讲述关于民间神话传说白蛇娘娘的故事的长篇弹词，清代陈遇乾作，共五十四回，据乾隆间刻本《白蛇传》改写而成。"水满金山"和"白状元祭塔"，都是白蛇故事中的情节。金山在江苏省镇江市，山上有金山寺，东晋时所建。白状元是故事中白蛇娘娘和许仙所生的儿子许士林，他后来中了状元回来祭塔，与被法海镇在雷峰塔下的白蛇娘娘相见。

[4] 本文最初发表时，篇末有作者的附记："这篇东西，是一九二四年十月二十八日做的。今天孙伏园来，我便将草稿给他看。他说，雷峰塔并非就是保俶塔。那么，大约是我记错的了，然而我却确乎早知道雷峰塔下并无白娘娘。现在既经前记者先生指点，知道这一节并非得于所看之书，则当时何以知之，也就莫名其妙矣。特此声明，并且更正。十一月三日。"保俶塔在浙江省杭州市西湖区北山路宝石山上，今尚存：一说是吴越王钱俶入宋朝贡时所造，明朱国桢《涌幢小品》卷十四中有简单记载，"杭州有保俶塔，因俶入朝，恐其被留，做此以保之……今误为保叔"。另一传说是宋咸平（998—1003）时僧永保化缘所筑。明郎瑛《七修类稿》："咸平中，僧永保化缘筑塔，人以师叔称之，遂名塔曰保叔。"

【赏析提示】

《论雷峰塔的倒掉》是鲁迅杂文中的名篇，其最初发表于 1924 年 11 月 17 日《语丝》周刊第一期，后由作者编入杂文集《坟》。

在鲁迅看来，矗立在杭州西湖边上的雷峰塔，是中国封建主义的象征，因此，它的倒掉，使鲁迅感到"其欣喜为何如"，从而表现了作者不妥协的反封建精神和敢于立异的反传统的美学观点。

"破破烂烂的映掩于湖光山色之间，落山的太阳照着这些四近的地方，就是'雷峰夕照'，西湖十景之一。'雷峰夕照'的真景我也见过，并不见佳，我以为。"鲁迅认为，雷峰塔的应该倒掉，不仅在于它破破烂烂的外观，更主要是它象征着封建的幽灵。在民间故事中，雷峰塔是法海镇压白娘娘的地方，它象征着一种权势对自由心灵的无情摧残，为此赢得了许多人的眼泪。既然白娘娘被镇压在雷峰塔下，雷峰塔也便成为邪恶与恐怖的镇压机器，同情白娘娘的人们、向往自由的人们，希望雷峰塔倒掉，"现

在，他居然倒掉了，则普天之下的人民，其欣喜为何如"？这欣喜显然不是属于鲁迅一个人的，他证之以吴越山间海滨的民意，无不憎恨法海这种封建式的专制行为。可见，向往自由、反对压迫的潜在意识在民间是普遍存在，他们不过借了寄寓于雷峰塔的一段神话传说来申诉自己的愿望，包括自己的不自由的心灵的宣泄。

鲁迅借神话传说中玉皇大帝处理法海，迫使法海逃到蟹壳里去避祸，成为"蟹和尚"，来肯定伸张正义之举。因此，本文以一句民间詈语"活该"作结，有斩钉截铁之势。

本篇写得潇洒流利，语言十分有个性，间以民谚与文言，使文气跳荡多姿，形成一种雄健诙谐兼而有之的美感。

【思考探究】

（1）作者在知道雷峰塔下没有白娘娘后"仍然不舒服，仍然希望他倒掉"，其内在的原因是什么？

（2）鲁迅并不相信有什么玉皇大帝，但他却肯定玉皇大帝拿办法海，称赞"他实在办得很不错的"。按你的理解，鲁迅这样写的用意是什么？

【相关链接】

自嘲

鲁　迅

运交华盖欲何求，未敢翻身已碰头。
破帽遮颜过闹市，漏船载酒泛中流。
横眉冷对千夫指，俯首甘为孺子牛。
躲进小楼成一统，管他冬夏与春秋。

5　雪落在中国的土地上

艾　青

艾青（1910—1996），名蒋正涵，字养源，号海澄，浙江省金华市人，中国现代著名诗人，1933年第一次用笔名艾青发表了长诗《大堰河——我的保姆》，诗歌感情真挚，轰动了文坛。抗战期间是艾青创作的高潮期，其诗作笔触雄浑、气势壮阔，情调奋发昂扬，多倾诉民族的苦难，歌颂祖国的战斗，渗透着时代气氛。

雪落在中国的土地上，
寒冷在封锁着中国呀……

风，
像一个太悲哀了的老妇
紧紧地跟随着
伸出寒冷的指爪
拉扯着行人的衣襟，
用着像土地一样古老的话
一刻也不停地絮聒[1] 着……

那从林间出现的，
赶着马车的
你中国的农夫，
戴着皮帽，
冒着大雪
你要到哪儿去呢？

告诉你
我也是农人的后裔——
由于你们的
刻满了痛苦的皱纹的脸
我能如此深深地
知道了
生活在草原上的人们的
岁月的艰辛。

而我
也并不比你们快乐啊
——躺在时间的河流上
苦难的浪涛
曾经几次把我吞没而又卷起——
流浪与监禁
已失去了我的青春的
最可贵的日子，
我的生命
也像你们的生命
一样的憔悴呀。

雪落在中国的土地上，
寒冷在封锁着中国呀……

沿着雪夜的河流，
一盏小油灯在徐缓地移行，

那破烂的乌篷船里
映着灯光，垂着头
坐着的是谁呀？

——啊，你
蓬发垢面的少妇，
是不是
你的家
——那幸福与温暖的巢穴——
已被暴戾[2] 的敌人
烧毁了么？
是不是
也像这样的夜间，
失去了男人的保护，
在死亡的恐怖里
你已经受尽敌人刺刀的戏弄？

咳，就在如此寒冷的今夜，
无数的
我们的年老的母亲，
都蜷伏在不是自己的家里，
就像异邦人
不知明天的车轮，
要滚上怎样的路程……
——而且
中国的路
是如此的崎岖
是如此的泥泞呀。

雪落在中国的土地上，
寒冷在封锁着中国呀……

透过雪夜的草原
那些被烽火所啮[3] 啃着的地域，
无数的，土地的垦植者
失去了他们所饲养的家畜
失去了他们肥沃的田地
拥挤在
生活的绝望的污巷里：
饥馑的大地
朝向阴暗的天

伸出乞援的
颤抖着的两臂。

中国的痛苦与灾难
像这雪夜一样广阔而又漫长呀！
雪落在中国的土地上，
寒冷在封锁着中国呀……

中国
我的在没有灯光的晚上
所写的无力的诗句
能给你些许的温暖么？

一九三七年十二月二十八日夜间

【注释】

　[1] 絮聒（guō）：唠叨不休。

　[2] 暴戾（lì）：残暴，凶狠。

　[3] 啮（niè）：咬。

【赏析提示】

　　1937 年七七事变后，全国人民的抗日斗志空前高涨，然而中国军队节节败退，大好河山渐渐残破的严峻现实让激情的人民陷入了深沉的思考。《雪落在中国的土地上》就是在这一年末，艾青于深夜在武昌一间阴冷的屋内写就的。诗人以赤诚炽烈、深沉执着的情感关怀着祖国人民的命运，所以他在这首诗中以急切忧虑的心绪、冷峻而真实的笔触，精准反映出了当时的社会气氛，表达了诗人深厚的爱国热情，以及深沉的忧患意识与赤子之心。

　　诗人到全诗中反复咏叹"雪落在中国的土地上，寒冷在封锁着中国呀……"。这两句诗除了起到起承转合的作用，更是诗人发自内心的真诚的感受、强烈的呐喊。大自然的季节更替所给予人们的，主要是感官上的触觉，更重要的是诗人的内心深切感受到自我、民族、国家都禁锢在寒冷之中，使他不能不爆发出这强烈的呐喊。

　　这首诗以散文化的语言塑造了大雪纷飞中北方的"中国的农夫"、南方的"蓬发垢面的少妇"和"年老的母亲"三个形象，以此构成了"寒冷在封锁着中国"的具体形象和生活画面，中华民族正历经着的苦痛与灾难在这一幕幕画面中跃然纸上。诚然，这样令人心碎的画面使全诗笼罩在过于悲伤凄惨的氛围中，可是如果按照历史的本来面目来看，这一切却都是"残酷的真实"，正是诗人在现实中感受到和体验到的令人悲痛、令人忧虑的事实。诗人以艺术的手段把这一切表现出来，正表明了诗人对时代命运的关切，以及对人民所遭受苦难的感同身受。

　　同时，对于 20 世纪 30 年代的相当一部分革命知识分子来说，他们不仅看到了农村的破产和农民的悲惨命运，而且也总是把自己的命运同这一切联系在一起。因此，

艾青在对农民关注的同时，也不禁为自己的命运而歌吟："苦难的浪涛，曾经几次把我吞没而又卷起……我的生命/也像你们的生命/一样的憔悴呀。"诗人通过联系自身，使自己由叙述者的角度转化为参与者，进一步拉近了和广大人民的距离，更便于直抒胸臆。

【思考探究】

（1）本诗运用了哪些自然意象，分别包含着怎样的象征意义？

（2）请分析"雪落在中国的土地上，寒冷在封锁着中国呀……"这两句诗的深刻含义。

（3）请从抒情方式的角度，赏析最后一个诗节的表达效果。

【相关链接】

我爱这土地

艾 青

假如我是一只鸟，

我也应该用嘶哑的喉咙歌唱：

这被暴风雨所打击着的土地，

这永远汹涌着我们的悲愤的河流，

这无止息地吹刮着的激怒的风，

和那来自林间的无比温柔的黎明……

——然后我死了，

连羽毛也腐烂在土地里面。

为什么我的眼里常含泪水？

因为我对这土地爱得深沉……

一九三八年十一月十七日

隋唐五代文学概述

隋唐五代是从 581 年隋文帝杨坚建立隋朝，至 960 年宋朝建立，由隋、唐、五代三个阶段组成。在这一历史时期，隋朝仅存 30 余年，文学成就不高，而五代纷乱，文学领域中除词以外也无多高的成就。隋唐五代文学，其重点是唐代文学。有唐一代，诗歌、散文、传奇小说、词实现了全面发展，唐代也因此成为中国文学史上极为辉煌、极富创造力的时期之一。

一、唐代诗歌

唐代是中国古典诗歌发展的黄金时代，这一时期诗人辈出、佳作如林，仅《全唐诗》及《全唐诗外编》所录诗作就约五万首，其中诗人上至帝王将相、下至童子妇人，共 2000 多人。唐代诗歌创作的普及程度空前，杰出诗人及优秀作品的数量和质量也都是其他任何朝代所无法比拟的。

唐代诗歌的发展一般分为初唐、盛唐、中唐和晚唐四个时期。

（一）初唐时期（618—712）

唐代诗歌发展的初唐时期大致为唐初至唐玄宗开元元年前，约 100 年，是唐代诗歌繁荣到来的准备阶段。诗人的身份从宫廷官吏扩大到一般寒士，诗歌内容从宫廷台阁走向关山塞漠，诗歌形式从南朝程式化的永明体升华为既有程式约束又留有广阔创造空间的律诗，诗风也从南朝齐梁时期的浮靡艳丽转变为刚健清新。

初唐时期的代表诗人及群体如下：

以上官仪、"文章四友"（崔融、李峤、苏味道、杜审言）和"沈宋"（沈佺期、宋之问）为代表的初唐宫廷诗人，在南朝永明体的基础上，创造了唐代近体诗——律诗。其中，上官仪提出了"六对""八对"之说并自觉实践，"文章四友"则大力研练诗歌的格律和艺术技巧，他们都为律诗的定型做出了贡献。而"沈宋"完成了五律的定型，加之元稹《唐故工部员外郎杜君墓系铭并序》中提到"而又沈、宋之流，研练精切，稳顺声势，谓之为律诗"，这是关于"律诗"定名的最早记载，因此"沈宋"也就成为律诗定型的标志。

"初唐四杰"（王勃、杨炯、卢照邻和骆宾王）是初唐文坛上新旧过渡时期的人物，他们突破了唐初流行的宫体诗的题材内容，使诗歌的题材"由宫廷走到市井""从台阁

移至江山与塞漠"（闻一多《唐诗杂论》），从而增强了诗歌的思想意义。杜甫亦在《戏为六绝句》中评价四人"王杨卢骆当时体"为"不废江河万古流"。这四人中，王、杨长于五律，王勃送友诗《送杜少府之任蜀州》、杨炯边塞诗《从军行》（七首）是二人代表之作；卢、骆长于七言歌行，以卢照邻《长安古意》、骆宾王《帝京篇》为代表作。此外，王勃的文章《滕王阁序》也堪称一绝，乃唐代骈文之首。

"初唐四杰"之后，梓州射洪人（今四川省射洪市）陈子昂登上诗坛。陈子昂，字伯玉，因曾任右拾遗，后世称陈拾遗。陈子昂高举诗文革新大旗，要求革除齐梁浮靡艳丽的诗风，倡导汉魏"风骨"与诗经"风雅兴寄"。所谓"风骨"，即要求诗歌用遒劲质朴的语言，将充实的内容和健康的感情统一表达出来；所谓"风雅兴寄"，即要求诗歌重"美刺""比兴"，同时寄托济世的功业理想和人生意气。此外，陈子昂还提出了"骨气端翔、音情顿挫、光英朗练"的诗美理想，要求将壮大昂扬的情思与声律、词采之美结合起来，创造健康而瑰丽的文学。他的代表作《登幽州台歌》、《感遇》（三十八首）都践行了其诗论主张，他的诗歌理论和创作实践极大地推动了初唐诗风的变革。

初唐、盛唐之交，浙江一带出现了四位才子贺知章、张若虚、张旭和包融，时人称"吴中四士"。四人中，张若虚的《春江花月夜》将诗情、画意与诗人对宇宙奥秘和人生哲理的体察融为一体，创造出情景交融、明净纯美的意境，获得了"孤篇盖全唐"的极高赞誉。贺知章则以绝句见长，传世名篇有《咏柳》《回乡偶书》等。

（二）盛唐时期（713—765）

唐代诗歌发展的盛唐时期自唐玄宗开元元年到唐代宗大历元年前，50余年，是唐代诗歌达到繁荣顶峰的时期。这一时期的诗歌创作"既多兴象，复备风骨"，不同风格的诗人争奇斗艳，创造出致情、致性、致美，声律、风骨兼备的完美境界。

盛唐时期代表诗人及群体如下：

山水田园诗派以王维、孟浩然等人为代表，他们的诗歌多写山水、田园风光，表现隐居生活的闲情逸致，诗歌意境恬静幽远。其中，王维（字摩诘）在诗、书、画、乐等领域无一不通，是名副其实的天才艺术家，其创造出了"诗中有画，画中有诗"的纯美诗境；同时，由于受佛学禅宗影响颇深，王维将物我冥合、动静不二的禅意渗入山情水态之中，得空明之诗境、宁静之诗美，所以王维被后世尊称为"诗佛"。"诗画合一""诗禅相济"是王维山水田园诗的突出特点，其代表作有《山居秋暝》《鸟鸣涧》《终南别业》等。除了山水田园诗外，王维前期在边塞诗上也取得了较高的成就，代表作有《使至塞上》《观猎》等。孟浩然的一生都在隐居和漫游中度过，其终身未仕，却是名动一时的"隐逸诗人"。他写下了很多山水田园诗，是唐代第一个写山水田园诗的人，其代表作有《望洞庭湖赠张丞相》《过故人庄》《宿建德江》等。继王、孟之后，储光羲、常建、裴迪、祖咏等人也创作了较为优秀的山水田园诗作，如常建的《题破山寺后禅院》。

边塞诗派以高适、岑参为代表，此外还有王昌龄、王之涣、王翰等著名诗人。边塞诗主要描写雄浑壮阔苍凉的边塞风光和艰苦孤寂凶险的戍边生活，呈现出风骨凛然之气、清刚劲健之美、慷慨悲壮之情，展现了盛唐人开阔的胸襟和豪迈的气度。边塞诗主题多样，既有揭露战争的残酷和给百姓生活带来的苦难、批判统治阶层的好大喜功、同情戍边战士的孤苦无依和流血牺牲，又有离别相思、闺怨情长，更有颂扬边关将士英勇作战、誓死捍卫国家的英雄气概，等等。在边塞诗人中，高适与岑参并称"高岑"，高适是盛唐诗人中唯一身居高位而封侯者，又因官终左散骑常侍，世称"高常侍"。高适的代表作有《燕歌行》（二首）、《别董大》（二首）等。岑参官至嘉州刺史，世称"岑嘉州"，有"诗雄"之称，其代表作有《白雪歌送武判官归京》等。"七绝圣手"王昌龄因被贬龙标，世称"王龙标"。王昌龄的诗歌题材多样，边塞诗代表作有《从军行》（七首）、《出塞》（二首）等，送别诗代表作有《芙蓉楼送辛渐》等，闺怨诗代表作有《闺怨》等。王之涣的代表作有《凉州词（黄河远上白云间）》《登鹳雀楼》等，王翰的代表作有《凉州词（葡萄美酒夜光杯）》等。

除了以上两个代表性的诗人群体外，这个时期还先后出现了中国文学史上具有划时代意义的两位诗人：伟大的浪漫主义诗人李白和伟大的现实主义诗人杜甫，世称"李杜"。他们是中国诗史上最耀眼的"双子星"。

李白，字太白，号青莲居士，被贺知章评价为"谪仙人"，还有"诗仙"之盛誉。李白出生于商户，受过良好的教育，为人独立不羁，一生始终保有平交王侯的气度，渴望能建立盖世功业后功成身退。这种理想化的追求在现实人生中必然屡遭失败。失望、悲愤和不平是李白常有的状态，但他始终心怀理想，又始终保持着自负、自信和豁达、昂扬的精神风貌，所以李白的诗歌想象丰富奇特，感情奔放豪迈，语言自然清新，具有强烈的浪漫主义色彩，从而形成了豪放飘逸、清新自然的诗风。李白的诗，诸如《蜀道难》《行路难》《将进酒》《宣州谢朓楼饯别校书叔云》等传世名作数不胜数。

杜甫，字子美，号少陵野老，世称杜少陵、杜工部，还有"诗圣"之美誉。杜甫出身世代"奉儒守官"之家，其对国家命运和民生疾苦非常关注。因家道中落，杜甫半生流离失所，又亲历了安史之乱，使他得以深入社会，切身体会了现实的黑暗和百姓的苦难。杜甫的诗歌以精工细琢的语言、精细老成的诗律、爱国忧民的意识深刻反映了唐王朝由盛转衰过程中的时代风貌、社会动荡、百姓疾苦，形成了沉郁顿挫的诗风，诸如"三吏三别"（《新安吏》《石壕吏》《潼关吏》《新婚别》《无家别》《垂老别》）、《登高》、《秋兴》（八首）、《闻官军收河南河北》等传世作品不计其数，其作品也被后人誉为"诗史"。

（三）中唐时期（766—835）

唐代诗歌发展的中唐时期自唐代宗大历元年至唐文宗大和九年，约70年，是唐代诗歌求新求变的发展时期。历时8年的安史之乱将盛世的繁华毁于一旦，不仅盛世难再续，唐代诗歌也到了盛极难继的时候。中唐时期的诗人在经历了短暂的低落、彷徨后，以一种革新精神和创新勇气，为唐代诗歌的发展开拓出一片新天地。

中唐时期的代表诗人及群体如下：

大历年间，社会的衰败导致士人的心态普遍变得萧索、孤寂，无论是山水田园诗人韦应物、刘长卿，边塞诗人李益，还是以钱起为代表的"大历十才子"，他们的诗歌都带有一种冷落寂寥、凄清萧索的情调，如韦应物的《滁州西涧》、刘长卿的《逢雪宿芙蓉山主人》等。

经大历年间一度中衰之后，中唐时期的诗歌踏上了新变的历程，韩孟诗派首当其冲。韩孟诗派以韩愈、孟郊为代表，此外还有"诗鬼"李贺、贾岛等著名诗人。韩孟诗派标新立异，他们常把离奇古怪的审美情趣和光怪陆离、奇特雄伟的形象带入诗歌中。韩孟诗派在语言上出现了散文化的趋势，他们通过打破诗歌回环往复之美，来构成不对称的美；同时，他们也非常重视内心情感的抒发，为此甚至不惜对客观事物进行面目全非的改造，从而形成了奇崛险怪的诗风。其中，韩愈的代表作有《调张籍》《左迁至蓝关示侄孙湘》《早春呈水部张十八员外》等，孟郊的代表作有《游子吟》等，李贺的代表作有《雁门太守行》《李凭箜篌引》等，贾岛的代表作有《寻隐者不遇》等。

与韩孟诗派追求雄奇险怪之美和着力于个体内心情感的抒发相反，同一时期的元白诗派则认为诗歌应该关注社会现实、服务于政治，主张用通俗易懂的语言写时事。元白诗派掀起了一场倡导恢复诗歌讽喻时事、补察时政、泄导人情等传统的"新乐府运动"，该诗派又被称为"新乐府诗派"。元白诗派以元稹、白居易为代表，此外还有张籍、王建、李绅等著名诗人。其中元稹和白居易作为"新乐府运动"的中坚力量，并称"元白"，该诗派也因此得名，张籍和王建并称"张王乐府"。元白诗派的代表作有白居易的《新乐府》（五十首）、《秦中吟》（十首），元稹的《田家词》《织妇词》，以及李绅的《悯农》（二首），等等。元白诗派中成就最高的是白居易。

白居易，字乐天，号香山居士，唐代现实主义诗人。白居易的诗歌以平易晓畅著称，在当时广为流传，被称作"老妪能解"。他在著名的文学论文《与元九书》中提出"文章合为时而著，歌诗合为事而作"的现实主义创作主张，成为"新乐府运动"的主要指导思想。白居易一生勤于创作，今存诗三千八百多首，为唐人之冠。他在《与元九书》中将自己的诗歌分为讽喻诗、闲适诗、感伤诗和杂律诗四类，其中，以《新乐府》《秦中吟》等为代表的讽喻诗以叙事为主，是白居易现实主义诗歌的代表作，而以《长恨歌》《琵琶行》为代表的感伤诗兼具叙事和抒情，是白居易诗歌中艺术成就最高的作品。

与白居易齐名的元稹，字微之，唐代文学家、小说家，他诗作中最具代表性的是艳诗和悼亡诗，如《离思》等。

中唐诗坛，除元白、韩孟两派外，还有两个重要的诗人——刘禹锡和柳宗元，并称"刘柳"。他们二人交情甚笃，才华相当，而且政治遭遇相似：一同进士及第，一同参与"永贞革新"，革新失败后，又一同被贬长达20余年，由此奠定了他们诗歌思想内容的共同基础。二人一生的大部分时间都在穷僻荒远之地度过，内心的苦闷、哀怨，以及身处逆境而不肯降心辱志的执着成为他们诗歌创作的主要内容，由于二人个性、心境等不同，诗风也各有特色。

刘禹锡，字梦得，唐代文学家、哲学家，为人性格刚毅，有"诗豪"之称。他的诗歌主要有两种风格：豪迈苍劲之作，如《秋词》（二首）、《酬乐天扬州初逢席上见赠》和怀古咏史诗《西塞山怀古》《乌衣巷》等；清新自然的民歌小调，如《竹枝词》（二首）等。

如果说刘禹锡的诗昂扬气雄、风情朗丽，柳宗元的诗则沉重骨峭、淡泊简古。柳宗元，字子厚，出身河东柳氏，世称"柳河东"，今存《河东先生集》。他的诗作多抒发被贬后的悲愤和对山水景物的欣赏、寄托，由于诗人性格激切孤直，始终对仕途上悲剧性遭遇难以释怀，所以很多诗作中都有着一层浓郁的幽清悲凉色彩，如《江雪》《渔翁》《登柳州城楼寄漳汀封连四州刺史》等。

（四）晚唐时期（836—907）

唐代诗歌发展的晚唐时期自唐文宗开成元年至唐昭宗天祐四年，约70年，是唐代诗歌的衰落期。虽然唐代诗歌已呈现出日薄西山之态，但杜牧、李商隐的突起，聚显了夕阳无限的光芒，也为唐代诗歌画上了完美的休止符。

杜牧，自牧之，号樊川居士，晚年居长安城南的樊川别墅，后世称其"杜樊川"。杜牧自身风流多情，但在诗歌创作上追求高绝诗风，从而形成了俊爽豪迈中又带柔美绮情的诗风，如《泊秦淮》《江南春》等。怀古咏史诗是杜牧诗歌中的最高成就，诗人或借助典型画面和细节传达历史感怀，或借题发挥，抒发政治感慨与识见，如《赤壁》、《登乐游原》、《过华清宫绝句》（三首）等。此外，杜牧的写景小诗也颇多佳作，如《山行》等。

李商隐，字义山，号玉谿生，又号樊南生，与杜牧合称"小李杜"，又与温庭筠并称"温李"。李商隐的诗歌上升了爱情和绮艳题材，注重主观和心灵世界的表现，形成了深情缠绵、绮丽精巧的风格。他开创的"无题诗"意象的内涵复杂多变，意境和情思朦胧难解，所以未匹配合适的题目而以"无题"名之，代表作有《无题》《锦瑟》等。

二、唐代散文

唐代散文在骈文与古文（即散体文）的斗争中得以发展，其成就仅次于诗歌。

初唐时期，南朝盛行的骈文仍然占据着文坛的统治地位。"初唐四杰"中王勃的《滕王阁序》和骆宾王的《代李敬业传檄天下文》等作品都是这个时期骈文中的传世名篇。尽管如此，唐代散文的文体文风改革也在此时开始萌芽，如唐初著名政治家魏徵的《谏太宗十思疏》、古文运动先驱陈子昂提出的复古主张，都是初唐文章散文化的苗头。

骈文的兴盛一直延续到盛唐时期，但反对浮靡骈俪的斗争也从未停止。盛唐时期，萧颖士、李华、元结、独孤及、梁肃等人开始提倡古文，明确提出本乎道、以五经为源泉、重政教之用的主张，为散文文体文风的革新做出了贡献。

时至中唐时期，骈文虽然也有如刘禹锡《陋室铭》这样的佳作，但古文逐渐取得了压倒骈文的优势。韩愈、柳宗元等在初唐、盛唐文体文风革新的基础上，将文体文风革新与政治革新联系起来，明确提出"文以明道"的理论主张，加以丰富的创作实践，在文坛刮起一阵声势浩大的古文之风，散体才得以取代骈体，占据文坛，这就是历史上著名的"古文运动"。这次运动的领袖韩愈，字退之，郡望昌黎，人称韩昌黎，谥号"文"，后世亦称"韩文公"。韩愈在思想上推崇儒学，排斥佛老，在文学上崇尚

秦汉散文,反对骈文的浮靡之风。他为指导古文运动而创作了著名的《送孟东野序》和《答李翊书》。韩愈名列"唐宋八大家"之首,苏轼盛赞其"文起八代之衰",有《韩昌黎集》传世,其代表作包括《师说》《进学解》《论佛骨表》等。

与韩愈并称"韩柳"的柳宗元,也是古文运动的倡导者,他的散文作品以寓言故事和山水游记最负盛名,代表作有寓言故事《黔之驴》《捕蛇者说》等,以及山水游记《永州八记》等。《永州八记》包括《始得西山宴游记》《钴鉧潭记》《钴鉧潭西小丘记》《小石潭记》《袁家渴记》《石渠记》《石涧记》《小石城山记》。

唐代古文(散体文)创作在韩、柳去世后,呈现出衰微之势,虽有杜牧力主古文,皮日休、陆龟蒙等亦创作了很多战斗性的小品文,但大量的作家致力于创作骈文,骈文得以复兴。

三、唐代传奇小说

唐代的小说吸收了野史杂传的因素,在南朝志怪小说的模式上,创造出了传奇小说的新形式。唐代传奇小说作品题材多样,用史传的笔法叙述了情节曲折、结构完整、人物形象鲜明的故事。"新乐府运动"领导者元稹的《莺莺传》、蒋防的《霍小玉传》、白行简的《李娃传》、李朝威的《柳毅传》、沈既济的《枕中记》和李公佐的《南柯太守传》等都是唐代传奇小说的代表作品。其中,《莺莺传》是元代著名杂剧《西厢记》的故事来源,《枕中记》是成语"黄粱一梦"的出处,《南柯太守传》则是成语"南柯一梦"的出处。

四、晚唐五代词

词是萌芽于南朝、兴起于隋唐的一种新的诗歌样式。最初,词是为了配合隋唐以来新兴的燕乐而创作的歌词,在历经了民间创作到文人创造的历程,词逐渐脱离音乐,成为一种长短句的诗体。在唐代,词的全称为"曲子词",后来简称为"词"。

词最早产生于民间,目前发现的最早的民间词集是《敦煌曲子词》。从初唐到中唐,文人的词作虽屈指可数,但不乏佳作,如中唐诗人张志和的《渔歌子·西塞山前白鹭飞》、白居易的《忆江南·江南好》、刘禹锡的《忆江南·春去也》等。直至晚唐五代,词的创作有了显著的发展,在西蜀和南唐形成了两个词的创作中心。

西蜀词,又名"花间词",得名于五代后蜀赵崇祚于广政三年(940)编成的《花间集》。《花间集》是中国历史上最早的文人词总集,内容多为歌舞燕乐之事、男欢女爱之情,词的风格浓艳香软、柔靡绮丽。在《花间集》中,唐代第一位致力于填词的词人温庭筠名列首位,后人称其"花间鼻祖",温庭筠的代表词作有《望江南·梳洗罢》《菩萨蛮·小山重叠金明灭》等。此外,与温庭筠并称"温韦"的韦庄也是著名的花间词人,韦庄的代表作有《江南好·人人尽说江南好》等。

南唐词与西蜀词一样是统治阶级娱宾遣兴的需要而发展起来的,题材内容也较为相近。所不同的是,南唐词的代表词人为皇帝和大臣,其中以李煜的成就最高。

李煜，原名从嘉，字重光，号钟隐，又号钟峰白莲居士，南唐最后一位君主，世称"李后主"，因其在词的领域成就极高，所以又被称为"千古词帝"。李煜的词，分为前后两个截然不同的阶段：以南唐灭亡为界，前期多描写宫廷享乐生活，词风类似花间词；后期主要描写故国之思、亡国之恨，情真意切、动人心魄。李煜的词突破了晚唐五代词沉溺于男女之情的藩篱，开拓了词的境界，传世杰作有《虞美人·春花秋月何时了》《浪淘沙令·帘外雨潺潺》等。

第五单元

理 想 信 念

在人类漫长而深邃的精神旅途中，"理想信念"像一座永不熄灭的灯塔，指引着我们穿透层层迷雾，在风雨中坚定前行，驶向心灵的彼岸。古今中外，无数文人墨客以他们的文字与生命，书写了对理想的追求与信念的守护。屈原在《涉江》中，以孤独的吟唱诉说忠诚与高洁，那份不妥协的执着宛如江水般绵延不绝；司马迁在《报任安书》中，以顽强的毅力回应命运的重压，用笔墨刻画出人格的伟岸与不朽；陶渊明在《读山海经》（二首）中，将对自然与自由的热爱融入字里行间，展现了他对精神家园的无限向往；戴望舒的《偶成》则以简朴的诗句，深情地探问生命的意义；而安徒生在《光荣的荆棘路》中，用童话般的语言温柔地告诉我们，理想的实现往往伴随着荆棘与风霜的洗礼。

这些文字，轻轻叩击着我们的灵魂，并提醒我们：无论身处何种境遇，"理想与信念"始终是人类最深沉的力量源泉，是人们在黑暗中寻找光明的勇气，是人们在困境中坚持前行的支柱，也是人们在人生旅途中不断追寻自我的理由。

1 涉 江

屈 原

　　屈原（约前340—约前278），名平，字原，战国后期楚国丹阳秭归（今湖北省宜昌市）人，中国文学史上第一个伟大的浪漫主义诗人。屈原出身贵族，曾深受楚怀王信任，任左徒、三闾大夫等职，兼管内政外交大事。屈原有着远大的政治抱负，对内举贤任能，修明法度，对外主张联齐抗秦，但他的政治主张触犯了贵族保守势力的利益，因而遭到诬陷和排斥，被楚怀王流放于汉北，又被顷襄王放逐于沅湘一带。前278年，楚国郢都被秦兵攻破后，屈原满怀悲愤，自投汨罗江以身殉国。

　　屈原是"楚辞"的开创者，其作品大部分写于两次被放逐期间，包括《离骚》、《九章》（九篇）、《九歌》（十一篇）、《天问》和《招魂》，共计二十三篇。他的作品想象力丰富，感情强烈，辞彩瑰丽，具有浓郁的浪漫主义气息，其作品大多表现了对楚国强烈的热爱之情，对美政理想和高洁品质执着追求的精神。

　　余幼好此奇服[1] 兮，年既老而不衰[2]。带长铗之陆离兮，冠切云之崔嵬[3]。被明月兮佩宝璐[4]。世溷浊而莫余知兮，吾方高驰而不顾[5]。驾青虬兮骖白螭，吾与重华游兮瑶之圃[6]。登昆仑[7] 兮食玉英[8]，与天地兮同寿，与日月兮齐光。哀南夷之莫吾知兮，旦余济乎江湘[9]。

　　乘鄂渚而反顾兮，欸秋冬之绪风[10]。步余马兮山皋，邸余车兮方林[11]。乘舲船余上沅兮，齐吴榜以击汰[12]。船容与而不进兮，淹回水而凝滞[13]。朝发枉陼[14] 兮，夕宿辰阳[15]。苟余心其端直兮，虽僻远其何伤[16]！

　　入溆浦余僔佪兮，迷不知吾所如[17]。深林杳以冥冥兮，猿狖之所居[18]。山峻高以蔽日兮，下幽晦[19] 以多雨。霰雪纷其无垠兮，云霏霏而承宇[20]。哀吾生之无乐兮，幽独处[21] 乎山中。吾不能变心而从俗[22] 兮，固将愁苦而终穷[23]！

　　接舆髡首兮，桑扈裸行[24]。忠不必用兮，贤不必以[25]。伍子[26] 逢殃兮，比干[27] 菹醢[28]。与[29] 前世而皆然兮，吾又何怨乎今之人！予将董道而不豫兮，固将重昏而终身[30]！

　　乱[31] 曰：鸾鸟凤皇[32]，日以远兮，燕雀乌鹊，巢堂坛兮[33]。露申辛夷，死林薄兮[34]。腥臊并御，芳不得薄兮[35]。阴阳易位，时不当兮[36]。怀信侘傺，忽乎吾将行兮[37]！

【注释】

　　[1] 奇服：不同凡俗的服饰。

[2] 衰：懈，衰减。

[3]"带长铗"二句：腰间悬着长长的宝剑，头上戴着入云的高冠。陆离，曼长低垂貌。切云，上触云霄之意，指一种特制的高冠。崔嵬（wéi），高耸貌。

[4]"被明月"句：身披夜光珠啊，佩戴着美玉。被，同"披"。明月，夜光珠。璐，美玉。

[5]"世溷（hùn）浊"二句：世道混浊没有人理解我啊，我也要远远地离开这个世界的喧闹。溷浊，混浊。莫余知，即"莫知余"，没有人理解我。方，将。高驰，远走高飞。

[6]"驾青虬（qiú）"二句：我用有角的青龙驾辕，无角的白龙为骖马，同舜帝一道去游美玉做成的花园。虬，传说中的一种龙。螭（chī），无角的龙。重华，即舜。瑶，美玉。圃，园圃。瑶之圃，美玉做成的花园。

[7] 昆仑：传说是神仙所居的地方，以产玉著名。

[8] 玉英：玉的精华，这里代表最精美的食品。食玉英，表示生活高洁。

[9]"哀南夷"二句：可悲啊，楚国没有人了解我，明天早上我就要渡过长江和湘水了。南夷，指楚人。楚国本是蛮族，僻处南方，蛮和夷都是当时对边远民族的通称。此处还有双关意义，作者借此斥责楚国统治阶级的愚昧无知。旦，清晨。济，渡。红，长江。湘，湘水。

[10]"乘鄂渚"二句：在鄂渚登岸，回头遥望国都；对着秋冬的寒风，叹息不已。乘，登。鄂渚，地名，今湖北省武汉市武昌区西面。欸（āi），叹息声。绪风，余风。秋冬之绪风，指秋冬间的寒风。

[11]"步余马"二句：让我的马儿在山边漫步，把我的车儿停在方林。步余马，解开我驾车之绳，让马儿散步。山皋（gāo），水边傍山的高地。邸，通"抵"，停止。方林，地名。

[12]"乘舲（líng）船"二句：我乘坐有窗的小船向上流前进，船夫们一起击拍水浪摇桨划船。舲船，有窗的小船。上，溯流而上。沅（yuán），沅水，在湖南省西部。齐，同时并举。吴榜，大桨，或谓吴地产的船桨。汰，水波。

[13]"船容与"二句：船行得很慢，似乎不肯前进，徘徊在急湍回流中停滞不前。容与，缓慢前进的样子。淹，停留。回水，回旋的水流。凝滞，停滞不前。

[14] 枉陼：地名，在今湖南省常德市南。陼，同"渚"。

[15] 辰阳：地名，在今湖南省辰溪县西。

[16]"苟余"二句：只要我的心是正直的，即使被放逐到偏远的地方，又有什么妨碍呢？苟，如果，只要。端直，正直。僻远，指处在僻远的地方。

[17]"入溆（xù）浦"二句：进入溆浦，我徘徊不定、心里迷茫，不知往何处去好。溆浦，指溆水之滨。溆水，今湖南省境内。儃佪（chán huái），徘徊。所如，所往。

[18]"深林杳（yǎo）"二句：茂密的山林一片阴暗啊，那本是猿猴住的地方。杳，幽暗。冥冥，幽深阴暗貌。猨，同"猿"，猨狖（yòu），泛指猿猴。

[19] 晦：昏暗不明。

[20]"霰雪纷"二句：雪花纷纷飘落，一望无际，浓重的云气笼罩着屋宇。霰（xiàn），雪珠。垠（yín），边，岸。霏霏，雪下得很密的样子。承宇，连接着屋檐。

[21]幽独处：寂寞孤独地一个人生活。

[22]从俗：随波逐流。

[23]终穷：终身穷困。

[24]"接舆"二句：接舆愤世剃去自己的头发，桑扈穷得裸体而行。接舆，楚国的隐士。髡（kūn），古代剃去头发的刑罚。桑扈（hù），古隐士。传说他们因不满现实，才有这样异乎寻常的行为。

[25]"忠不必"二句：忠良贤人不一定被任用。用、以，皆为"征用"之意。忠、贤，指下文的伍子、比干。

[26]伍子：春秋时期吴王夫差的大臣伍子胥，劝吴王杀越王勾践，以免后患，不被采纳，最后被迫自杀。后来吴国为越国所灭。

[27]比干：商纣王的臣子，因屡谏纣王，被纣王剖心而死。

[28]菹醢（zū hǎi）：剁成肉酱。

[29]与：数。一说"与"通"举"，"举前世"即整个前代。

[30]"予将"二句：我要毫不犹豫地坚守正道，宁可在重重昏暗中度过终生。董道，正道。重（chóng）昏，重重幽闭之意。昏，幽暗。

[31]乱：乐歌的尾声。

[32]鸾鸟凤皇：皆为珍贵、祥瑞之鸟，比喻贤臣。皇，同"凰"。

[33]"燕雀"二句：这两句比喻谗佞小人在朝中做官。燕雀、乌鹊，皆为凡鸟，比喻佞臣。巢，做窝。堂，殿堂。坛，祭台，古时举行大礼的地方。

[34]"露申"二句：这两句比喻忠贤之士不得任用。露申、辛夷，皆为香草木。林薄，荒林野草丛中。

[35]"腥臊（sāo）"二句：恶臭的东西都被重用，而芳香的东西却无法接近。腥臊，都是臭恶的气味，比喻谗佞小人。御，用。芳，指芳洁之物，以喻正直的人。薄，通"迫"，接近。

[36]"阴阳"二句：阴阳错位，时间颠倒，这世道真是失常大变。阴，月亮，指夜晚，喻小人。阳，太阳，指白昼，喻君子。当，合。时不当，即时间颠倒，昼夜反常。

[37]"怀信"二句：怀着对楚王朝的一片忠信之心而终不得志，我还是飘然远行吧。怀信，怀抱忠信。侘傺（chà chì），失意的样子。忽，恍惚，飘忽。

【赏析提示】

《涉江》是屈原《九章》中的一篇，描述了诗人被放逐到江湘流域后的历程和心境，抒发了诗人义行高洁而不为世人所理解的悲哀情感，以及终不变心从俗的决心，表现了诗人为坚持理想而矢志不渝、艰苦卓绝的斗争精神，同时深刻揭露了楚国佞人当道、迫害贤良的浑浊世道。

《涉江》是一首浪漫主义与现实主义相结合的诗篇。第一段写诗人涉江流放的原

大学语文

因和"高驰不顾"的不屈态度。在这一段中，诗人以神奇的想象和夸张手法，创造了一个浪漫主义的神话境界，写驾神龙游瑶圃、登昆仑食玉英，以表现他"与日月兮齐光"的高洁志行和对浑浊现实的批判，这是诗人在现实中找不到出路而产生的幻想。第二、三段直面流放的现实，写诗人艰辛的流放历程及孤苦愁闷的心境，表明了诗人在不幸遭遇的境况中仍不变心从俗的坚贞意志。第四段写诗人以古为鉴抨击时政。诗中用接舆髡首、桑扈裸行、伍子逢殃、比干菹醢等历史人物的不幸遭遇，来说明统治者对忠贤的迫害，以此解释自己遭遇不幸的原因，并重申自己坚守正道、死不变节的立场。第五段是全诗的尾声，诗人直面楚国朝政现状，用燕雀筑坛、腥臊并御、阴阳易位等暗喻，来说明统治阶级的倒行逆施，形象深刻地揭露了楚国世事的浑浊。

【思考探究】

（1）请结合全文分析，屈原涉江的原因是什么？

（2）本诗中诗人一再强调自己宁愿远离故土，也绝不变心从俗。请问诗人对故土怀有一种什么样的感情？请结合诗歌内容分析。

（3）忠君爱国是屈原诗歌的重要主题，本诗中是否体现了这一主题？请结合诗歌内容分析。

【相关链接】

正气歌

文天祥

余囚北庭，坐一土室。室广八尺，深可四寻。单扉低小，白间短窄，污下而幽暗。当此夏日，诸气萃然：雨潦四集，浮动床几，时则为水气；涂泥半朝，蒸沤历澜，时则为土气；乍晴暴热，风道四塞，时则为日气；檐阴薪爨，助长炎虐，时则为火气；仓腐寄顿，陈陈逼人，时则为米气；骈肩杂遝，腥臊污垢，时则为人气；或圊溷，或毁尸，或腐鼠，恶气杂出，时则为秽气。叠是数气，当侵沴鲜不为厉，而予以孱弱俯仰其间，于兹二年矣，无恙。是殆有养致然，然尔亦安知所养何哉？孟子曰："我善养吾浩然之气。"彼气有七，吾气有一，以一敌七，吾何患焉！况浩然者，乃天地之正气也，作《正气歌》一首。

天地有正气，杂然赋流形。下则为河岳，上则为日星。于人曰浩然，沛乎塞苍冥。皇路当清夷，含和吐明庭；时穷节乃见，一一垂丹青：

在齐太史简，在晋董狐笔。在秦张良椎，在汉苏武节；为严将军头，为嵇侍中血，为张睢阳齿，为颜常山舌；或为辽东帽，清操厉冰雪；或为《出师表》，鬼神泣壮烈；或为渡江楫，慷慨吞胡羯；或为击贼笏，逆竖头破裂。是气所磅礴，凛烈万古存。当其贯日月，生死安足论！地维赖以立，天柱赖以尊。三纲实系命，道义为之根。嗟予遭阳九，隶也实不力。楚囚缨其冠，传车送穷北。鼎镬甘如饴，求之不可得。阴房阗鬼火，春院閟天黑。牛骥同一皂，鸡栖凤凰食。一朝蒙雾露，分作沟中瘠。如此再寒暑，百沴自辟易。哀哉沮洳场，为我安乐国。岂有他谬巧，阴阳不能贼！顾此耿耿存，仰视浮云白。悠悠我心忧，苍天曷有极！

哲人日已远，典刑在夙昔。风檐展书读，古道照颜色。

2　报任安书[1]

司马迁

司马迁（前145或前135—前87？），字子长，左冯翊夏阳（今陕西省韩城市）人，中国古代伟大的史学家、思想家、文学家，被后人尊称为"史圣"。司马迁最大的贡献是创作了中国第一部纪传体通史《史记》（原名《太史公书》），《史记》以其巨大的史学、文学价值，对后世小说、戏剧、传记文学、散文的创作产生了广泛而深远的影响，是中国史书的典范。鲁迅赞誉《史记》为"史家之绝唱，无韵之离骚"。

本文出自《汉书·司马迁传》，系司马迁写与友人任安的书信。《汉书》，又称《前汉书》，是中国第一部纪传体断代史，"二十四史"之一，由我国东汉史学家班固编撰。《汉书》是继《史记》之后我国古代又一部重要的史书，与《史记》《后汉书》《三国志》合称"前四史"。《汉书》开创了我国断代纪传表志体史书，奠定了修正史的编例。历来，"史之良，首推迁、固"，"史风汉"，因此"史班"或"班马"并称，两书各有所长，同为中华史学名著，为治文史者必读之史籍。《汉书》尤以史料丰富、闻见博洽著称，清代史学家章学诚评价《汉书》："整齐一代之书，文赡事详，要非后世史官所能及。"可见，《汉书》在史学史上有相当重要的价值和地位。

太史公牛马走司马迁[1]再拜言，少卿足下：曩[2]者辱赐书，教以顺于接物[3]，推贤进士为务。意气[4]勤勤恳恳，若望仆不相师[5]，而用流俗人之言。仆非敢如此也。仆虽罢驽[6]，亦尝侧闻长者之遗风[7]矣。顾自以为身残处秽[8]，动而见尤[9]，欲益反损，是以独郁悒[10]而与谁语。谚曰："谁为[11]为之？孰令听之？"盖钟子期死，伯牙终身不复鼓琴[12]。何则？士为知己者用，女为说己者容[13]。若仆大质[14]已亏缺矣，虽才怀随、和[15]，行若由、夷[16]，终不可以为荣，适足以见笑而自点[17]耳。书辞宜答，会东从上[18]来，又迫贱事[19]，相见日浅[20]，卒卒无须臾之闲，得竭至意。今少卿抱不测之罪，涉旬月[21]，迫季冬[22]，仆又薄从上雍[23]，恐卒然不可为讳[24]。是仆终已不得舒愤懑以晓左右[25]，则长逝者魂魄私恨无穷。请略陈固陋[26]。阙然[27]久不报，幸勿为过。

仆闻之：修身者，智之符[28]也；爱施者，仁之端也；取与[29]者，义之表[30]也；耻辱[31]者，勇之决[32]也；立名者，行之极也。士有此五者，然后可以托于世而列于君子之林矣。故祸莫憯[33]于欲利，悲莫痛于伤心，行莫丑于辱先，诟莫大于宫刑[34]。

刑余之人，无所比数[35]，非一世也，所从来远矣。昔卫灵公与雍渠同载[36]，孔子适陈[37]；商鞅因景监见[38]，赵良寒心[39]；同子参乘[40]，袁丝变色[41]：自古而耻之。夫以中才之人，事有关于宦竖[42]，莫不伤气，而况于慷慨之士乎？如今朝廷虽乏人，奈何令刀锯之余荐天下豪俊哉！

仆赖先人绪业，得待罪辇毂下[43]，二十余年矣。所以自惟[44]：上之，不能纳忠效信[45]，有奇策才力之誉，自结明主；次之，又不能拾遗补阙[46]，招贤进能，显岩穴之士[47]；外之，又不能备行伍[48]，攻城野战，有斩将搴旗之功；下之，不能积日累劳，取尊官厚禄，以为宗族交游光宠[49]。四者无一遂[50]，苟合取容，无所短长之效[51]，可见如此矣。向者仆常厕下大夫之列[52]，陪外廷末议[53]，不以此时引维纲[54]，尽思虑，今以亏形为扫除之隶，在阘茸[55]之中，乃欲仰首伸眉，论列是非，不亦轻朝廷，羞当世之士邪？嗟乎！嗟乎！如仆尚何言哉！尚何言哉！

且事本末未易明也。仆少负不羁之行，长无乡曲[56]之誉。主上幸以先人之故，使得奏薄伎[57]，出入周卫[58]之中。仆以为戴盆何以望天[59]，故绝宾客之知[60]，亡[61]室家之业，日夜思竭其不肖[62]之才力，务一心营职，以求亲媚于主上。而事乃有大谬[63]不然者！夫仆与李陵，俱居门下[64]，素非能相善[65]也。趣舍异路[66]，未尝衔杯酒[67]，接殷勤之余欢。然仆观其为人，自守奇士：事亲孝，与士信，临财廉，取与义，分别有让[68]，恭俭下人，常思奋不顾身，以徇[69]国家之急。其素所蓄积也，仆以为有国士[70]之风。夫人臣出万死不顾一生之计，赴公家之难，斯以奇矣。今举事一不当，而全躯[71]保妻子之臣，随而媒蘖[72]其短，仆诚私心痛之！且李陵提步卒不满五千，深践戎马之地，足历王庭[73]，垂饵虎口，横挑[74]强胡，仰[75]亿万之师，与单于连战十有余日，所杀过半当[76]。虏救死扶伤不给[77]，旃裘[78]之君长咸震怖，乃悉征其左右贤王[79]，举引弓之人[80]，一国共攻而围之。转斗千里，矢尽道穷，救兵不至，士卒死伤如积。然陵一呼劳军，士无不起，躬自流涕，沫血[81]饮泣，更张空拳[82]，冒白刃，北向争死敌者。陵未没时，使有来报，汉公卿王侯，皆奉觞上寿[83]。后数日，陵败书闻，主上为之食不甘味，听朝不怡。大臣忧惧，不知所出。仆窃不自料[84]其卑贱，见主上惨怆怛悼[85]，诚欲效其款款[86]之愚。以为李陵素与士大夫绝甘分少[87]，能得人死力，虽古之名将，不能过也。身虽陷败，彼观其意，且欲得其当[88]而报于汉。事已无可奈何，其所摧败[89]，功亦足以暴[90]于天下矣！仆怀欲陈之，而未有路。适会召问，即以此指推言陵之功[91]，欲以广主上之意，塞睚眦[92]之辞。未能尽明，明主不晓，以为仆沮贰师[93]，而为李陵游说，遂下于理[94]。拳拳[95]之忠，终不能自列[96]，因为诬上，卒从吏议。家贫，货赂[97]不足以自赎；交游莫救，左右亲近不为一言。身非木石，独与法吏为伍，深幽囹圄[98]之中，谁可告愬者！此真少卿所亲见，仆行事岂不然乎？李陵既生降，隤[99]其家声，而仆又佴之蚕室[100]，重为天下观笑。悲夫！悲夫！事未易一二[101]为俗人言也。

仆之先，非有剖符丹书[102]之功，文史星历[103]，近乎卜祝[104]之间，固主上所戏弄，倡优[105]所畜，流俗之所轻也。假令仆伏法受诛，若九牛亡一毛，与蝼蚁何以异？而世又不与能死节者[106]，特以为智穷罪极，不能自免，卒就死耳。何也？素所自树立使然也。人固有一死，或重于太山，或轻于鸿毛，用之所趋异也[107]。太上[108]不辱先，其次不辱身，其次不辱理色[109]，其次不辱辞令[110]，其次诎体[111]受辱，其次易服[112]受辱，其次关木索、被箠楚[113]受辱，其次剔毛发、婴金铁[114]受辱，其次毁肌肤、断肢体[115]受辱，最下腐刑[116]极矣！传曰："刑不上大夫[117]。"此言士节[118]不可不勉励也。猛虎在深山，百兽震恐；及在槛阱[119]之中，摇尾而求食，积威约[120]之渐也。故有画地为牢，势不可入；削木为吏，议不可对[121]：定计于鲜[122]也。今交手足，受木索，暴肌肤[123]，受榜[124]箠，幽于圜墙[125]之中。当此之时，见狱吏则头枪地[126]，视徒隶则正惕息[127]。何者？积威约之势也。及以[128]至是，言不辱者，所谓强颜[129]耳，曷足贵乎？且西伯，伯也，拘于羑里[130]；李斯，相也，具于五刑[131]；淮阴，王也，受械于陈[132]；彭越、张敖[133]，南面称孤[134]，系狱抵罪；绛侯诛诸吕，权倾五伯，囚于请室[135]；魏其，大将也，衣赭衣，关三木[136]；季布为朱家钳奴[137]；灌夫受辱于居室[138]。此人皆身至王侯将相，声闻邻国，及罪至罔加[139]，不能引决自裁[140]，在尘埃之中[141]。古今一体，安在其不辱也！由此言之，勇怯，势[142]也；强弱，形[143]也。审矣[144]，何足怪乎？夫人不能早自裁绳墨[145]之外，以稍陵迟[146]，至于鞭箠之间，乃欲引节[147]，斯不亦远乎！古人所以重施刑于大夫者，殆为此也。

夫人情莫不贪生恶死，念父母，顾妻子。至激于义理者不然，乃有所不得已也。今仆不幸，早失父母，无兄弟之亲，独身孤立。少卿视仆于妻子何如哉？且勇者不必死节，怯夫慕义，何处不勉焉！仆虽怯懦，欲苟活，亦颇识去就之分[148]矣，何至自沉溺缧绁[149]之辱哉！且夫臧获[150]婢妾，由能[151]引决，况仆之不得已乎！所以隐忍苟活，幽于粪土之中[152]而不辞者，恨私心有所不尽，鄙陋没世[153]，而文彩不表于后世也。

古者富贵而名摩灭[154]，不可胜记，唯倜傥[155]非常之人称焉。盖文王拘而演《周易》[156]；仲尼厄而作《春秋》[157]；屈原放逐，乃赋《离骚》[158]；左丘[159]失明，厥有《国语》[160]；孙子膑脚，《兵法》修列[161]；不韦迁蜀，世传《吕览》[162]；韩非囚秦，《说难》《孤愤》[163]；《诗》三百篇[164]，大底[165]圣贤发愤之所为作也。此人皆意有郁结，不得通其道，故述往事，思来者。乃如左丘无目，孙子断足，终不可用，退而论书策，以舒其愤，思垂[166]空文以自见。

仆窃不逊，近自托于无能之辞，网罗天下放失[167]旧闻，略考其行事，综其终始，稽[168]其成败兴坏之纪，上计轩辕[169]，下至于兹[170]，为十表、本纪十二、书八章、世家三十、列传七十，凡百三十篇。亦欲以究天人之际[171]，通古今之变，成一家之言。草创未就，会遭此祸。惜其不成，已就极刑[172]，而无愠色[173]。仆诚以著此书，藏诸名山，传之其人，通邑大都，则仆偿前辱之责[174]，虽万被戮，岂有悔哉？然此可为智者道，难为俗人言也。

且负下[175]未易居，下流[176]多谤议。仆以口语[177]遇此祸，重为乡党所笑，以污辱先人，亦何面目复上父母丘墓乎？虽累百世，垢弥甚耳！是以肠一日而九回，居则忽忽[178]若有所亡[179]，出则不知其所往。每念斯耻，汗未尝不发背沾衣也。身直[180]为闺阁[181]之臣，宁得自引于深藏岩穴邪？故且从俗浮沉，与时俯仰，以通[182]其狂惑[183]。今少卿乃教以推贤进士，无乃与仆私心刺谬[184]乎？今虽欲自雕琢，曼辞[185]以自饰，无益于俗，不信，适足取辱耳。要之死日，然后是非乃定。书不能悉意，略陈固陋。谨再拜。

【注释】

[1] 太史公牛马走司马迁：古代书信的一种格式，即写信时先将职官姓名列于前。太史公，即太史令。牛马走，供牛马般奔走的仆人，旧时自谦之辞。走，李善注："犹仆也。"

[2] 曩（nǎng）：从前。

[3] 接物：待人接物。

[4] 意气：情谊，恩义。

[5] 若望仆不相师：好像怨恨我没有遵从您的教诲。望，怨恨。师，学习，效法。

[6] 罢驽（pí nú）：疲弱无用的驽马。此处是自喻才能低下。罢，疲劳，衰弱。驽，劣马。

[7] 侧闻长者之遗风：从旁闻知德高望重的前辈所遗留下来的风尚。侧闻，从旁闻知。李善注："谦词也。"长者，年高德重之人。

[8] 身残处秽：司马迁遭受宫刑之后，任中书令，与宦官同列，故以为耻。身残，指身受宫刑。处秽，处于可耻的地位。

[9] 见尤：被人看作过错，即被人指责的意思。尤，过错。

[10] 郁悒：愁闷不乐。

[11] 谁为（wèi）：为谁。

[12] "盖钟子期"二句：春秋时期琴师伯牙善鼓琴，而樵夫子期能从他的琴音听出他的心意所在，伯牙遂将子期视为知音。后来子期死了，伯牙便毁去琴弦，终生不复再弹。事见《吕氏春秋·本味》及《汉书》颜师古注。

[13] 女为说（yuè）己者容：女子愿意为欣赏自己、喜欢自己的人而梳妆打扮。说，后作"悦"。容，梳妆打扮。

[14] 大质：指身体。因人的身体是从事一切的根本，故云。

[15] 随、和：随侯珠与和氏璧，皆为春秋战国时期的珍宝。事见《淮南子·览冥训》高诱注及《韩非子·和氏》。此处用以喻才之宝贵。

[16] 由、夷：许由与伯夷，皆被古人推尊为品德高尚的人。许由，相传尧让以天下，不受，遁耕于箕山之下；尧又欲召为九州长，由不欲听，洗耳于颍水之滨。参见《庄子·逍遥游》。伯夷，商代孤竹君长子。孤竹君生前欲立次子叔齐，孤竹君死后，叔齐让位给伯夷，伯夷不受。后来二人先后逃往周。武王伐纣时，二人极力谏阻。周灭商后，他们耻食周粟，逃到首阳山，采薇而食，饿死山中。事见《孟子·万章》。

[17] 点：李善注："辱也。"

[18] 上：指汉武帝。太始四年（前93）三月，汉武帝巡行到泰山，四月到不其山，五月回到长安，司马迁均随从。事见《汉书·武帝纪》。

[19] 贱事：指公私繁杂之事。

[20] 浅：少。

[21] 旬月：一个月。

[22] 季冬：农历十二月。汉律规定十二月处决犯人。

[23] 薄从上雍：跟随皇上到雍地的日子迫近了。薄，迫近。雍，地名，在今陕西

省宝鸡市凤翔区，汉代在那里设有祭天神的五畤。《汉书·武帝纪》："四年冬十月，行幸雍。祠五畤。"

[24] 不可为讳：死的委婉说法。此指任安将被处死。可能在武帝这次出发前赦免了他的死罪，所以后来武帝曾说："安有当死之罪甚众，吾常活之。"事见《史记·田叔列传》。

[25] 左右：尊称对方。此指任安。

[26] 固陋：褊狭浅陋的意见。这是客气话。

[27] 阙然：延搁貌。

[28] 符：古代传令调兵的信物。此为凭证、凭信的意思。

[29] 与：给予。

[30] 表：表记。

[31] 耻辱：以被辱为耻。

[32] 决：先决条件。

[33] 憯（cǎn）：惨痛。

[34] 诟莫大于宫刑：没有什么耻辱比遭受宫刑更严重。诟，耻辱。宫刑，又称腐刑，古代五刑之一，男子割去睾丸，妇女幽闭。

[35] 比数：同列，相提并论。

[36] 昔卫灵公与雍渠同载：以前卫灵公与宦官雍渠同坐一辆车。卫灵公，姬姓，名元，春秋时卫国国君。雍渠，卫灵公身边的宦官。

[37] 孔子适陈：李善注："此言孔子适陈，未详。"据《史记·孔子世家》载，孔子"居卫月余，灵公与夫人同车，宦者雍渠参乘，出，使孔子为次乘，招摇市过之。孔子曰：'吾未见好德如好色者也！'于是丑之，去卫，过曹"。适，往。

[38] 商鞅因景监见：商鞅借太监景监的推荐来谒见秦孝公。商鞅，姬姓，公孙氏，名鞅，战国时卫国人。曾为秦孝公所用，行变法，后封商（今陕西省商洛市东南），因称商君、商鞅。秦孝公死后，秦惠文王执政，商鞅被车裂而死。景监，秦孝公宠信的臣子。《史记·商君列传》载："公孙鞅闻秦孝公下令国中求贤者……乃遂西入秦，因孝公宠臣景监以求见孝公。"

[39] 赵良寒心：在"商君相秦十年，宗室贵戚多怨望者"的时候，秦国的贤士赵良对商鞅指出，依靠景监而得孝公重用，这绝不是好名声。寒心，惧怕，战栗。

[40] 同子参乘：宦官赵谈陪乘在汉文帝的车上。同子，指赵谈。司马迁父亦名谈，因避父讳，故称"同子"。参乘，陪乘。古代乘车，尊者在左，御者在中，侍卫之人在右，在右者称参乘或车右。

[41] 袁丝变色：袁盎发怒。袁丝，即袁盎，字丝，孝文帝时为郎中官。据《史记·袁盎晁错列传》载："孝文帝出，赵同参乘，袁盎伏车前曰：'臣闻天子所与共六尺舆者，皆天下豪英，今汉虽乏人，陛下独奈何与刀锯余人（指宦官）载！'于是上笑，下赵同，赵同泣下车。"变色，发怒。

[42] 宦竖：指宦官小臣。竖，宫中小臣。

[43] 得待罪辇毂（gǔ）下：才能在皇帝左右做官。待罪，任职为官的委婉说法。辇毂，皇帝的车驾，后来作为首都的代称。

[44] 自惟：自思。

[45] 效信：献出自己的诚信。

[46] 拾遗补阙：拣取皇帝遗漏的小事，弥补皇帝工作的缺失。阙，错误，缺失。

[47] 岩穴之士：隐居于山岩洞穴中的人才。

[48] 行（háng）伍：军队。古代军队编制，五人为伍，五伍为行。

[49] 以为宗族交游光宠：使宗族亲人和朋友得到光耀尊宠。交游，朋友。光宠，荣光。

[50] 遂：成就。

[51] 无所短长之效：没有大小贡献。无所，无有。短长，偏义复词，"长"的意思。长，在此犹言"大"。效，贡献。

[52] 向者仆常厕下大夫之列：以前我常混杂在下大夫中。厕，混杂。下大夫，汉代官秩，千石、八百石、六百石，比古制上、中、下三大夫。司马迁为太史令，秩六百石，故云。

[53] 陪外廷末议：参与外廷讨论，发表微不足道的意见。外廷，外朝。汉制，丞相以下至六百石为外朝官。末议，谦辞，意谓自己的意见微不足道。

[54] 引维纲：根据法令有所申说。维，指法度。纲，指纲纪。

[55] 阘茸（tà róng）：卑微下贱之人。

[56] 乡曲：乡里。

[57] 奏薄伎：奉献微薄的技艺。

[58] 周卫：指宫禁。皇帝周围有许多人跟随护卫，故云。

[59] 戴盆何以望天：戴盆与望天，二者不可得兼。此言是比喻作者忙于职守，无暇顾及私事。

[60] 知：此处有交好、相亲的意思。

[61] 亡：通"忘"，忘记。

[62] 不肖：自谦之辞。

[63] 大谬：大错。

[64] "夫仆"二句：《文选》胡刻本"夫"属上句"者"字之后，此据《汉书》改。俱居门下，是说司马迁与李陵，一为太史令，一为侍中，同为可以出入宫门的官，故云。

[65] 善：交好。

[66] 趣舍异路：趣向与舍弃各有不同。意即彼此理想志趣各不相同。

[67] 衔杯酒：在一起饮酒。

[68] 分别有让：分别尊卑长幼，有谦让之礼。

[69] 徇：通"殉"，献身的意思。

[70] 国士：国内所推重的人才。

[71] 全躯：保全自己。

[72] 媒蘖：亦作"媒糵"，酒曲。这里是酿成之意，比喻构陷诬害，酿成其罪。

[73] "深践"二句：李善注："胡地出马，故曰戎马；单于所居之处，号曰王庭。"

[74] 横挑：气势凌厉地挑战。

[75] 仰：仰攻。当时汉军被匈奴军围于两山间，匈奴居高，汉军居低，故云。一说"北地高，故曰仰"。

[76] 所杀过半当：谓杀敌极多。

[77] 不给：顾不上。

[78] 旃裘：匈奴穿的服装。此代指匈奴。

[79] 左右贤王：匈奴贵族封号。

[80] 引弓之人：即匈奴人。因其善射，故称。

[81] 沬（huì）血：以血洗面，犹言血流满脸。沬，洗面。

[82] 张空拳：李周翰注："张，举也。言矢尽道穷，人无尺铁，故犹举空拳以冒白刃之敌也。"

[83] "陵未没时"四句：《汉书·李广苏建传》："陵于是将其步卒五千人出居延，北行三十日，至浚稽山止营。举图所过山川地形，使麾下骑陈步乐还以闻。步乐召见，道陵将率得士死力，上甚悦，拜步乐为郎。"这几句事即指此。未没，没有全军覆亡。奉觞上寿，举杯祝贺。

[84] 不自料：不自量。

[85] 惨怆怛（dá）悼：悲痛哀伤。

[86] 款款：诚恳忠实。

[87] 绝甘分少：好吃的尽给别人，自己只分取少的部分。

[88] 得其当：得到适当的机会。

[89] 其所摧败：指李陵所击败的敌人。

[90] 暴：暴露。此处引申为显示之意。

[91] 即以此指推言陵之功：就按着这个意旨来陈诉李陵的功劳。指，意旨。推言，阐述，举说。

[92] 睚眦（yá zì）：怒目相视。

[93] 以为仆沮贰师：（皇上）以为我是诋毁贰师将军。沮，毁坏，诋毁。贰师，即贰师将军李广利，汉武帝宠妃李夫人之兄。天汉二年（前99），汉武帝派李广利出兵匈奴，令李陵相助。李陵被围，李广利按兵不动。李陵兵败，李广利未能建功。

[94] 理：古代的司法官。秦时称廷尉，汉景帝时称大理，汉武帝时又称廷尉。此言理，即指廷尉。

[95] 拳拳：忠谨的样子。

[96] 列：陈述。

[97] 货赂：财货。

[98] 囹圄（líng yǔ）：监狱。

[99] 隤（tuí）：毁坏。

[100] 而仆又佴（èr）之蚕室：而我又被关在受宫刑者所居的温室中。佴，相次，随后。蚕室，受宫刑后的人所居密闭而温暖的屋子。

[101] 一二：一条二条，逐一逐二。

[102] 剖符丹书：汉代对功臣的特殊待遇。符，竹制的凭证，剖分为二，君臣各执一半以为凭证。丹书，即铁券丹书。用朱砂将誓言写在铁铸的契券上，左右两块，左颁功臣，右存内府，后世子孙可凭此享有特权。

[103] 星历：此指天文历法。

[104] 卜祝：掌占卜和祭祀之职。

[105] 倡优：乐工伶人。

[106] 而世又不与能死节者：李善注："与，如也。言时人以我之死，又不如能死节者。言死无益也。"死节者，守节操而死者。

[107] 用之所趋异也：这是因为死的趋向不同。用，因为。之，指死。趋，趋向。

[108] 太上：最上，首先。

[109] 理色：肌理和颜面。

[110] 辞令：言辞。

[111] 诎（qū）体：弯曲身体。指被捆绑。

[112] 易服：换上囚服。

[113] 关木索、被棰楚：带上刑具，被杖打。关木索，戴上刑具。关，戴上。木，指枷。被棰楚，即刑杖，意思是用棰楚打。棰，木杖。楚，荆条。

[114] 剔毛发、婴金铁：剪光头发，带上铁链。剔毛发，即古代的髡刑。剔，同"剃"。婴金铁，指颈上套着铁圈，即古代的钳刑。婴，环绕。

[115] 毁肌肤、断肢体：指劓（割鼻子）、刖（砍掉脚）、黥（用刀刻额颊等处，再涂上墨）等肉刑。

[116] 腐刑：即宫刑。

[117] 刑不上大夫：这句话见《礼记·曲礼》。《东方朔别传》："武帝问曰：'刑不上大夫何？'朔曰：'刑者，所以止暴乱，诛不义也。大夫者，天下表仪，万人法则，所以共承宗庙而安社稷也。'"

[118] 士节：士的节操。

[119] 槛阱（jǐng）：关兽的木笼子，捕兽的陷坑。

[120] 威约：用威力来约束。

[121] 对：面对。

[122] 鲜：新。引申为早。

[123] 暴肌肤：指脱去衣服受刑。

[124] 榜：击。

[125] 圜墙：监狱。

[126] 头枪地：即叩头。

[127] 惕息：战战兢兢，不敢出声息。

[128] 以：通"已"。

[129] 强颜：厚脸皮。

[130] "且西伯"三句：殷纣王听信崇侯虎的逸言，将西伯囚禁在羑里。事见《史记·周本纪》。西伯，即周文王，他当时是西方诸侯之长。羑（yǒu）里，在今河南省安阳市汤阴县境内。

[131] "李斯" 三句：秦用李斯计，"二十余年，竟并天下，尊主为皇帝，以斯为丞相"。秦二世听信赵高谗言，"具斯五刑"，"腰斩咸阳市"。事见《史记·李斯列传》。具于五刑，《汉书·刑法志》："'当三族者，皆先黥，劓，斩左右止，笞杀之，枭其首，菹其骨肉于市。其诽谤詈诅者，又先断舌。'故谓之具五刑。"

[132] "淮阴" 三句：据《史记·淮阴侯列传》载，有人告楚王韩信欲反，高祖用陈平计，"发使告诸侯会陈"，韩信至，"上令武士缚信，载后车"，"上曰：'人告公反。'遂械系信。至洛阳，赦信罪，以为淮阴侯"。陈，今河南省周口市淮阳区。

[133] 彭越、张敖：彭越，汉高祖时功臣，封为梁王。张敖，继嗣其父张耳的爵位为赵王。二人皆为人诬告谋反，下狱定罪。事见《史记·魏豹彭越列传》与《史记·张耳陈馀列传》。

[134] 孤：春秋战国时侯王自称。

[135] "绛侯" 三句：绛侯周勃与陈平定计诛诸吕，迎立文帝。后为人诬告谋反，被囚治罪。事见《史记·绛侯周勃世家》。诸吕，吕后家族，吕禄、吕产等。五伯，春秋时五霸。请室，请罪之室，关押有罪大臣的地方。

[136] "魏其" 四句：汉景帝时大将军窦婴，封魏其侯，后与田蚡不和，被诬下狱，治以死罪。事见《史记·魏其武安侯列传》。三木、项、手、足皆带刑具。

[137] 季布为朱家钳奴：项羽名将季布，多次困辱汉高祖。项羽死后，汉高祖悬重金通缉季布。季布在逃亡过程中被剃去头发，并用铁圈束颈，改换名姓，卖身为鲁人朱家的家奴。事见《史记·季布栾布列传》。钳，以铁制刑具锁于人颈。

[138] 灌夫受辱于居室：灌夫，颍川郡颍阴（今河南省许昌市）人，随父从军平七国之乱，因功任中郎将，汉武帝时，任太仆，后因得罪丞相田蚡，被"系居室"。事见《史记·魏其武安侯列传》。居室，汉官署名，属少府，拘禁犯人之处。

[139] 罥加：法网加身。罥，喻法网。

[140] 引决自裁：皆为自杀之意。

[141] 尘埃之中：指监牢里。

[142] 势：形势。

[143] 形：具体情况。

[144] 审矣：明白了。

[145] 绳墨：法制，法律。

[146] 陵迟：缓延的斜坡。此处有迟疑的意思。

[147] 引节：殉节。

[148] 去就之分：取舍的界限。这里有舍生取义的意思。

[149] 缧绁（léi xiè）：拘系犯人的绳索。引申为囚禁。

[150] 臧获：古代骂奴婢的丑称。

[151] 由能：《汉书》作"犹能"，可从。

[152] 粪土之中：指监牢里。

[153] 没世：身死之后。

[154] 摩灭：磨灭。

[155] 倜傥（tì tǎng）：卓异豪迈，洒脱不拘。

大学语文

[156] 文王拘而演《周易》：相传文王被拘羑里时，推演八卦为六十四卦。事见《史记·周本纪》。

[157] 仲尼厄而作《春秋》：孔子周游列国，累陷困境，回到鲁国后遂作《春秋》。厄，困苦。《春秋》，编年体史书，记录起于鲁隐公元年（前722），终于鲁哀公十四年（前481），是儒家经典之一。

[158] "屈原"二句：据《史记·屈原贾生列传》载，《离骚》作于屈原被楚怀王疏远时，而屈原是在顷襄王在位时期被流放，此处所说当别有所据。《离骚》是爱国诗人屈原的代表作。

[159] 左丘：即左丘明，鲁国史官。

[160]《国语》：是一部国别体史书，记录了西周末年到春秋时期周、鲁等各国贵族的言论以及部分历史事件与传说。左丘明失明后著《国语》，首见于此。

[161] "孙子"二句：据《史记·孙子吴起列传》载，孙膑（bìn）与庞涓俱学兵法，庞涓为魏将，自以为不及孙膑，便骗孙入魏，害之以膑刑（剔去膝盖骨）。后孙膑逃回齐国，做了军师，大败魏军，庞涓自杀，"孙膑以此名显天下，世传其《兵法》"。《孙膑兵法》长期失传，1972年在山东临沂银雀山汉墓中发现该书竹简若干。

[162] "不韦"二句：吕不韦"乃使其客人人著所闻，集论以为八览、六论、十二纪，二十余万言。以为备天地万物古今之事，号曰《吕氏春秋》"。秦王政十年（前237），吕不韦因事被令全家徙处河南，一年后，又被勒令徙蜀，不韦遂自杀。事见《史记·吕不韦列传》。不韦，即吕不韦，战国末年大商人，始皇初年为相国。

[163] "韩非"二句：据《史记·老子韩非列传》载，"韩非者，韩之诸公子也……非见韩之削弱，数以书谏韩王，韩王不能用"，于是作《孤愤》《五蠹》《说难》等十余万言。秦攻韩，韩非出使秦国，被留，后为李斯所谗，下狱而死。

[164]《诗》三百篇：指《诗经》。

[165] 大底：大都，大致。

[166] 垂：流传。

[167] 放失（yì）：散失的事物。失，通"佚"。

[168] 稽：考察。

[169] 轩辕：即黄帝，传说中的远古帝王。

[170] 兹：现在。指汉武帝时候。

[171] 究天人之际：探究天道与人事之间的关系。究，探讨。天人之际，宇宙与人生、自然与社会之间的关系。

[172] 已就极刑：袁本、茶陵本《文选》与《汉书》均作"是以就极刑"，可从。

[173] 愠色：怨恨的表情。

[174] 责："债"的古字。

[175] 负下：身负重罪的情况下。

[176] 下流：比喻地位卑下的人。

[177] 口语：指为李陵辩解。

[178] 忽忽：恍惚。

[179] 亡：亡失。

[180] 直：只。

[181] 闺閤之臣：指宦官。闺閤，宫中小门。此指皇帝内廷深宫。

[182] 通：抒发。

[183] 狂惑：愤激的话。

[184] 剌（là）谬：乖谬，违背。

[185] 曼辞：美辞。

【赏析提示】

《报任安书》是司马迁在遭受极刑之后给任安的回信。在这封信中，司马迁详细叙述了自己因替李陵辩护而遭受的不公，以及他为了完成《史记》所忍受的屈辱和痛苦。他的坚定信念和不屈精神在这封信中得到了充分的体现，他坚信自己的死要有价值，要"重于泰山"。正是这种信念，支持着司马迁在这段艰苦岁月中坚持活下来，最终完成了千古史学巨著。

这封信情感真挚，夹叙夹议，展现了司马迁坚毅和崇高的精神。吴楚材在《古文观止》中评价此信："此书反复曲折，首尾相续，叙事明白，豪气逼人。其感慨啸歌，大有燕赵烈士之风；忧愁幽思，则又直与《离骚》对垒。文情至此极矣！"这封信不仅是司马迁个人遭遇的记录，也是一部充满激情和力量的作品，对后世产生了深远的影响。

【思考探究】

（1）熟读课文，说说作者受极辱而不自杀的原因，以及作者是怎样逐步说明原因的。

（2）最后一段中，哪些句子照应前文？哪些句子写作者当时的处境和心情？

（3）有感情地反复朗读课文。试以今天的观念审视司马迁，谈谈你对司马迁的看法。

【相关链接】

答苏武书

李 陵

子卿足下：勤宣令德，策名清时，荣问休畅，幸甚，幸甚！远托异国，昔人所悲，望风怀想，能不依依！昔者不遗，远辱还答，慰诲勤勤，有逾骨肉，陵虽不敏，能不慨然！

自从初降，以至今日，身之穷困，独坐愁苦。终日无睹，但见异类。韦鞲毳幕，以御风雨；膻肉酪浆，以充饥渴；举目言笑，谁与为欢？胡地玄冰，边土惨裂，但闻悲风萧条之声。凉秋九月，塞外草衰。夜不能寐，侧耳远听，胡笳互动，牧马悲鸣，吟啸成群，边声四起。晨坐听之，不觉泪下。嗟乎子卿，陵独何心，能不悲哉！

与子别后，益复无聊。上念老母，临年被戮；妻子无辜，并为鲸鲵；身负国恩，为世所悲。子归受荣，我留受辱，命也如何！身出礼义之乡，而入无知之俗；违弃君

亲之恩，长为蛮夷之域，伤已！令先君之嗣，更成戎狄之族，又自悲矣。功大罪小，不蒙明察，孤负陵心区区之意。每一念至，忽然忘生。陵不难刺心以自明，刎颈以见志，顾国家于我已矣，杀身无益，适足增羞，故每攘臂忍辱，辄复苟活。左右之人，见陵如此，以为不入耳之欢，来相劝勉。异方之乐，只令人悲，增忉怛耳。

嗟乎子卿，人之相知，贵相知心，前书仓卒，未尽所怀，故复略而言之。

昔先帝授陵步卒五千，出征绝域。五将失道，陵独遇战，而裹万里之粮，帅徒步之师；出天汉之外，入强胡之域，以五千之众，对十万之军，策疲乏之兵，当新羁之马，然犹斩将搴旗，追奔逐北，灭迹扫尘，斩其枭帅，使三军之士视死如归。陵也不才，希当大任，意谓此时，功难堪矣。

匈奴既败，举国兴师。更练精兵，强逾十万。单于临阵，亲自合围。客主之形，既不相如；步马之势，又甚悬绝。疲兵再战，一以当千，然犹扶乘创痛，决命争首。死伤积野，余不满百，而皆扶病，不任干戈，然陵振臂一呼，创病皆起，举刃指虏，胡马奔走。兵尽矢穷，人无尺铁，犹复徒首奋呼，争为先登。当此时也，天地为陵震怒，战士为陵饮血。单于谓陵不可复得，便欲引还，而贼臣教之，遂使复战，故陵不免耳。

昔高皇帝以三十万众，困于平城。当此之时，猛将如云，谋臣如雨，然犹七日不食，仅乃得免。况当陵者，岂易为力哉？而执事者云云，苟怨陵以不死。然陵不死，罪也；子卿视陵，岂偷生之士而惜死之人哉？宁有背君亲、捐妻子，而反为利者乎？然陵不死，有所为也。故欲如前书之言，报恩于国主耳。诚以虚死不如立节，灭名不如报德也。昔范蠡不殉会稽之耻，曹沫不死三败之辱，卒复勾践之仇，报鲁国之羞，区区之心，窃慕此耳。何图志未立而怨已成，计未从而骨肉受刑，此陵所以仰天椎心而泣血也！

3 读山海经^[1]（二首）

陶渊明

陶渊明（约365—427），名潜，字元亮，别号五柳先生，私谥靖节，世称靖节先生，浔阳郡柴桑县（今江西省九江市）人。陶渊明是东晋杰出的诗人，也是我国著名的田园诗人。陶渊明曾任江州祭酒、镇军参军、彭泽县令等职，但因憎恶当时的黑暗现实，向往光明自由的理想生活，405年，陶渊明弃官归隐，躬耕垄亩。

陶诗风格平淡醇和，平淡中见警策、藏深情，质朴中含韵味。陶渊明诗文现存一百三十余篇，后人编有《陶渊明集》。陶渊明的诗歌主要有两大类：田园诗和咏怀/史诗。其中，田园诗是他为中国诗歌开辟的新天地，代表了陶诗的最高成就。陶渊明的田园诗有的通过描写田园景物的恬美、田园生活的简朴，表现自己悠然自得的心境；有的着重写躬耕生活的体验，歌咏劳动；有的反映农村的凋敝和村民生活的穷困；有的抒写美好的理想追求。而咏怀/

史诗则以出仕与归隐为中心，表达自己不与统治者同流合污的高洁品格。《读山海经》组诗共有十三首，此处摘二首如下。

其九

夸父[2] 诞宏志，乃与日竞走。
俱至虞渊[3] 下，似若无胜负。
神力既殊妙，倾河焉足有[4]！
余迹寄邓林[5]，功竟在身后。

其十

精卫衔微木[6]，将以填沧海[7]。
刑天舞干戚，猛志固常在[8]。
同物既无虑，化去不复悔[9]。
徒设在昔心，良辰讵可待[10]！

【注释】

[1] 读山海经：陶渊明的组诗作品，共十三首，意在借古喻今，抒发他的壮志豪情和对现实不满的感慨。

[2] 夸父：古代传说中的神人。

[3] 虞渊：又叫禺谷，传说中的日落之处。《山海经·大荒北经》说"夸父不量力，欲追日景，逮之于禺谷。将饮河而不足也，将走大泽，未至，死于此。"

[4] "神力"二句：夸父的神力十分非凡而奇妙，即使喝干了黄河的水也不足以满足他的需求。殊妙，非凡而奇妙。倾河，倾尽黄河之水。焉足有，何足有，即不足。

[5] 余迹寄邓林：余迹，遗迹，指夸父"弃其杖，化为邓林"。寄，寄留，留存。邓林，据毕沅考证，邓、桃音近，"邓林"即"桃林"。（见毕沅《山海经》校本）

[6] 精卫衔微木：精卫，鸟名。传说炎帝小女儿女娃溺死后化为鸟，常衔西山木石以填东海。微木，细木。

[7] 沧海：大海。

[8] "刑天"二句：刑天挥舞着盾斧，刚毅不屈的志向始终存在。刑天，古代传说中的神人。干，盾。戚，大斧。猛志，壮志。固，本。

[9] "同物"二句：精卫和刑天虽然已经物化，但它们毫无顾虑，也不后悔。同物，同乎异物，这里指女娃、刑天死去化为异物。无虑，毫无顾虑。化去，指女娃死后化为精卫鸟，刑天被杀后以乳为目，以脐为口。不复悔，毫不反悔。

[10]"徒设"二句：空有昔日的雄心壮志，实现愿望的好日子怎能等待得到！徒设，空存。良辰，佳期，一作"良晨"。

【赏析提示】

这两首诗借《山海经》中著名的神话故事夸父逐日、精卫填海和刑天舞干戚，歌咏失败的英雄顽强抗争的精神，抒发对某些政治斗争中的失势者的复杂感情。诗人把神话原本的情节和自己独特的感受巧妙地结合起来，熔叙事、抒情、议论于一炉，于平淡的言辞中委婉地透露出对夸父、精卫、刑天其人其事的深情礼赞与慷慨不平。他们作为抗争中的失败者或弱者，虽未能取得事实行动上的成功，但其行为背后的抗争精神却是无价的。而这种精神，就是中国先民勇敢坚韧品格的体现。陶渊明在诗中高扬夸父"与日竞走"、精卫"填沧海"、刑天"猛志固常在"的抗争精神，于表彰此种精神之不可磨灭的同时，又以"余迹寄邓林，功竟在身后""徒设在昔心，良辰讵可待"，将此种精神悲剧化，使之倍加深沉。悲尤且壮，使这两首诗获得了深切的悲剧美特质。

【思考探究】

(1) 诗中主要运用了什么表现手法？有何作用？

(2) 陶渊明《归去来兮辞》中有"乐琴书以消忧"一句，请问作者在"忧"什么？联系这两首诗，谈谈你的理解。

【相关链接】

夸父逐日

夸父与日逐走，入日；渴，欲得饮，饮于河、渭；河、渭不足，北饮大泽。未至，道渴而死。弃其杖，化为邓林。

精卫填海

又北二百里，曰发鸠之山，其上多柘木，有鸟焉，其状如乌，文首，白喙，赤足，名曰"精卫"，其鸣自詨。是炎帝之少女，名曰女娃。女娃游于东海，溺而不返，故为精卫，常衔西山之木石，以堙于东海。

刑天舞干戚

刑天与帝至此争神，帝断其首，葬之常羊之山。乃以乳为目，以脐为口，操干戚以舞。

4 偶 成

戴望舒

戴望舒（1905—1950），名承，字朝安，生于浙江杭州，笔名"望舒"出自屈原《离骚》"前望舒使先驱兮，后飞廉使奔属"，是神话传说中替月亮驾车的天神。1928 年，《雨巷》在《小说月报》上发表，戴望舒名噪一时，获得了"雨巷诗人"的称号。1932 年，戴望舒与施蛰存等人创办《现代》杂志，"现代派"因此刊而得名，戴望舒也成为"现代派"的主要代表诗人。

戴望舒的早期诗作，一方面受到古典诗词的文化熏陶，一方面又受到法国象征派诗人的影响，注重个人情感的表达和诗歌外在的韵律，感情基调较为低沉，以《雨巷》《寻梦者》《我底记忆》为代表。后期，戴望舒的诗歌开始关注国家的命运，在民族苦难中审视个人的不幸，回荡着爱国主义的沉郁与激切，以《我用残损的手掌》《狱中题壁》《偶成》为代表。戴望舒的主要作品收录在《我的记忆》《望舒草》等诗集中。

> 如果生命的春天重到，
> 古旧的凝冰都哗哗地解冻，
> 那时我会再看见灿烂的微笑，
> 再听见明朗的呼唤——这些迢遥的梦。
>
> 这些好东西都决不会消失，
> 因为一切好东西都永远存在，
> 它们只是像冰一样凝结，
> 而有一天会像花一样重开。

【赏析提示】

这首诗被称为戴望舒的"压卷之作"，写于 1945 年。在抗日战争最后的岁月里，无数的人默默地忍受着黎明前的黑暗，坚守着心底的信念，期盼着即将到来的光明。戴望舒就是在这样氛围中写下了《偶成》。这首诗从表面看是一首表达革命乐观精神的诗，实则是一首生命的赞歌，是诗人历经磨难之后得到的大悟。

不同于《雨巷》的创作明显受到中国古典诗歌与欧洲浪漫主义的影响，没有"丁香空结雨中愁"那般的低回徘徊和飘忽凄美，《偶成》的字里行间流露着欣喜、希望与坚定，诠释着平凡中一切美好的事物——凝冰消融，微笑重叠，万物回灵，梦里春醒。"这些好东西都决不会消失，因为一切好东西都永远存在，它们只是像冰一样凝结，而

大学语文

有一天会像花一样重开"，相对自由的格律反而吟诵出更加真挚的情韵，不是流光溢彩的华章，却用朴实的轻语诉说生命的真意，不动声色的力量就这样随之渗入听者的内心。这朴实是不凡的，是绝对不落入俗套的。那是一个笑看人生风云变迁的诗人，或许是在梦里吧，静立于崖边，回想已经过去的半辈子，那俯瞰山河的瞬间发出轻轻的感叹，如同静流的大海，让人永远摸不透其深。平静的一声轻叹，却掩盖了怎样不平静的过往？

这个时代的人经历过那么多的苦痛与挣扎，在一次次坚守中承受毁灭性的打击，在一次次打击中挣扎着颤抖的双腿，蹒跚向前。在这样的境遇中，诗人能拨云见日，着眼身边，看到小事物中孕育着的人生大境界，意境不可谓不开阔。

【思考探究】

（1）诗中"古旧的凝冰""迢摇的梦"指什么？

（2）诗歌多次出现"重""再"，这二字在诗中的作用是什么？

（3）参考诗歌的写作时间及其所展现的意境，概括这首诗的主题。

【相关链接】

狱中题壁

戴望舒

如果我死在这里，
朋友啊，不要悲伤，
我会永远地生存
在你们的心上。

你们之中的一个死了，
在日本占领地的牢里，
他怀着的深深仇恨，
你们应该永远地记忆。

当你们回来，从泥土
掘起他伤损的肢体，
用你们胜利的欢呼
把他的灵魂高高扬起。

然后把他的白骨放在山峰，
曝着太阳，沐着飘风：
在那暗黑潮湿的土牢，
这曾是他唯一的美梦。

123

5　光荣的荆棘路

（丹麦）安徒生

安徒生（1805—1875），丹麦著名童话作家，被誉为"世界儿童文学的太阳"，代表作有《坚定的锡兵》《海的女儿》《拇指姑娘》《卖火柴的小女孩》《丑小鸭》《皇帝的新装》等。安徒生的作品集《安徒生童话》已被译为150多种语言，在全球各地发行和出版。

从前有一个古老的故事叫"光荣的荆棘路"：一个叫作布鲁德的射手得到了无上的光荣和尊严，但是他却长时期遇到极大的困难和冒着生命的危险。我们大多数的人在小时候已经听到过这个故事，可能后来还读到过它，并且也想起自己没有被人歌颂过的"荆棘路"和"极大的困难"。故事和真事没有什么很大的分界线。不过故事在我们这个世界里经常有一个愉快的结尾，而真事常常在今生没有结果，只好等到永恒的未来。

世界的历史像一盏灯。它在现代的黑暗背景上，放映出明朗的片子，说明那些造福人类的善人和天才的殉道者在怎样走着光荣的荆棘路。

这些光耀的图片把各个时代，各个国家都反映给我们看。每张片子只映几秒钟，但是它却代表整个的一生，有时是整个时代——充满了斗争和胜利。我们现在来看看这些殉道者行列中的人吧——除非这个世界本身遭到灭亡，否则这个行列是永远没有穷尽的。

我们现在来看看一个挤满了观众的圆形剧场吧。讽刺和幽默的语言像潮水一般从阿里斯托芬[1]的《云》喷射出来。雅典最了不起的一个人物，在人身和精神方面，都受到了舞台上的嘲笑。他是保护人民反抗"三十僭主[2]"的战士：他名叫苏格拉底[3]，他在混战中救援了阿尔基比阿德斯和色诺芬，他的天才超过了古代的神仙。他本人就在场。他从观众的凳子上站起来，走到前面去，让那些正在哄堂大笑的人可以看看，他本人和戏台上的那个嘲笑对象究竟有什么相同点。他站在他们面前，高高地站在他们面前。

你，多汁的、绿色的毒芹，雅典的阴影不是橄榄树而是你[4]！

7个城市国家[5]在彼此争辩，都说荷马是在自己城里出生的——这也就是说，在荷马死了以后！请看看他活着的时候吧！他在这些城市里流浪，靠朗诵自己的诗篇过日子。他一想起明天的生活，头发就变得灰白。他——这个伟大的先知者，是一个孤独的瞎子。锐利的荆棘把这位诗中圣哲的衣服撕得稀烂。

但是他的歌仍然是活着的；通过这些歌，古代的英雄和神仙也获得了生命。

图画一幅接着一幅地从日出之国，从日落之国现出来。这些国家在空间和时间方面彼此的距离很远，然而它们却有着同样的光荣的荆棘路。生满了刺的蓟只有在它装饰着坟墓的时候，才开出第一朵花。

骆驼在棕榈树下面走过。它们满载着靛青和贵重的财宝。这些东西是这国家的君

主送给一个人的礼物——这个人的歌是人民的欢乐，是国家的光荣。嫉妒和毁谤逼得他不得不从这国家逃走，只有现在人们才发现他。这个骆驼队现在快要走到他避乱的那个小镇。人们抬出一具可怜的尸体走出城门，骆驼队因为送葬的队伍而停下来了。这个死人正是他们所要寻找的那个人：菲尔多西[6]——他在这光荣的荆棘路上一直走到生命终结！

在葡萄牙的京城里，在王宫的大理石台阶上，坐着一个圆面孔、厚嘴唇、黑头发的非洲黑人，他在向人求乞。他是卡蒙斯[7]的忠实的奴隶。如果没有他和他求乞得到的许多铜板，他的主人——叙事诗《卢济塔尼亚人之歌》的作者——恐怕早就饿死了。

现在卡蒙斯的墓上立着一座贵重的纪念碑。

还有一幅图画！

铁栏杆后面站着一个人。他的脸像死人一样的惨白，长着又长又乱的胡子。

"我发明了一件东西——一件许多世纪以来最伟大的发明，"他说，"但是人们却把我关在这里20多年！"

他是谁呢？

"一个疯子！"疯人院的看守说，"这些疯子的怪想头才多呢！他相信人们可以用蒸汽推动东西！"

这人名叫萨洛蒙·得·高斯[8]，蒸汽动力的发现者，黎塞留[9]读不懂他的预言性的著作，因此他死在疯人院里。

现在哥伦布出现了。街上的野孩子常常跟在他后面讥笑他，因为他想发现一个新世界——而且他居然发现了。欢乐的钟声迎接着他的胜利的归来，但嫉妒的钟声敲得比这还要响亮。他，这个发现新大陆的人，这个把美洲黄金的土地从海里捞起来的人，这个把一切贡献给他的国王的人，所得到的酬报是一条铁链。他希望把这条链子放在他的棺材里，让世人可以看到他的时代的人对他的贡献所给予他的回报[10]。

图画一幅接着一幅地出现，光荣的荆棘路真是没有尽头。

在黑暗中坐着一个人，他量出了月亮里山岳的高度。他探索星球与行星之间的太空。他这个巨人懂得大自然的规律。他能感觉到地球在他的脚下转动。这人就是伽利略[11]。老迈的他，又聋又瞎，坐在那儿，在尖锐的苦痛中和人间的轻视中挣扎。他几乎没有力气提起他的一双脚：当人们不相信真理的时候，他在灵魂的极度痛苦中在地上跺着这双脚，高呼着："但是地在转动呀！"

这儿有一个女子，她有一颗孩子的心，但是这颗心充满了热情和信念。她在一个战斗的部队前面高举着旗帜；她为她的祖国带来胜利和解放。空中响起了一片狂欢的声音，于是柴堆烧起来了：大家在烧死一个巫婆——贞德[12]。是的，在接下来的一个世纪中人们唾弃这朵纯洁的百合花，但智慧的鬼才伏尔泰[13]却歌颂《拉·比塞尔》。

在微堡的议会里，丹麦的贵族烧毁了国王的法律。火焰升起来，把这个立法者和他的时代都照亮了，同时也向那个黑暗的囚楼送进一点彩霞。一个老人就关在那儿，他的头发斑白，腰已弯了；他坐在那儿，用手指在石桌上刻出一道槽来。他曾经统治过三个王国。他是一个民众爱戴的国王；他是市民和农民的朋友：克利斯仙二世[14]。他是一个莽撞时代的一个有性格的莽撞人。敌人写下他的历史。我们一方面不忘记他的血腥的罪过，一方面也要记住：他被囚禁了26年。

有一艘船从丹麦开出去了。船上有一个人倚着桅杆站着，向汶岛作最后的一瞥。他是杜却·布拉赫[15]。他把丹麦的名字提升到星球上去，但他所得到的报酬是伤害、损失和悲伤。他跑到国外去。他说："处处都有天，我还要求什么别的东西呢？"他走了；我们这位最有声望的丹麦人，这位天文学家，在国外得到了尊荣和自由。

"啊，解脱！只愿我身体中不可忍受的痛苦能够得到解脱！"好几世纪以来我们就听到这个声音。这是一张什么画片呢？

这是格里芬菲尔德[16]——丹麦的普洛米修斯——被铁链锁在木克荷尔姆石岛上的一幅图画。

我们现在来到美洲，来到一条大河的旁边。有一大群人集拢来，据说有一艘船可以在坏天气中逆风行驶，因为它本身具有抗拒风雨的力量。那个相信自己能够做到这件事的人名叫罗伯特·富尔敦[17]。他的船开始航行，但是它忽然停下来了。观众大笑起来，并且还"嘘"起来——连他自己的父亲也跟大家一起"嘘"起来：

"自高自大！糊涂透顶！他现在得到了报应！就该把这个疯子关起来才对！"

一根小钉子突然摇断了——刚才机器不能动就是这个缘故。现在轮子转动起来了，轮翼在水中向前推进，船在开行！蒸汽机的杠杆把世界各国间的距离从钟头缩短成分秒。

人类啊，当灵魂懂得了它的使命以后，你能体会到在这清醒的片刻中所感到的幸福吗？在这片刻中，你在光荣的荆棘路上所得到的一切抑郁和创伤——即使是你自己所造成的——也会痊愈，恢复健康、力量和愉快；嘈音变成谐声；人们可以在一个人身上看到上帝的仁慈，而这仁慈通过一个人普及大众。

光荣的荆棘路看起来像环绕着地球的一条灿烂的光带。只有幸运的人才被送到这条带上行走，才被指定为建筑那座连接上帝与人间的桥梁的、没有薪水的工程师。

历史拍着它强大的翅膀，飞过许多世纪，同时在光荣的荆棘路的这个黑暗背景上，映出许多明朗的图画，来鼓起我们的勇气，给予我们安慰，唤起高贵的思想。这条光荣的荆棘路，跟童话不同，并不在这个人世间走到一个辉煌和快乐的终点，但是它却超越时代，走向永恒。

【注释】

[1] 阿里斯托芬（Aristophanes，约前448—前380）：古希腊喜剧家。他在剧本《云》里猛烈攻击苏格拉底。

[2] 三十僭主：僭主统治指用武力夺取政权而建立的个人统治。前7—前6世纪，希腊各城邦形成时期，较广泛地出现过这种政权形式。前404年，斯巴达打败雅典，在雅典扶植了一个30人的委员会，后来被称为"三十僭主政府"。

[3] 苏格拉底（Socrates，前469—前399）：古希腊哲学家。苏格拉底曾在一次战争中救过古希腊政治家和军事家阿尔基比阿德斯的性命。在另一次战争中又救过他的学生，古希腊历史学家、军事家和政论家色诺芬的性命。

[4] 雅典政府逼迫苏格拉底喝毒葡萄酒自杀。

[5] 古希腊的每个城市是一个国家。

[6] 菲尔多西：波斯伟大诗人曼苏尔（Abul Kasim Mansur，940—约1020）的笔名，其代表作为叙事诗《王书》。这部诗有6万行，是波斯国王请菲尔多西写的，并且答应给他每行一块金币。但是诗完成后，国王的大臣却给他每行一块银币。他在盛怒之下写了一首诗来讽刺国王的恶劣行径。这首诗就成了《王书》的序言。待国王追捕他时，他已经逃出了国境。

[7] 卡蒙斯：全名是Luiz Yaz de Camöes（约1524—1580），葡萄牙伟大诗人，其叙事诗《卢济塔尼亚人之歌》是葡萄牙最伟大的史诗。他生前曾多次被关进监狱。

[8] 萨洛蒙·得·高斯（Salomon de Caus，1576—1626）：法国的科学家，他的著作有《动力与各种机器的关系》，说明了蒸汽的原理。

[9] 黎塞留（Richelieu，1585—1642）：17世纪初法兰西王国杰出的政治家和外交家，被誉为"法国海军之父"，1624年被路易十三任命为首相，曾在一段时间内拥有国家最高的权力。

[10] 1500年8月，西班牙政府派人到美洲把哥伦布逮捕起来，用铁链子把他拴着，送回西班牙。

[11] 伽利略（Galileo，1564—1642）：意大利著名天文学家。

[12] 贞德（Jeanne d'Arc，约1412—1431）：亦译冉·达克，法国民族女英雄。贞德在1429年受命率军驰援，重创英军。后来她被人出卖，诬陷其是"异端"和"女巫"而被烧死。

[13] 伏尔泰（Voltaire，1694—1778）：18世纪法国启蒙思想家、文学家、哲学家，法国资产阶级启蒙运动的泰斗，被誉为"法兰西思想之王"。《拉·比塞尔》是他写的一部关于贞德的史诗。

[14] 克利斯仙二世：指丹麦国王克里斯蒂安二世（Christian den Anden，1481—1559），他曾联合农民和市民来反对贵族的专权，但最终被贵族推翻，并被囚禁起来。他曾经连年对外进行战争。

[15] 杜却·布拉赫（Tycho Brahe，1546—1601）：丹麦著名天文学家，丹麦在汶岛的天文台就是他建立的。"杜却星球"也是他发现的。

[16] 格里芬菲尔德（Peder Griffenfeld，1635—1699）：丹麦政治家。他的政策是发展工商业以增加国家财富，但首要的条件是保持国际间的和平，特别是与丹麦的邻邦瑞典保持和平。1675年，丹麦对瑞典宣战。1676年3月，格里芬菲尔德被捕，被判处死刑，后改为终身囚禁。

[17] 罗伯特·富尔敦（Robert Fulton，1765—1815）：美国发明家。他设计并建造了美国第一艘用蒸汽机推动的轮船。

【赏析提示】

安徒生出身于丹麦欧登塞城一个贫穷的鞋匠家庭，童年生活极其贫苦。父亲是鞋匠，曾志愿服役，并抗击过拿破仑·波拿巴的侵略；母亲是佣人。安徒生11岁时，父亲病逝，母亲随即改嫁。

受父亲和民间口头文学影响，安徒生从小就热爱文学，14岁的他曾只身前往首都哥本哈根追求艺术理想。他一生未婚，将毕生的精力都耗费在创作童话上。他认为自己貌丑且穷，十分自卑，不愿意接触外人。临终前，安徒生曾对一位年轻作家说："我为自己的童话付出了巨大的、甚至可以说是无可估量的代价。为了童话，我拒绝了自己的幸福，并且错过了这样的一段时间，那时，尽管想象是怎样有力、如何光辉，它还是应该让位给现实的。"尽管这段话中遗憾尽显，但哪一段光荣之路不是荆棘密布呢？正如作者在本文最后所言，"这条光荣的荆棘路，跟童话不同，并不在这个人世间走到一个辉煌和快乐的终点，但是它却超越时代，走向永恒"。安徒生穷极一生创造了"超越时代，走向永恒"的童话世界，而他本人就成为世界历史幻灯片上的"那些造福人类的善人和天才的殉道者"。或许正是由于作者能清醒地意识到光荣之路荆棘满布，所以才能成为"童话的殉道者"。

【思考探究】

（1）如何理解"光荣"与"荆棘"二者之间的关系？

（2）这篇文章除了赞美时代的英雄外，还有何题旨？

（3）台湾著名女作家刘继荣的女儿曾说："我不想成为英雄，我只想成为坐在路边鼓掌的人。"请结合本文内容，谈谈你对此的想法。

【相关链接】

论诗三十首·其二十

元好问

谢客风容映古今，发源谁似柳州深？

朱弦一拂遗音在，却是当年寂寞心。

宋元文学概述

一、宋代文学

宋代是中国历史上承五代十国下启元朝的中原王朝，从 960 年北宋建立至 1279 年南宋灭亡，分为北宋、南宋两个阶段，历时 319 年。有宋一代的文学在欧阳修领导的北宋诗文革新运动的推动下，取得了诗、文、词创作的巨大成就。

（一）宋词

词是宋代文学的标志，成就斐然，可谓名家辈出、佳作如林，宋词也成为词史上的顶峰之作。宋词在晚唐五代词的基础上，极大地拓展了创作题材和写作手法，经历了流派纷呈、风格各异又相互联系的发展过程。在这一历程中，词的内容从晚唐五代狭隘的男女之情、歌舞燕乐中走了出来，走入了市井，走到了塞漠，境界大开，形成以柳永、李清照、秦观等为代表的婉约词派和以苏轼、辛弃疾等为代表的豪放词派。词终由"诗余""小道"发展为吟志抒情、议政论军的文学样式，取得了同诗、文一样的地位。

北宋前期的词，在延续晚唐五代尤其是南唐词柔软绮丽词风的同时，有了进一步的拓展。晏殊、欧阳修延续了五代南唐词风，多以小令写男女相思，词风秀丽精巧、含蓄典雅，代表作品有晏殊的《浣溪沙·一曲新词酒一杯》、欧阳修的《蝶恋花·庭院深深深几许》等。范仲淹创作的反映边关战事的边塞词，将词从秦楼楚馆的低吟变为塞上征人的悲歌，《渔家傲·秋思》是边塞词中的代表作。范仲淹的词豪迈悲壮、苍凉开阔，上承唐人边塞诗风，下启苏轼豪放词风。

这一时期，词坛成就最高、贡献最大者当属柳永。柳永，原名柳三变，字景庄，后改名永，字耆卿，因排行第七，又称柳七。柳永为人放荡不羁，一生仕途坎坷，曾得宋仁宗批语"且去浅斟低唱，何要浮名"，自称"奉旨填词柳三变"。柳永的词多写市民倚红偎翠的生活、都市的繁华和羁旅行役之苦，充满了市井风情。柳永多作长调慢词，使慢词发展成熟，扩展了词的容量，提高了词的表现力，且好用铺叙、白描的手法，语言不避俚俗、雅俗共赏，在当时广为流传，相传"凡有井水处，皆能歌柳词"（叶梦得《避暑录话》）。柳词抒情委婉细腻，成为北宋婉约词派的代表，柳永的代表作有《八声甘州·对潇潇暮雨洒江天》《雨霖铃·寒蝉凄切》《望海潮·东南形胜》《蝶恋花·伫倚危楼风细细》等。

北宋中期承袭前期词风，发展更甚。苏轼对这一时期词的革新式发展做出了重要的贡献，他是继柳永之后又一位推动宋词突破性发展的、具有里程碑意义的词人。

苏轼，字子瞻，号东坡居士，世称苏东坡，卒谥"文忠"，与其父苏洵、弟苏辙合称"三苏"。苏轼的诗、文、词、书、画均成就卓著，是宋代文艺创作成就最全面的文人。苏轼继承柳永的铺叙和范仲淹边塞词豪迈悲壮的词风，独创豪放词一派，打破了词"艳科"的藩篱；提倡"以诗为词"，打破了词在题材内容方面的局限性，扩大了词的表现功能，开拓了词的境界和格调；不拘音律，诗词初步与音乐分离，成为一种可以单独吟咏的新诗体。苏词传世之作众多，如《定风波·莫听穿林打叶声》《念奴娇·赤壁怀古》《水调歌头·明月几时有》《江城子·密州出猎》等杰作比比皆是。

北宋后期的词并没有沿着苏轼的道路走下去，而是以婉约为正宗，以男女之情与羁旅之愁为主要题材内容，词又重新回到"艳科"的藩篱。秦观继承柳永婉约蕴藉之风，多写相思离别，善于"将身世之感打并入艳情"（周济《宋四家词选》），代表作有《踏莎行·郴州旅舍》等。周邦彦被推崇为北宋词的"集大成者"（周济《宋四家词选》），他继承了柳永、秦观的艺术经验，注重格律，开创了宋代格律词派，代表作有《兰陵王·柳》《苏幕遮·燎沉香》《少年游·并刀如水》等。

靖康之变，北宋灭亡，建炎南渡，南宋偏安一隅。在故土破碎、山河飘摇中，词风骤变。前有张孝祥等人以抗金恢复中原为主旨，词风上继东坡、下开稼轩，后有辛弃疾、岳飞承续苏轼豪放词风，不拘格律，以谴责权奸、呼吁救国、力主恢复中原为题材内容。岳飞一首《满江红·怒发冲冠》抒发了南宋有志之士"精忠报国"的英雄之志，而辛弃疾的"稼轩词"更是奏出了南宋爱国词的最强音。

辛弃疾，字幼安，号稼轩，山东东路济南府历城县（今山东省济南市）人，与李清照并称"济南二安"。辛弃疾是继苏轼之后豪放词派最重要的代表人物，与苏轼并称"苏辛"。辛弃疾的一生都在为收复失地、统一中原的主张而不懈斗争，他把爱国抱负和满腔忧愤倾注于词作中，以文为词，善用密集的军事意象群，形成了雄奇豪壮、苍凉沉郁的词风，代表作品有《永遇乐·京口北固亭怀古》《水龙吟·登建康赏心亭》等。此外，在20年的贬谪居家生活中，辛弃疾也创作了描写田园风物、山情水趣的词作，如《清平乐·村居》等。

南北宋之交还出现了一位卓然自立的女词人李清照。李清照，号易安居士，其词世称"易安体"。和诸多"南渡词人"一样，以靖康南渡为界，南渡前李清照过着绮罗香泽、吟风弄月的闲适生活，南渡后饱尝国破家亡、颠沛流离的屈辱与苦难。生活与创作环境的改变，也带来了李清照词作内容的改变。南渡前，李清照的词主要反映闺中少女（妇）悠闲、风雅的生活情调，词风清丽婉转，代表作品有《如梦令·昨夜雨疏风骤》《醉花阴·薄雾浓云愁永昼》等；南渡后，多写国破家亡后凄惨孤寂的心境，词风沉哀凄苦，代表作品有《声声慢·寻寻觅觅》《永遇乐·落日熔金》等。

（二）宋诗

宋诗在学习中晚唐诗风的过程中，不断进行突破和超越，逐渐形成了自己的特色。与唐人追求诗歌的激情不同，宋人以文为诗、以议论为诗，追求诗歌的理趣。

北宋初期的宋诗，主要承接着中晚唐诗风的余绪，这一时期出现了"宋初三体"

大学语文

（又称"三派"）：一是继承杜甫、白居易现实主义精神，关注民生疾苦，风格平易通俗的白体（或称香山派），以王禹偁为代表；二是受贾岛、姚合等人影响，着意写山林景色、清简淡泊的隐逸生活的晚唐体（或称晚唐派），以林逋、寇准为代表；继承李商隐用典精巧、词采华美的西昆体（或称西昆派），西昆体得名于杨亿编辑的《西昆酬唱集》，以杨亿、刘筠为代表，这一派在当时声势最为浩大，他们专务技巧，作品缺乏深刻的思想内容和鲜明的时代精神。

北宋中期，随着诗文革新运动的发展，西昆体的弊端逐渐显现，成为众矢之的。以欧阳修为代表的文人们开始反思西昆体的形式主义，呼吁发扬现实主义精神，关心国愁民瘼，提倡诗风平易，为北宋诗坛开创了一个全新的局面，宋诗终于迎来了属于自己的时代。"苏梅"二人——苏舜钦以粗犷豪迈的诗风，梅尧臣以平和含蓄的诗风——首先掀起反对西昆体专务技巧、浮艳萎弱的风格，随后欧阳修进行了大量矫正西昆流弊的创作实践。欧阳修作为诗文革新运动的领袖，诗歌创作成就虽不及散文，但他发展了韩愈"以文为诗"的手法，以清新流畅的语言、平易质朴的风格廓清了华而不实的西昆诗风。随后，王安石、苏轼应和于其后，推动了宋诗的进一步发展。王安石的诗注重反映社会现实，但其写景咏物、托物言志的小诗成就最高。他的写景诗描摹细腻，构思精巧、韵味深永，世称"荆公体"或"半山体"，如《泊船瓜洲》《书湖阴先生壁》等。苏轼的诗以广泛的题材、雄健的笔力、丰富的想象力和新奇的比喻，全面地反映了时代生活，与黄庭坚并称"苏黄"，其代表作有景物诗《饮湖上初晴后雨》、题画咏物诗《惠崇春江晚景》（二首）、理趣诗《题西林壁》等。

北宋后期内忧外患日益严重，但诗人们却缺乏干预现实的精神。这一时期的主要诗人有"苏门四学子"——黄庭坚、秦观、晁补之、张耒。四人出自苏轼门下，但其诗与苏轼的诗风相距甚远。这四人中，黄庭坚成就最高，他提出"点铁成金""夺胎换骨"的诗论观点，是中国古代文学理论中的重要组成部分，对后世文学创作产生了深远的影响。黄诗以吟咏书斋生活为主，重视文字的推敲技巧。黄庭坚的实践与理论主张在这一时期产生了很大影响，追随和效法者众多，逐渐形成了以其为中心的诗歌流派——江西诗派。

南宋在风雨飘摇中残喘了150余年，恢复中原、抗敌救国是这个时代诗歌的主旋律，推动了爱国诗歌的繁荣发展，先有陆游沉郁悲凉的呐喊，后有文天祥慷慨悲壮的疾呼。

陆游，号放翁，南宋杰出的诗人，他生平作诗近万首，是中国古代最高产的诗人。雄浑豪放的爱国诗是陆诗的主要类型，其代表作有《书愤》、《十一月四日风雨大作》（二首）、《示儿》等。对农村景致、游宦和书斋生活的吟咏也是陆诗的重要类型，代表作有《游山西村》《卜算子·咏梅》等。

文天祥是继陆游之后南宋又一杰出的爱国诗人，他以《过零丁洋》和《正气歌》为南宋写下了一曲最悲壮的挽歌。

除爱国诗歌外，南宋中期出现的"中兴四大诗人"——杨万里、范成大、陆游和尤袤，亦在其他类型的诗歌上取得了较高的成就。

杨万里，字廷秀，号诚斋，自号诚斋野客，其擅长描写自然景物和日常生活。他的作品既有浓郁的生活气息，又富有哲趣，语言流畅自然，诙谐幽默，被称为"诚斋体"，代表作有《宿新市徐公店》《晓出净慈寺送林子方》等。

范成大的田园诗在中国诗史上独树一帜。他的诗描绘了农村劳作和生活的鲜活场面，作品带有浓重的泥土和血汗气息，代表作有《四时田园杂兴》（六十首）等。

（三）宋代散文

中国古代散文发展至宋代进入极盛时期。"唐宋八大家"之"宋六家"（欧阳修、曾巩、王安石、苏轼、苏辙、苏洵）延续唐代韩愈、柳宗元古文运动方向，提倡古文、反对骈文，推动了北宋诗文革新运动。经过长期的理论和创作实践，"宋六家"将宋代散文推向了实用价值和审美价值完美统一的高度。

欧阳修，字永叔，号醉翁、六一居士，谥号"文忠"，世称欧阳文忠，北宋文坛领袖。他的文学贡献主要在散文方面，主张文道并重，代表作品有《醉翁亭记》《伶官传序》等。欧阳修作为北宋文坛领袖，除了在诗、词、散文上卓有成就外，还主持编撰了《新唐书》《新五代史》。同时由于他大力奖掖后学，曾巩、王安石、"三苏"等北宋大家如雨后春笋，生生不息。

王安石，字介甫，号半山，曾封荆国公，世称王荆公。他曾发起"熙宁变法"，被列宁誉为"中国十一世纪最伟大的改革家"。王安石主张文学"务为有补于世"、经世致用，所以其散文创作重描写、不重抒情，重议论、不重文采，代表作有《伤仲永》《游褒禅山记》等。

"三苏"中的苏轼集韩、柳、欧之大成，散文贯通古今、纵横六合、行云流水、通达疏畅，对宋代古文正宗地位的确定，以及宋代古文主体风格的成熟和定型起到了决定性的作用。苏轼在散文方面的代表作有《石钟山记》、《记承天寺夜游》、"赤壁二赋"（《赤壁赋》《后赤壁赋》）等。

南宋散文沿着北宋诗歌革新开创的优良传统前行，虽风格不一，但与诗歌一样，大都呈现出强烈的现实主义精神和爱国主义热情，至南宋末期文天祥、谢翱等人，以悲壮雄劲的旋律结束了两宋散文的繁荣发展历程。

（四）话本小说等其他文学样式

说话艺术在宋代逐渐繁盛，由此产生的话本小说成为宋代小说的主要样式。"话本"就是说话人的底本：在思想上，主要反映了市民的生活和愿望，反对黑暗的政治统治和封建礼教的束缚；在艺术上，故事生动，情节曲折，以朴实生动的白话塑造了不少底层人民的艺术形象。

在中国北方，与两宋并存的政权有辽、金、西夏。这些政权受唐、宋文化的熏陶，虽创作的小说作品大多较为粗糙，但仍有沧海遗珠。金人元好问以诗歌的形式创作了著名的诗论作品《论诗三十首》，对建安以来的诗人进行了评述。金人董解元对唐人元稹的《莺莺传》做了积极的改造，创作了《西厢记诸宫调》，成为时下说唱文学的最高成就，同时为元代王实甫《西厢记》的创作奠定了基础。

二、元代文学

元代历时不长，从忽必烈统一全国到灭亡，仅存 90 余年。和前代文学相比，这一时期的文学，整体发展相对衰微，仅戏曲成就突出，即与唐诗、宋词并称的元曲。

元曲包括杂剧与散曲。散曲是一种合乐歌唱的新诗歌样式，主要形式有小令和套数两种。小令篇幅短小、语言精练，是散曲的基本单位，相当于单调的词，通常被称作"只曲"，代表作有马致远《天净沙·秋思》、张养浩《山坡羊·潼关怀古》。套数又叫套曲或散套，是由两支及以上宫调相同的只曲连缀而成的组曲。

杂剧兴盛于北方，是融合音乐、歌舞、道白等各种表演形式的一种综合性舞台艺术，其结构通常是一本四折加一个契子，多本连演是特殊情况。契子一般在开头，相当于序幕，也有放于折与折之间，相当于过场。杂剧的剧本，由韵文（唱词）和散体（宾白）组成。剧中角色主要有旦、末、净、丑：旦是女角，女主角为正旦；末是男角，男主角为正末；净大多为男角，扮演刚强或凶恶类人物；丑扮演滑稽人物。

杂剧作家众多、佳作迭出，"元曲四大家"及代表作为关汉卿《窦娥冤》《救风尘》《拜月亭》、郑光祖《倩女离魂》、白朴《墙头马上》《梧桐雨》、马致远《汉宫秋》。此外，王实甫的《西厢记》和纪君祥的《赵氏孤儿》也是十分优秀的元杂剧作品。其中，《拜月亭》《西厢记》《墙头马上》《倩女离魂》被称为"元曲四大爱情剧"；《窦娥冤》《梧桐雨》《汉宫秋》《赵氏孤儿》被称为"元曲四大悲剧"。

杂剧发展至元代末期已呈颓势，流行于南方的戏曲形式"南戏"开始兴盛。因南戏起源于浙江温州一代，故又称之为"温州杂剧"或"永嘉杂剧"。高明的《琵琶记》是南戏的集大成者。

第六单元

社 会 百 态

　　人间百态，就像一面多棱镜，每一面都折射出生命独特的光影。从古至今，无论是战火纷飞的乱世，还是平静生活中的悲欢离合，文学始终以其细腻而深刻的笔触，记录着社会的脉动与人性的温度，成为时代最真挚的见证者。

　　读《蒿里行》，仿佛置身于战乱的硝烟中，目睹生灵涂炭的惨烈，感受乱世中的无奈与悲凉；品《羌村三首》，好像能听见战后老百姓的叹息，体会到老百姓对和平的深切渴望；观《牡丹亭》，既看封建礼教的枷锁如何禁锢个体情感，又看剧中主角如何在情感的挣扎与追求中显露出人性的光芒；话《聊斋志异·书痴》，在奇幻的笔法中描摹书生执着的背影，体会命运的无常与捉弄；览《金锁记》，则让人直面物质欲望对人性的侵蚀与扭曲，感叹在欲望深渊中人性的挣扎与失落。

　　这些作品跨越时代，却在不同的历史背景中，传递着相似的人性关怀与社会洞察。让我们在这些文字中，感受文学对社会百态的深刻记录，体悟人性在时代洪流中的挣扎与坚忍。

1 蒿 里 行^[1]

曹 操

曹操（155—220），字孟德，一名吉利，小名阿瞒，一说本姓夏侯，沛国谯县（今安徽省亳州市）人。中国古代杰出的政治家、军事家、文学家、书法家、诗人。曹操的诗歌绝少华美的辞藻，而是大气磅礴，开创了建安文学的新局面。脍炙人口的"老骥伏枥，志在千里；烈士暮年，壮心不已"成为流传千古的名句，展现了一种积极进取的人生态度。

关东^[2] 有义士^[3]，兴兵讨群凶^[4]。
初期会盟津^[5]，乃心在咸阳^[6]。
军合力不齐，踌躇而雁行^[7]。
势利使人争，嗣还^[8] 自相戕^[9]。
淮南弟^[10] 称号^[11]，刻玺^[12] 于北方。
铠甲^[13] 生虮^[14] 虱，万姓以死亡。
白骨露于野，千里无鸡鸣。
生民百遗一，念之断人肠。

【注释】

[1] 蒿里行：汉乐府曲调名，是当时人们送葬时所唱的挽歌。蒿，同"薧"，枯也，人死则枯槁。蒿里，指死人所处之地。

[2] 关东：指函谷关以东之州郡。

[3] 义士：指各州郡起兵讨伐董卓的诸将领。

[4] 群凶：指以董卓为首的西北军阀们。

[5] 盟津：即孟津，在今河南省孟州市南。相传是周武王会盟诸侯伐纣之地。

[6] 乃心在咸阳：指各种义军心向汉王室。

[7] 雁行（háng）：鸿雁的行列。比喻讨董的各路军队都列阵观望，畏缩不前，不愿齐心合力，奋勇杀敌。

[8] 嗣还（xuán）：随即。还，同"旋"。

[9] 戕（qiāng）：残害。

[10] 淮南弟：指袁绍的从弟袁术。

[11] 称号：即称帝，指建安二年（197）袁术在淮南寿春（今安徽省六安市寿县）称帝之事。

大学语文

　　[12] 刻玺：刻皇帝所用的印章，指袁绍在初平二年（191）图谋废黜汉献帝，拥立刘虞为皇帝的事。

　　[13] 铠甲：古代军士打仗时作为护身之用。金属制作的为铠，皮制作的为甲。

　　[14] 蚑：虮子的卵。

【赏析提示】

　　《蒿里行》是一首记述汉末群雄在讨伐董卓后却相互争权、自相残杀的历史画卷的诗歌，真实而深刻地反映了人民的苦难，堪称一幅"汉末实录"。

　　诗歌一开篇，即刻展现了时代背景。通过使用"义士""讨"等词汇，为全篇奠定了激昂慷慨的情感基调。紧接着，作者运用了两个历史典故"周武王代商""孟津会八百诸侯"，以及刘邦、项羽攻入咸阳灭秦，来比喻当时群雄并起、共同讨伐的壮观场面。从"军合力不齐"开始，之后六句诗描绘了联军内部的矛盾、自相残杀、力量分散的状况，表达了作者的悲愤与失望之情。其中，"踌躇""雁行"生动地描绘了各路军队犹豫不决、停滞不前的姿态；"淮南"两句则指袁术在淮南称帝、袁绍在北方刻制玉玺的卑劣行径。最后六句直接描绘了战争的残酷后果。士兵们战死沙场，而百姓更是深受其害。"白骨露于野，千里无鸡鸣"勾勒出一幅荒凉、凄惨的景象。面对这样的惨状，诗人忍不住发出了"念之断人肠"的呼喊，这是诗人对百姓疾苦的深刻同情，也对现实批判的激情达到顶点。

　　这首诗以简洁的笔触，对袁绍等人假借讨伐董卓之名，实则图谋私利、企图自立为王的卑劣行径进行了犀利的揭露和严厉的批判，展现了曹操超凡的胆识和气度。

　　这首诗在叙事上简洁明了，层次清晰，起承转合，环环相扣。全诗风格质朴，沉郁而悲壮，体现了曹操作为政治家、军事家的豪迈气魄和忧患意识。诗中融合了典故、事例、描述等多种手法，既形象生动，又内涵丰富。

【思考探究】

　　（1）结合历史背景，说说《蒿里行》蕴含的思想内涵。

　　（2）钟嵘评曹操之诗："曹公古直，甚有悲凉之句。"请结合本诗的"悲凉之句"分析诗人的情感。

【相关链接】

薤露行

曹操

惟汉二十世，所任诚不良。

沐猴而冠带，知小而谋强。

犹豫不敢断，因狩执君王。

白虹为贯日，己亦先受殃。

贼臣持国柄，杀主灭宇京。

荡覆帝基业，宗庙以燔丧。
播越西迁移，号泣而且行。
瞻彼洛城郭，微子为哀伤。

2 羌村三首

杜甫

　　杜甫（712—770），字子美，祖籍襄阳（今湖北省襄阳市），生于巩县（今河南省巩义市），是西晋名将杜预之后，初唐著名诗人杜审言是杜甫的祖父。杜甫从小接受儒家教育，年轻时漫游吴、越、齐、鲁，35岁赴长安应试不第，此后困居长安10年，生活困顿，仕途失意，历尽辛酸，这一经历也使他看到了盛世背后的黑暗。安史乱起，杜甫被叛军所俘，囚于长安，后逃赴当时肃宗行在凤翔（今陕西省宝鸡市凤翔区），唐肃宗任他为左拾遗，后因耿直谏言惹怒肃宗被贬。这期间，杜甫更为深刻地认识到现实的黑暗、百姓生活的困苦，于是他关注社会民生的情怀更为强烈。唐肃宗乾元二年（759），杜甫弃官，携家入蜀，投奔友人剑南节度使严武。严武猝后，杜甫离开成都寓居夔州（今重庆市奉节县）。唐代宗大历三年（768）出川，两年后病逝于东下的客船上。

　　杜甫一生心系天下、忧国忧民，是我国伟大的现实主义诗人。他所作的诗歌广泛反映了安史之乱前后的社会现实，具有强烈的现实主义精神，他也被誉为"诗史"。杜甫诗歌艺术造诣极高，他以博大精深的内容和丰富多样的表现手法，形成沉郁顿挫的艺术风格，成为中国现实主义诗歌的高峰，被后世尊为"诗圣"。杜甫存诗一千四百多首，有《杜少陵集》。

其一

峥嵘赤云西，日脚下平地[1]。柴门鸟雀噪，归客千里至。
妻孥怪我在[2]，惊定还拭泪。世乱遭飘荡，生还偶然遂[3]。
邻人满墙头，感叹亦歔欷[4]。夜阑更秉烛，相对如梦寐[5]。

其二

晚岁迫偷生，还家少欢趣[6]。娇儿不离膝，畏我复却去[7]。
忆昔好追凉[·8]，故绕池边树。萧萧北风劲，抚事煎百虑[9]。
赖知禾黍收[10]，已觉糟床注[11]。如今足斟酌，且用慰迟暮[12]。

大学语文

138

其三

群鸡正乱叫，客至鸡斗争。驱鸡上树木，始闻叩柴荆[13]。
父老四五人，问[14] 我久远行。手中各有携，倾榼浊复清[15]。
苦辞酒味薄[16]，黍地无人耕。兵革既未息，儿童尽东征[17]。"
请为父老歌，艰难愧深情[18]。歌罢仰天叹，四座泪纵横。

【注释】

[1] "峥嵘"二句：西天布满重峦叠嶂似的红云，阳光透过云脚斜射在地面上。峥嵘，山高峻貌，这里形容高空云阵压来，气氛严峻。赤云，夕阳映照，满天红云。日脚，指透过云缝照射下来的光柱，像是太阳的脚。古人不知地转，以为太阳在走，故有"日脚"的说法。

[2] 妻孥（nú）怪我在：妻子和孩子们没想到我还活着。妻孥，妻子和儿女。怪我在，离乱中，亲人骤然相见时，惊疑、发愣的情景。

[3] 遂：如愿以偿。

[4] 歔（xū）欷（xī）：哽咽、悲泣、叹息之声。

[5] "夜阑"二句：夜很深了，夫妻相对而坐，仿佛是在梦中，不敢相信这都是真的。夜阑，夜深。更，又，再。秉烛，秉，本是执、持的意思，后来以"秉烛"通用为燃烛。相对，夫妻俩对坐着。梦寐，做梦。

[6] "晚岁"二句：晚岁，即老年。杜甫时年仅 45 岁，但饱经忧患，自觉衰老。此时他因耿直谏言惹怒肃宗，被迫还家。当下正经安史之乱，杜甫壮志未酬，却回家过日子，所以有被迫偷生之感，虽还家也"少欢趣"。

[7] "娇儿"二句：写孩子既想亲近父亲，又心生胆怯的情景。不离膝，经常围绕在身边。却去，退下，躲开。畏，是承上句的"少欢趣"而说的。一说，意谓娇儿依偎膝旁，怕我又离家远去。

[8] 追凉：纳凉。

[9] "萧萧"二句：杜甫回来在闰八月，西北早寒，北风刮响树叶，故有此景象。萧萧，兼写落叶。抚事，思量当前国事。煎百虑，受种种忧虑的煎熬。

[10] 赖知禾黍收：幸好知道已经秋收了。赖知，幸而知道。禾黍，泛指黍稷稻麦等粮食作物。

[11] 糟床注：糟床里流出酒来。糟床，酿酒的工具。注，流。

[12] 迟暮：衰老之年。

[13] 柴荆：犹柴门，园子篱笆门。

[14] 问：慰问，即带着礼物去慰问人。

[15] 倾榼（kē）浊复清：从酒器往外倒酒，酒有的清，有的浊。榼，酒器。浊、清，指酒的颜色，浊酒和清酒。

[16] 苦辞酒味薄：因酒味薄而表示歉意。苦辞，一再地说。苦，一作"莫"，莫辞酒味薄，是说不要因为酒味薄而辞谢不受。

[17]"黍地"三句：陈述"酒味薄"的原因。兵革，兵是兵器，革是皮革做的甲，兵革引申为战争。儿童，父老们称壮丁之词。

[18]艰难愧深情：指这酒得来不易，味虽薄而情则深，使受者感激惭愧。

【赏析提示】

这首诗写于唐肃宗至德二年（757）秋。这年二月，唐肃宗朝廷出逃凤翔，四月，杜甫由长安逃至凤翔，五月授左拾遗。宰相房琯因事获罪，杜甫上书直言，为其辩驳，触怒肃宗而被迫离开朝廷。闰八月，诗人离开凤翔回鄜州羌村探望家小。

这组诗篇幅不大而却含蓄深沉，每章既能独立成篇，又相互联结，构成完整的统一体。第一首写初见家人时的情景，是组诗的总起。第二首写还家后内心的感慨，先叙还家后的事，上承"妻孥"句；后说到"偷生"，又下启"艰难愧深情"意。第三首写邻人的交往，上承第一首诗的"邻人"句；写斟酒，则承第二首诗的"如今足斟酌"意；最终以忧国忧民、伤时念乱结束全诗，凸显主题。

在这组诗中，诗人通过白描的方式，以平易的语言勾勒出具有典型意义的人物（"归客""妻孥""邻人"）、事件（普通家庭在战乱中的遭遇）、场景（妻孥惊拭泪、邻人满墙头、娇儿近又怯等）或心理（"偶然遂""迫偷生""少欢趣"等），高度概括并反映了社会生活。在这个场景的展开中，妻儿惊喜交加、归客悲喜交织、邻人歔欷同情、诗人内心沉重等强烈的情感自然流之笔端。这种通过平易的语言、凝练的诗意及和谐的音韵，将真实的客观叙述与强烈的主观抒情融为一体的表达方式，让杜诗呈现出强烈的"诗史"特征。

【思考探究】

（1）请结合相关诗句，分析《羌村三首·其一》中不同人物的不同心理状态。

（2）以小见大就是"随拈一事而诸事皆在其中"，在古代诗文中，常常运用这种手法来表现世事变幻、时代兴衰。请分析这组诗中是如何运用"以小见大"手法的？达到了什么目的？

【相关链接】

兵车行

杜　甫

车辚辚，马萧萧，行人弓箭各在腰。
耶娘妻子走相送，尘埃不见咸阳桥。
牵衣顿足拦道哭，哭声直上干云霄。
道旁过者问行人，行人但云点行频。
或从十五北防河，便至四十西营田。
去时里正与裹头，归来头白还戍边。
边庭流血成海水，武皇开边意未已。

君不闻汉家山东二百州，千村万落生荆杞。

纵有健妇把锄犁，禾生陇亩无东西。

况复秦兵耐苦战，被驱不异犬与鸡。

长者虽有问，役夫敢申恨？

且如今年冬，未休关西卒。

县官急索租，租税从何出？

信知生男恶，反是生女好。

生女犹得嫁比邻，生男埋没随百草！

君不见，青海头，古来白骨无人收。

新鬼烦冤旧鬼哭，天阴雨湿声啾啾。

3 牡丹亭·游园

汤显祖

    汤显祖（1550—1616），字义仍，号海若、若士、清远道人，临川（今江西省抚州市）人，明代戏曲家、文学家。汤显祖出身书香门第，早有才名，不仅于古文诗词颇精，而且能通天文地理、医药卜筮诸书。33岁中进士，先后任太常寺博士、詹事府主簿和礼部祠祭司主事等职。

    在汤显祖多方面的成就中，以戏曲创作为最，被誉为"中国戏圣"和"东方莎士比亚"，其戏剧作品《牡丹亭还魂记》（即《牡丹亭》）、《紫钗记》、《南柯记》和《邯郸记》合称"临川四梦"，其中《牡丹亭》是他的代表作。《牡丹亭》作为中国戏曲史上杰出的作品之一，与《西厢记》《桃花扇》《长生殿》合称中国四大古典戏剧。

【绕池游】（旦上）梦回莺啭，乱煞年光遍。人立小庭深院。（贴）炷尽沉烟，抛残绣线，恁今春关情似去年？

【乌夜啼】（旦）晓来望断梅关，宿妆残。（贴）你侧着宜春髻子，恰凭栏。（旦）剪不断，理还乱，闷无端。（贴）已分付催花莺燕借春看。（旦）春香，可曾叫人扫除花径？（贴）分付了。（旦）取镜台衣服来。（贴取镜台衣服上）"云髻罢梳还对镜，罗衣欲换更添香。"镜台衣服在此。

【步步娇】（旦）袅晴丝，吹来闲庭院，摇漾春如线，停半晌、整花钿。没揣菱花，偷人半面，迤逗的彩云偏。（行介）步香闺怎便把全身现！（贴）今日穿插的好。

【醉扶归】（旦）你道翠生生出落的裙衫儿茜，艳晶晶花簪八宝填，可知我常一生儿爱好是天然。恰三春好处无人见。不提防沉鱼落雁鸟惊喧，则怕的羞花闭月花愁颤。（贴）早茶时了，请行。（行介）你看："画廊金粉半零星，池馆苍苔一片青。踏草怕泥新绣袜，惜花疼煞小金铃。"（旦）不到园林，怎知春色如许！

【皂罗袍】原来姹紫嫣红[1] 开遍，似这般都付与断井颓垣[2]。良辰美景奈何天，赏心乐事谁家院[3]！恁般景致，我老爷和奶奶，再不提起。（合）朝飞暮卷[4]，云霞翠轩[5]；雨丝风片，烟波画船。——锦屏人忒看的这韶光贱[6]！（贴）是[7] 花都放了，那牡丹还早。

【好姐姐】（旦）遍青山啼红了杜鹃[8]，茶蘼外烟丝醉软[9]。春香呵，牡丹虽好，他春归怎占的先[10]！（贴）成对儿莺燕呵。（合）闲凝眄[11]，生生燕语明如翦[12]，呖呖莺歌溜的圆[13]。（旦）去罢！（贴）这园子，委是观之不足[14] 也。（旦）提他怎的！（行介）

【隔尾】观之不足由他缱[15]，便赏遍了十二亭台[16] 是枉然。到不如兴尽回家闲过遣[17]。

（作到介）（贴）"开我西阁门，展我东阁床。瓶插映山紫，炉添沉水香。"小姐，你歇息片时，俺瞧老夫人去也。（下）

【注释】

[1] 姹紫嫣红：形容花色鲜艳，万紫千红。

[2] 断井颓（tuí）垣（yuán）：废井塌墙。形容庭院破败。

[3] "良辰"二句：用谢灵运《拟魏太子邺中集诗》"天下良辰美景，赏心乐事，四者难并"的句意。意思是大好春光、美丽景色无人欣赏，有负苍天，这令人心旷神怡、赏心悦目的事又在哪一家呢？

[4] 朝飞暮卷：唐王勃《滕王阁序》："画栋朝飞南浦云，朱帘暮卷西山雨。"此用其典，借指朝云暮雨。连同以下三句，是杜丽娘想象中更加开阔的春天美景。

[5] 云霞翠轩：云彩和霞光笼罩着华丽的楼阁亭台。

[6] "锦屏"句：长期幽居深闺中的女子太辜负了这美好的春光。锦屏人，指隔绝在锦绣屏风里的人，即深闺中人。忒，太。韶光，美好的春光。

[7] 是：所有的。

[8] 啼红了杜鹃：以杜鹃啼血来比喻开遍了红艳艳的杜鹃花。

[9] "茶蘼（tú mí）"句：描绘了一幅绚烂而略带哀愁的自然景象。茶蘼，一种晚春时开白花的小灌木。烟丝醉软，形容柳丝柔弱多姿。烟丝，柳丝。一说游丝，亦通。

[10] "牡丹虽好"二句：牡丹虽美，但花开太迟，怎能占春花之先呢？这是表现杜丽娘对虚度芳春的怨怅。

[11] 凝眄（miǎn）：注视。

[12] "生生"句：燕子柔美的叫声明快而又清脆。生生，形容燕叫声。明，明快。翦，同"剪"，形容燕语的清脆。

[13] "呖（lì）呖"句：黄莺流啭的歌声圆润婉转。呖呖，黄莺的叫声。溜的园，叫声圆润婉转。

[14] 委是观之不足：实在是看不够。委，确实。

[15] 缱（qiǎn）：留恋。

[16] 十二亭台：代指园中一切景物，非确指。

[17] 过遣：消磨时光。

【赏析提示】

《牡丹亭》通过杜丽娘和柳梦梅离奇的爱情故事，精心塑造了杜丽娘这位敢于背叛封建礼教，大胆追求婚姻自主与自由幸福的典型形象，细腻地描写了她在现实生活中的悲剧命运和在理想世界中的喜剧结局的全过程，歌颂了在中国资本主义萌芽时期，青年一代反抗封建礼教，要求个性解放，追求自由爱情生活所作的不屈不挠的斗争，揭露了封建礼教对青年男女精神上的迫害与虐杀，以及封建统治阶级家庭关系的冷酷和虚伪。

本篇节选的是《牡丹亭》"游园"部分。"游园"部分主要写杜丽娘由游园而思春的具体情景，由六支曲子组成。前三支曲写杜丽娘游园前，从晨起到梳妆的心理活动，把她向往大自然、珍惜青春年华，但又因初出闺阁而感到娇羞犹疑的微妙心理刻画得入木三分，感情回旋跌宕，体现出一个贵族小姐的自我欣赏和幽居深闺的抱怨情绪。后三支曲是游园时的唱段，抒发杜丽娘在游园时伤春的情感，通过女主人公之口描绘出一幅动人的春景，同时把人物的惊叹、伤感自然而然地糅杂在其中。游园原是为了消愁解闷，不料是越游越愁闷。游园唤起了杜丽娘青春的觉醒，为下面的惊梦做了感情上的铺垫。

由于杜丽娘是生活在程朱理学和封建礼法桎梏人心的时代，因而表现她在深闺孤寂中对爱的追求和青春的觉醒，具有鲜明的时代特征，在广大被压抑的女性心中能引起强烈的共鸣。"惊梦"在艺术表现手法上具有显著的特点，将写景、抒情和刻画人物的心理活动融为一体，景中寓情，情中有景，水乳交融，而春情与春景的结合更是天衣无缝，含蓄委婉。通过景物描写，使环境与人物心境互相映衬，形成了充满诗情画意的动人情景。

【思考探究】

（1）《牡丹亭》表现出作者怎样的思想情感？

（2）分析《牡丹亭·游园》的艺术特色。

【相关链接】

木兰花·拟古决绝词柬友

纳兰性德

人生若只如初见，何事秋风悲画扇。

等闲变却故人心，却道故人心易变。

骊山语罢清宵半，泪雨霖铃终不怨。

何如薄幸锦衣郎，比翼连枝当日愿。

4　聊斋志异·书痴

蒲松龄

　　蒲松龄（1640—1715），字留仙，又字剑臣，别号柳泉居士，济南府淄川（今山东省淄博市）人，清代文学家。蒲松龄出身于没落地主兼商人家庭，一生热衷科举，却始终不得志，71岁时才援例补为贡生，因此对科举制度的不合理深有感触。他一生绝大部分时间在当私塾先生，位卑家贫，靠舌耕笔耘度日。穷困潦倒的生活和怀才不遇的境况，使他的内心充满了孤愤与不平。

　　《聊斋志异》这部文言短篇小说集内容丰富，涵括短篇小说四百九十一篇，触及了广泛的社会生活，其中的故事虽多采自民间传说和野史轶闻，将花妖狐魅和幽冥世界的事物人格化、社会化，但其核心思想在于揭露社会政治的黑暗、科举制度的弊端、封建礼教和婚姻制度的问题，以及歌颂纯真的爱情，充分表达了作者的爱憎感情和美好理想。这部作品集被誉为我国古代文言短篇小说的最高成就，蒲松龄也因此被称为"聊斋先生"。

　　彭城[1]　郎玉柱，其先世官至太守，居官廉，得俸不治生产，积书盈屋。至玉柱尤痴。家苦贫，无物不鬻，惟父藏书，一卷不忍置[2]。父在时，曾书《劝学篇》[3]黏其座右[4]，郎日讽诵。又幛以素纱，惟恐磨灭。非为干禄[5]，实信书中真有金粟[6]。昼夜研读，无问寒暑。年二十余，不求婚配，冀卷中丽人自至。见宾亲不知温凉[7]，三数语后，则诵声大作，客逡巡自去。每文宗临试[8]，辄首拔之[9]，而苦不得售[10]。

　　一日，方读，忽大风飘卷去。急逐之，踏地陷足。探之，穴有腐草；掘之，乃古人窖粟，朽败已成粪土。虽不可食，而益信"千钟"之说[11]不妄，读益力。一日，梯登高架，于乱卷中得金辇[12]径尺，大喜，以为"金屋"之验[13]。出以示人，则镀金而非真金。心窃怨古人之诳己也。居无何，有父同年，观察是道[14]，性好佛。或劝郎献辇为佛龛[15]。观察大悦，赠金三百、马二匹。郎喜，以为金屋、车马[16]皆有验，因益刻苦。然行年已三十矣，或劝其娶，曰："'书中自有颜如玉'，我何忧无美妻乎？"又读二三年，迄无效，人咸揶揄之。时民间讹言：天上织女私逃。或戏郎："天孙[17]窃奔，盖为君也。"郎知其戏，置不辩。

　　一夕，读《汉书》至八卷，卷将半，见纱翦美人夹藏其中[18]。骇曰："书中颜如玉，其以此验之耶？"心怅然自失。而细视美人，眉目如生，背隐隐有细字云"织女。"大异之。日置卷上，反复瞻玩，至忘食寝。一日，方注目间，美人忽折腰起，坐卷上微笑。郎惊绝，伏拜案下。既起，已盈尺矣。益骇，又叩之。下几亭亭[19]，宛然绝代之姝。拜问："何神？"美人笑曰："妾颜氏，字如玉，君固相知已久。日垂青盼[20]，脱[21]不一至，恐千载下无复有笃信古人者。"郎喜，遂与寝处。然枕席间亲爱倍至，而不知为人[22]。每读，必使女坐其侧。女戒勿读，不听。女曰："君所以不能腾达者，

徒以读耳。试观春秋榜[23]上，读如君者几人？若不听，妾行去矣。"郎暂从之。少顷忘其教，吟诵复起。逾刻索女，不知所在。神志丧失，嘱而祷之，殊无影迹。忽忆女所隐处，取《汉书》细检之，直至旧处，果得之。呼之不动，伏以哀祝，女乃下曰："君再不听，当相永绝！"因使治棋枰、樗蒲之具[24]，日与遨戏。而郎意殊不属，觇女不在，则窃卷流览。恐为女觉，阴取《汉书》第八卷，杂溷[25]他所以迷之。一日，读酣[26]，女至竟不之觉；忽睹之，急掩卷，而女已亡矣。大惧，冥搜诸卷，渺不可得；既，仍于《汉书》八卷中得之，叶数不爽。因再拜祝，矢不复读。

女乃下，与之弈，曰："三日不工[27]，当复去。"至三日，忽一局赢女二子。女乃喜，授以弦索[28]，限五日工一曲。郎手营目注[29]，无暇他及；久之，随手应节，不觉鼓舞。女乃日与饮博，郎遂乐而忘读，女又纵之出门，使结客，由此倜傥之名暴著。女曰："子可以出而试矣。"郎一夜谓女曰："凡人男女同居则生子，今与卿居久，何不然也？"女笑曰："君日读书，妾固谓无益。今即夫妇一章[30]，尚未了悟，枕席二字有工夫。"郎惊问："何工？"女笑不言。少间潜迎就之。郎乐极曰："我不意夫妇之乐，有不可言传者。"于是逢人辄道，无有不掩口者。女知而责之。郎曰："钻穴逾隙者始不可以告人，天伦之乐[31]，人所皆有，何讳焉？"过八九月，女果举一男，买媪抚字[32]之。

一日，谓郎曰："妾从君二年，业生子，可以别矣。久恐为君祸，悔之已晚。"郎闻言，泣下，伏不起；曰："卿不念呱呱者耶？"女亦惨然，良久曰："必欲妾留，当举架上书尽散之。"郎曰："此卿故乡，乃仆性命，何出此言！"女不之强，曰："妾亦知其有数，不得不预告耳。"先是，亲族或窥见女，无不骇绝，而又未闻其缔姻何家，共诘之。郎不能作伪语，但默不言。人益疑，邮传[33]几遍，闻于邑宰史公。史，闽人，少年进士。闻声倾动，窃欲一睹丽容，因而拘郎及女。女闻知遁匿无迹。宰怒，收郎，斥革衣衿[34]，桎梏备加，务得女所自往。郎垂死无一言。械其婢，略得道其仿佛[35]。宰以为妖，命驾亲临其家。见书卷盈屋，多不胜搜，乃焚之庭中，烟结不散，暝若阴霾。

郎既释，远求父门人书，得从辨复[36]。是年秋捷，次年举进士。而衔恨切于骨髓。为颜如玉之位[37]，朝夕而祝曰："卿如有灵，当佑我官于闽。"后果以直指巡闽[38]。居三月，访史恶款[39]，籍其家。时有中表为司理[40]，逼纳爱妾，托言买婢寄署中。案既结，郎即日自劾[41]，取妾而归。

异史氏曰："天下之物，积[42]则招妒，好则生魔。女之妖，书之魔也。事近怪诞，治之未为不可。而祖龙之虐[43]不已惨乎！其存心之私，更宜得怨毒之报也。呜呼！何怪哉！"

【注释】

[1] 彭城：古县名，今江苏省徐州市。

[2] 置：弃置。

[3] 《劝学篇》：指宋真宗赵恒所作的《劝学诗》。文曰："富家不用买良田，书中自有千钟粟。安居不用架高堂，书中自有黄金屋。出门莫恨无人随，书中车马多如簇。娶妻莫恨无良媒，书中自有颜如玉。男儿欲遂平生志，六经勤向窗前读。"

［4］黏其座右：意谓当作座右铭，以鞭策自己。

［5］干禄：求取禄位。干，求取。

［6］金粟：指《劝学诗》中所说的"黄金屋""千钟粟"。

［7］不知温凉：不知话温凉，谓不解应酬。温凉，犹言"寒暄"。

［8］文宗临试：学使按临考试。文宗，明清对各省提督学政的尊称。学政按期至所属府县巡回考试，称"案临"，意在考查生员的学业。

［9］首拔之：此指岁试或科试选拔为第一。

［10］不得售：此指乡试不中。

［11］"千钟"之说：指《劝学诗》中"书中自有千钟粟"之说。钟，古代的量器，十釜为一钟，可容六斛四斗。

［12］金辇（niǎn）：人力拉挽的饰金之车。秦汉以后专指帝王的车子。

［13］以为"金屋"之验：当作"书中自有黄金屋"的验证。辇车车盖如屋，故当作"金屋之验"。

［14］观察是道：做彭城这个地方的观察使。清代一省分为数道，于藩、臬之下，设使守巡各道。"观察"则为守巡各道者的专称。

［15］佛龛（kān）：供奉神像的小屋。

［16］车马：指"书中车马多如簇"之说。

［17］天孙：指织女。

［18］"读《汉书》至八卷"三句：《汉书》卷八《宣帝纪》："（宣帝地节四年）夏五月，诏曰：'父子之亲，夫妇之道，天性也。虽有患祸，犹蒙死而存之。诚爱结于心，仁厚之至也，岂能违之哉！'"就本文情节而言，盖取义于冒死而存夫妇之道，忠诚于"颜如玉"。

［19］亭亭：耸立的样子。这里是站立的意思。

［20］日垂青盼：天天承蒙喜爱。《晋书·阮籍传》：阮籍能为青白眼，对自己所喜欢的以青眼（黑眼珠）视之。后世遂以"青盼""垂青"，表示对人的喜爱。

［21］脱：假如。

［22］为人：指性生活。

［23］春秋榜：春榜和秋榜。春榜，指春试考中进士之榜。秋榜，指秋试考中举人之榜。

［24］樗（chū）蒲之具：泛指赌具。樗蒲，古博戏的一种。

［25］溷：同"混"。

［26］读酣：读兴正浓。

［27］工：精通。

［28］弦索：指弦乐。

［29］手营目注：谓手眼并用，意趣专注。营，操作。

［30］夫妇一章：泛指经书中论述夫妇之道的章节。如《周易·序卦传》："有天地然后有万物。有万物然后有男女。有男女然后有夫妇。有夫妇然后有父子。有父子然后有君臣。"

大学语文

[31] 天伦之乐：这里指夫妇乐趣。天伦，指父子、兄弟、夫妇等天然亲属关系。

[32] 抚字：抚育。字，养育。

[33] 邮传：旧时传递文书的驿站。这里指传播各地。

[34] 斥革衣衿：褫夺生员衣冠。指取消生员资格。斥革，同"褫革"。

[35] 道其仿佛：说出其事的大致情况。仿佛，不太真切。

[36] 得从辨复：申辩恢复功名的请求得到批准。辨复，向上级官府申诉理由，请求恢复职务或功名。

[37] 位：牌位，灵位。

[38] 以直指巡闽：谓以御史衔巡察福建。

[39] 恶款：作恶的条款。

[40] 司理：主管司法的州官。

[41] 自劾：上疏自陈过错，请求免职。劾，弹劾，揭发罪过。

[42] 积：积聚，聚敛。

[43] 祖龙之虐：指秦始皇焚书坑儒的暴政。喻指邑宰尽焚郎生之藏书。祖龙，秦人对秦始皇的代称。

【赏析提示】

《聊斋志异》简称《聊斋》，俗名《鬼狐传》。"聊斋"是蒲松龄书斋的名称，"志"是记述的意思，"异"指奇异的故事，所以《聊斋志异》的意思是在书房里记录奇异的故事。本文就记录了书生郎玉柱和书妖颜如玉之间的奇异爱情故事。

郎玉柱是一个苦读书、死读书的读书人，读到如痴如醉、不通人情。后来，他在书中偶然发现一张用薄纱剪成的美人，薄纱美人幻化成一位亭亭玉立的绝代仙姝，自称"颜如玉"。两人郎情妾意，遂成好事。颜如玉反对郎玉柱读书，教他男女枕席之事，并时时陪伴郎玉柱弹琴、下棋，待其琴技、棋艺提高后，又鼓励他出门结交朋友。郎玉柱的"痴病"逐渐得到了消愈。然好事不长，县令为一己之私，以"书妖"为借口，将颜如玉并一屋书焚之干净。郎玉柱发奋考取进士，当上了御史巡视福建，他调查了县令的劣迹，查抄了县令的家。县令的案子完结后，郎玉柱辞官而归。

本文看似描写人与妖之间的浪漫爱情故事，但实际上是对教育的深思。郎玉柱嗜书如命，把学知识当成读书的唯一目的，错误地把知识和学问画上了等号，殊不知"世事洞明皆学问，人情练达即文章"。有学问绝不是狭义层面上的学识好，更深层次的含义是做好人、做对事。

【思考探究】

（1）小说中二人生子后，颜如玉为何心生去意，并提出"必欲妾留，当举架上书尽散之"？

（2）如何理解知识和学问的异同？

（3）请思考这篇小说给我们留下的启示。

【相关链接】

论读书

（英）培根

读书足以怡情，足以博采，足以长才。其怡情也，最见于独处幽居之时；其博采也，最见于高谈阔论之中；其长才也，最见于处世判事之际。练达之士虽能分别处理细事或一一判别枝节，然纵观统筹，全局策划，则舍好学深思者莫属。读书费时过多易惰，文采藻饰太盛则矫，全凭条文断事乃学究故态。读书补天然之不足，经验又补读书之不足，盖天生才干犹如自然花草，读书然后知如何修剪移接；而书中所示，如不以经验范之，则又大而无当。狡黠者鄙读书，无知者羡读书，唯明智之士用读书，然书并不以能用处告人，用书之智不在书中，而在书外，全凭观察得之。读书时不可存心诘难作者，不可尽信书上所言，亦不可只为寻章摘句，而应推敲细思。书有可浅尝者，有可吞食者，少数则须咀嚼消化。换言之，有只须读其部分者，有只须大体涉猎者，少数则须全读，读时须全神贯注，孜孜不倦。书亦可请人代读，取其所作摘要，但只限题材较次或价值不高者，否则书经提炼犹如水经蒸馏，淡而无味矣。

读书使人充实，讨论使人机智，作文使人准确。因此不常作文者须记忆特强，不常讨论者须天生聪颖，不常读书者须欺世有术，始能无知而显有知。读史使人明智，读诗使人灵秀，数学使人周密，科学使人深刻，伦理学使人庄重，逻辑修辞之学使人善辩：凡有所学，皆成性格。人之才智但有滞碍，无不可读适当之书使之顺畅，一如身体白病，皆可借相宜之运动除之。滚球利睾肾，射箭利胸肺，慢步利肠胃，骑术利头脑，诸如此类。如智力不集中，可令读数学，盖演题须全神贯注，稍有分散即须重演；如不能辨异，可令读经院哲学，盖是辈皆吹毛求疵之人；如不善求同，不善以一物阐证另一物，可令读律师之案卷。如此头脑中凡有缺陷，皆有特药可医。

5　金锁记（节选）

张爱玲

张爱玲（1920—1995），原名张煐侥，又名煐，笔名梁京，中国现代女作家。张爱玲出身名门，是晚清重臣李鸿章的重外孙女。张爱玲的父亲是典型的晚清遗老，崇尚传统文化；母亲则是留过洋的新女性，崇尚西方文明。张爱玲就是在传统文化与现代文化不断碰撞与兼容的家庭环境中长大。她的文学素养中西驳杂，小说创作采用了现代小说的体式，又继承传统的章回小说体例，使她的作品具有雅俗融合的特征。张爱玲一生创作了大量文学作品，代表作品有《金锁记》《倾城之恋》《半生缘》等。

大学语文

　　七巧带着儿子长白、女儿长安另租了一幢屋子住下了，和姜家各房很少来往。隔了几个月，姜季泽忽然上门来了。老妈子通报上来，七巧怀着鬼胎，想着分家的那一天得罪了他，不知他有什么手段对付。可是兵来将挡，她凭什么要怕他？她家常穿着佛青实地纱袄子，特地系上一条玄色铁线纱裙，走下楼来。季泽却是满面春风地站起来问二嫂好，又问白哥儿可是在书房里，安姐儿的湿气可大好了。七巧心里便疑惑他是来借钱的，加意防备着，坐下笑道："三弟你近来又发福了。"季泽笑道："看我像一点儿心事都没有的人。"七巧笑道："有福之人不在忙吗！你一向就是无牵无挂的。"季泽笑道："等我把房子卖了，我还要无牵无挂呢！"七巧道："就是你做了押款的那房子，你还要卖？"季泽道："当初造它的时候，很费了点心思，有许多装置都是自己心爱的，当然不愿意脱手。后来你是知道的，那边地皮值钱了，前年把它翻造了弄堂房子，一家一家收租，跟那些住小家的打交道，我实在嫌麻烦，索性打算卖了它，图个清静。"七巧暗地里说道："口气好大！我是知道你的底细的，你在我跟前充什么阔大爷！"

　　虽然他不向她哭穷，但凡谈到银钱空易，她总觉得有点危险，便岔了开去道："三妹妹好么？腰子病近来发过没有？"季泽笑道："我也有许久没见过她的面了。"七巧道："这是什么话？你们吵了嘴么？"季泽笑道："这些时我们倒也没吵过嘴。不得已在一起说两句话，也是难得的，也没那闲情逸致吵嘴。"七巧道："何至于这样？我就不相信！"季泽两肘撑在藤椅的扶手上，交叉着十指，手搭凉棚，影子落在眼睛上，深深地唉了一声。七巧笑道："没有别的，要不就是你在外头玩得太厉害了。自己做错了事，还唉声叹气的仿佛谁害了你似的。你们姜家就没有一个好人！"说着，举起白团扇，作势要打。季泽把那交叉着的十指往下移了一移，两只大拇指按在嘴唇上，两只食指缓缓抚摸着鼻梁，露出一双水汪汪的眼睛来。那眼珠却是水仙花缸底的黑石子，上面汪着水，下面冷冷的没有表情。看不出他在想什么。七巧道："我非打你不可！"季泽的眼睛里突然冒出一点笑泡儿，道："你打，你打！"七巧待要打，又掣回手去，重新一鼓作气道："我真打！"抬高了手，一扇子劈下来，又在半空中停住了，吃吃笑将起来，季泽带笑将肩膀耸了一耸，凑了上去道："你倒是打我一下罢！害得我浑身骨头痒痒着，不得劲儿！"七巧把扇子向背后一藏，越发笑得格格的。

　　季泽把椅子换了个方向，面朝墙坐着，人向椅背上一靠，双手蒙住了眼睛，又是长长地叹了口气。七巧啃着扇子柄，斜睨着他道："你今儿是怎么了？受了暑吗？"季泽道："你哪里知道？"半晌，他低低的一个字一个字说道："你知道我为什么跟家里的那个不好，为什么我拼命地在外头玩，把产业都败光了？你知道这都是为了谁？"七巧不知不觉有些胆寒，走得远远的，倚在炉台上，脸色慢慢地变了。季泽跟了过来。七巧垂着头，肘弯撑在炉台上，手里擎着团扇，扇子上的杏黄穗子顺着她的额角拖下来。季泽在她对面站住了，小声道："二嫂！……七巧！"

　　七巧背过脸去淡淡笑道："我要相信你才怪呢！"季泽便也走开了，道："不错。你怎么能够相信我？自从你到我家来，我在家一刻也待不住，只想出去。你没来的时候我并没有那么荒唐过，后来那都是为了躲你。娶了兰仙来，我更玩得凶了，为了躲你之外又要躲她。见了你，说不了两句话我就要发脾气——你哪儿知道我心里的苦楚？你对我好，我心里更难受——我得管着我自己——我不能平白的坑坏了你，家里人多眼杂，让人知道了，我是个男子汉，还不打紧。你可了不得！"七巧的手直打颤，扇柄上的杏黄须子在她额上苏苏摩擦着。季泽道："你信也罢，不信也罢！信了又怎样？横竖我们半辈子已经过去了，说也是白说。我只求你原谅我这一片心。我为你吃了这些苦，也就不算冤枉了。"

七巧低着头，沐浴在光辉里，细细的音乐，细细的喜悦……这些年了，她跟他捉迷藏似的，只是近不得身，原来还有今天！可不是，这半辈子已经完了——花一般的年纪已经过去了。人生就是这样的错综复杂，不讲理。当初她为什么嫁到姜家来？为了钱么？不是的，为了要遇见季泽，为了命中注定她要和季泽相爱。她微微抬起脸来，季泽立在她跟前，两手合在她扇子上，面颊贴在她扇子上。他也老了十年了，然而人究竟还是那个人呵！他难道是哄她么？他想她的钱——她卖掉她的一生换来的几个钱？仅仅这一转念便使她暴怒起来。就算她错怪了他，他为她吃的苦抵得过她为他吃的苦么？好容易她死了心了，他又来撩拨她，她恨他。他还在看着她。他的眼睛——虽然隔了十年，人还是那个人呵！就算他是骗她的，迟一点儿发现不好么？即使明知是骗人的，他太会演戏了，也跟真的差不多罢？

不行！她不能有把柄落在这厮手里。姜家的人是厉害的，她的钱只怕保不住。她得先证明他是真心不是。七巧定了一定神，向门外瞧了一瞧，轻轻惊叫道："有人！"便三脚两步赶出门去，到下房里吩咐潘妈替三爷弄点心去，快些端了来，顺便带把芭蕉扇进来替三爷打扇。七巧回到屋里来，故意皱着眉道："真可恶，老妈子在门口探头探脑的，见了我抹过头去就跑，被我赶上去喝住了。若是关上了门说两句话，指不定造出什么谣言来呢！饶是独门独户住了，还没个清净。"潘妈送了点心与酸梅汤进来，七巧亲自拿筷子替季泽拣掉了蜜层糕上的玫瑰与青梅，道："我记得你是不爱吃红绿丝的。"有人在跟前，季泽不便说什么，只是微笑。七巧似乎没话找话说似的，问道："你卖房子，接洽得怎样了？"季泽一面吃，一面答道："有人出八万五，我还没打定主意呢。"七巧沉吟道："地段倒是好的。"季泽道："谁都不赞成我脱手，说还要涨呢。"七巧又问了些详细情形，便道："可惜我手头没有这一笔现款，不然我倒想买。"季泽道："其实呢，我这房子倒不急，倒是咱们乡下你那些田，早早脱手的好。自从改了民国，接二连三的打仗，何有一年闲过？把地面上糟蹋得不成样子，中间还被收租的、师爷、地头蛇一层一层勒掯着，莫说这两年不是水就是旱，就遇着了丰年，也没有多少进账轮到我们头上。"七巧寻思着，道："我也盘算过来，一直挨着没有办。先晓得把它卖了，这会子想买房子，也不至于钱不凑手了。"季泽道："你那田要卖趁现在就得卖，听说直鲁又要开仗了。"七巧道："急切间你叫我卖给谁去？"季泽顿了一顿道："我去替你打听打听，也成。"七巧耸了耸眉毛笑道："得了，你那些狐群狗党里头，又有谁是靠得住的？"季泽把咬开的饺子在小碟子里蘸了点醋，闲闲说出两个靠得住的人名，七巧便认真仔细盘问他起来，他果然回答得有条不紊，显然他是筹之已熟的。

七巧虽是笑吟吟的，嘴里发干，上嘴唇黏在牙仁上，放不下来。她端起盖碗来吸了一口茶，舐了舐嘴唇，突然把脸一沉，跳起身来，将手里的扇子向季泽头上滴溜溜掷过去，季泽向左偏了一偏，那团扇敲在他肩膀上，打翻了玻璃杯，酸梅汤淋淋漓漓溅了他一身。七巧骂道："你要我卖了田去买你的房子？你要我卖田？钱一经你的手，还有得说么？你哄我——你拿那样的话来哄我——你拿我当傻子——"她隔着一张桌子探身过去打他，然而她被潘妈下死劲抱住了。潘妈叫唤起来，祥云等人都奔了来，七手八脚按住了她，七嘴八舌求告着。七巧一头挣扎，一头叱喝着，然而她的一颗心直往下坠——她很明白她这举动太蠢——太蠢——她在这儿丢人出丑。

季泽脱下了他那湿濡的白香云纱长衫，潘妈绞了手巾来代他揩擦，他理也不理，把衣服夹在手臂上，竟自扬长出门去了，临行的时候向祥云道："等白哥儿下了学，叫他替他母亲请个医生来看看。"祥云吓糊涂了，连声答应着，被七巧兜脸给她一个耳刮子。

季泽走了。丫头老妈子也都给七巧骂跑了。酸梅汤沿着桌子一滴一滴朝下滴，像迟迟的夜漏——一滴，一滴……一更，二更……一年，一百年。真长，这寂寂的一刹那。七巧扶着头站着，倏地掉转身来上楼去，提着裙子，性急慌忙，跌跌绊绊，不住地撞到那阴暗的绿粉墙上，佛青袄子上沾了大块的淡色的灰。她要在楼上的窗户里再看他一眼。无论如何，她从前爱过他。她的爱给了她无穷的痛苦。单只这一点，就使他值得留恋。多少回了，为了要按捺她自己，她进得全身的筋骨与牙根都酸楚了。今天完全是她的错。他不是个好人，她又不是不知道。她要他，就得装糊涂，就得容忍他的坏。她为什么要戳穿他？人生在世，还不就是那么一回事？归根究底，什么是真的？什么是假的？

她到了窗前，揭开了那边上缀有小绒球的墨绿洋式窗帘，季泽正在弄堂里望外走，长衫搭在臂上，晴天的风像一群白鸽子钻进他的纺绸裤褂里去，哪儿都钻到了，飘飘拍着翅子。

【赏析提示】

《金锁记》写于 1943 年，后发表于 1944 年上海《天地》杂志上。小说描写了一个小商人家庭出身的女子曹七巧在婚姻、情欲、金钱三把枷锁的禁锢下，心灵走向扭曲与变态的历程。

小说主人公曹七巧出身于低微的小商人家庭。大哥为了攀附权贵，把她嫁入了没落大族姜家，做了患软骨病的姜二爷的妻子，成为传宗接代的工具。在姜家，她处处遭受排挤和冷眼，因此她不断进行反抗。丈夫和姜老太太相继去世后，七巧从姜家分得一部分家产，带着儿女搬离姜家，终于得以脱离大家族的桎梏。

曹七巧本以为面包可以取代爱情，所以她牺牲了原本可以得到的平凡的爱情（如肉店的朝禄）。婚后整日照顾卧病在床的先生让她感到空虚寂寞，而小叔姜季泽的出现不啻为一道暗光：他风度翩翩、潇洒不羁，再加上姜季泽有意无意地调戏，七巧便把季泽当成了爱情的寄批，二人顿生暧昧。分家后，她终于得到二爷的那份家产，而季泽又来与她叙旧情。当七巧发现原来季泽只是贪图她的钱时，她灰心了，打了季泽，把自己生命中唯一一点爱情葬送了。可当季泽离去时，她还是舍不得，毕竟她曾经爱过他，虽然他的爱给了她无尽的痛苦，像一把情锁牢牢地套住了她。感情上的不安，让七巧只能用金钱来填补，她死死地守住她的钱，认为任何人接近她都是有目的的。在欲望的沟壑中，曹七巧的性格终于变得扭曲，行为变得乖戾。她把得不到爱情的满腔愤恨，发泄到子女身上：她破坏儿子的婚姻，致使儿媳被折磨至死，还破坏并拆散女儿好不容易寻得的爱情。

本文摘承的是曹七巧与姜家分家后，小叔姜季泽找她叙旧的片段。

【思考探究】

（1）本文在刻画人物形象时主要采用了什么手法？并请分析曹七巧的人物形象。

（2）请分析曹七巧性格扭曲至变态的原因。

【相关链接】

致橡树

舒　婷

我如果爱你——

绝不像攀援的凌霄花，

借你的高枝炫耀自己；

我如果爱你——

绝不学痴情的鸟儿，

为绿荫重复单调的歌曲；

也不止像泉源，

常年送来清凉的慰藉；

也不止像险峰，

增加你的高度，衬托你的威仪。

甚至日光。

甚至春雨。

不，这些都还不够！

我必须是你近旁的一株木棉，

作为树的形象和你站在一起。

根，紧握在地下，

叶，相触在云里。

每一阵风过，

我们都互相致意，

但没有人，

听懂我们的言语。

你有你的铜枝铁干，

像刀，像剑，也像戟；

我有我红硕的花朵，

像沉重的叹息，

又像英勇的火炬。

我们分担寒潮、风雷、霹雳；
我们共享雾霭、流岚、虹霓。
仿佛永远分离，
却又终身相依。
这才是伟大的爱情，
坚贞就在这里：
爱——
不仅爱你伟岸的身躯，
也爱你坚持的位置，
足下的土地。

知识链接六

明清文学概述

一、明代文学

明代文学主要分为两个阶段——明初文学和明中后期文学。

（一）第一阶段：明初文学（1368—1420）

明初的文学作品，大多以民间传说、历史故事为题材，具有浓厚的生活气息和民间色彩。在文学体裁上，明代的小说和戏曲成就较高，而诗歌和散文相对较弱。

《三国演义》是中国古典文学四大名著之一，由元末明初小说家罗贯中创作。该书以东汉末年和三国时期的历史事件为背景，描绘了曹操、刘备、孙权三方势力争霸的故事，并通过一系列战争和政治斗争，展现了中国古代封建社会的风貌。《水浒传》是元末明初小说家施耐庵编著的一部长篇小说，《水浒传》现存刊本的署名大多为施耐庵、罗贯中二人中的一人，或二人皆署。

明初诗文领域的代表作家有宋濂、刘基、高启，三人在文学方面成就卓著，被后人并称为"明初诗文三大家"。宋濂，字景濂，号潜溪，祖籍金华潜溪，后迁居金华浦江（今浙江省金华市浦江县），明武宗时追谥"文宪"，故称"宋文宪"。宋濂的代表作品收录在《宋学士文集》中，其中《送东阳马升序》是其代表作。刘基，字伯温，世称"刘青田""刘诚意""刘文成"，处州路青田县南田（浙江省温州市文成县）人，明朝开国元勋。刘基的作品后人编为《诚意伯文集》，他的文学作品以豪放、激昂著称。高启，字季迪，号槎轩，长洲（今江苏省苏州市）人。高启将所作诗歌自编为《缶鸣集》，后人据其遗篇编为《高太史大全集》。

台阁体和茶陵诗派是明代文学中两个重要的文学流派。

台阁体兴起于明永乐至成化年间，这一时期的诗文创作以台阁文臣杨士奇、杨荣、杨溥等人为代表，他们的作品多出自内阁和翰林院，故称为"台阁体"。台阁体诗歌内容多表现为应制、题赠、酬应等，题材常是颂圣德、歌太平，艺术上追求平正典雅。

茶陵诗派则是在台阁体诗风占据诗坛主流地位时兴起的一个诗歌流派。茶陵诗派的兴起，对台阁体诗风产生了较大的冲击，其以复古的诗风开启了明代诗歌复古的先声。茶陵诗派的代表人物有李东阳、谢迁、徐渭等，这一诗派的诗歌创作注重情感的表达，追求个性的自由发挥，强调诗文的真实性和创造性，在明代诗坛上具有重要的地位。

在台阁体流行的同时，值得一提的诗人还有于谦，其代表作《石灰吟》是一首托物言志的诗，通过石灰的烧制过程比喻人坚忍的品格和精神境界，表达了诗人对于忠诚、坚定和高洁品行的崇尚。

明代戏剧在元代戏剧的基础上进一步发展，戏剧的主要形式是传奇，此外还有杂剧、南戏等。明代戏剧的内容非常丰富，既有宫廷戏剧，又有民间戏剧；既有历史戏剧，又有现实主义戏剧。在艺术风格上，明代戏剧注重情感的表达，强调人物鲜明的性格和跌宕起伏的情节。明代戏剧也反映了当时社会上存在的各种问题，如官场腐败、社会不公等，具有很强的批判性，代表作有梁辰鱼《浣纱记》、无名氏《鸣凤记》、汤显祖《牡丹亭》等，这一时期成为我国传奇戏剧创作的繁荣时期。

汤显祖是明代著名的戏剧家、文学家，其作品《牡丹亭》是中国古典戏曲中的巅峰之作，被誉为"昆曲第一名剧"。《牡丹亭》讲述了杜丽娘与柳梦梅的爱情故事，通过人鬼相恋的奇幻情节，展现了忠孝节义的传统价值观，同时也蕴含了对于人性、生命和爱情的深刻思考。汤显祖在创作《牡丹亭》时，运用了丰富的想象力和精湛的艺术表现手法，使这部剧作在情节、人物、音乐、舞台设计等方面都达到了很高的艺术水平。剧中人物形象鲜明，情节曲折动人，语言优美，富有诗意，成为中国戏曲史上的经典之作。除《牡丹亭》之外，汤显祖还写了《紫箫记》《紫钗记》《邯郸记》《南柯记》等，后三种和《牡丹亭》合称"临川四梦"。

（二）第二阶段：明中后期文学（1421—1644）

明中后期的文学作品，题材广泛，风格多样，小说、戏曲、诗歌、散文等领域都取得了较高的成就。在诗歌和散文方面，公安派、竟陵派等文学流派都以独特的文学风格和思想内容对当时的文坛产生了较大的影响。

吴承恩，字汝忠，号射阳居士、射阳山人，祖籍涟水（今江苏省淮安市涟水县），后徙居山阳（今江苏省淮安市淮安区），明代著名小说家，其代表作是《西游记》。《西游记》讲述了唐僧师徒四人西天取经的传奇故事，通过一系列的冒险和挑战，展现了人性的光辉、忠诚、勇气、智慧和坚韧不拔。

《金瓶梅》是明代长篇白话虚构世情小说，一般认为是中国第一部文人独立创作的章回体长篇小说，其成书时间大约在明代隆庆至万历年间，作者署名兰陵笑笑生。

冯梦龙，字犹龙，又字耳犹、子犹，苏州府长洲县（今江苏省苏州市）人，明末文学家、戏曲家。冯梦龙最著名的贡献是编辑出版了"三言"，即《喻世明言》《警世通言》《醒世恒言》。这三部作品与《初刻拍案惊奇》和《二刻拍案惊奇》并称"三言二拍"，在中国古代文学史上具有重要地位。

归有光，字熙甫，号震川，苏州府昆山县（今江苏省昆山市）宣化里人，明中期以后文学界的重要人物。归有光的散文以自然真挚、平易近人著称，反对当时流行的华丽堆砌和空洞无物的文风。他的作品涵盖了散文、诗歌、赋、论、序、状等多种体裁，其中以散文成就最高，其代表作品有《项脊轩志》《先妣事略》等。

公安派是明后期一个重要的文学流派，以袁宏道及其兄弟袁宗道、袁中道三人为主将，因为他们都是湖北荆州市公安县人，所以这个流派被称为"公安派"。公安派反对当时流行的拟古风气，主张文学应该"独抒性灵，不拘格套"，即文学作品要发挥个人的独特创造力，不应受传统格套的约束。公安派的文学成就主要体现在散文方面，作品以清新活泼、自然率真为特点，多聚焦于抒写闲情逸致。

竟陵派又称钟谭派，是明代后期的文学流派，因主要人物钟惺和谭元春均为湖广竟陵（今湖北省天门市）人而得名"竟陵派"。这一流派是在公安派影响逐渐减弱的背景下形成的，旨在矫正公安派末流的弊端，如信口开河、粗制滥造，以及俚俗肤浅等问题。竟陵派强调作家个性的流露，与公安派相比，他们更注重文学创作的深度与内涵。在作品方面，钟惺和谭元春共同选编了《唐诗归》和《古诗归》，这些选集在当时颇受欢迎，使得竟陵派声名鹊起。

张岱，一名维城，字宗子、石公，号陶庵、蝶庵，晚年号六休居士，浙江山阴（今浙江省绍兴市）人，明末清初著名文学家、史学家。张岱的小品散文以语言清新活泼、形象生动、简洁有力著称，代表作有《陶庵梦忆》《西湖梦寻》《湖心亭看雪》等。

二、清初至清中叶文学

清初至清中叶的文学发展，具有鲜明的时代特色。清初，随着清朝统治的逐步稳固，文学界呈现出恢复与创新的态势。清中叶，文学发展更加繁荣，出现了许多著名的文学家和流派。

在这一时期，诗词创作尤为突出。清初词风胚变，词学得到振兴。广陵词派和云间词派是这一时期词学的重要代表。广陵词派是以清初文坛领袖王士禛为领袖的文学流派，它拉开了清词中兴的序幕。云间词派在明末清初异军突起，力挽明词颓势，为清代词学的兴盛打下了基础。清中叶，词人纳兰性德进一步丰富了词的表现手法，推动了词的发展和繁荣，其代表作有《木兰花·拟古决绝词柬友》《长相思·山一程》《菩萨蛮·朔风吹散三更雪》等。

除了诗词，清初至清中叶的散文、小说和戏剧等领域也各有成就。清初散文成就主要集中在论说文和文学散文两个方面。论说文方面，以黄宗羲、顾炎武和王夫之为代表，他们主张散文应经世致用；文学散文方面，则以"清初三大家"侯方域、魏禧和汪琬为代表，他们的作品"则是文人之文，且有纵横之气"。清中叶，桐城派兴起，以方苞、姚鼐、刘大櫆等人为代表，主张文以载道，强调文章的道德教化功能。

小说方面，清初至清中叶出现了许多脍炙人口的作品，如曹雪芹《红楼梦》、蒲松龄《聊斋志异》、吴敬梓《儒林外史》等，这些作品在人物塑造、情节安排、艺术表现等方面都达到了很高的艺术水平。

戏剧方面，清初有李渔的《笠翁传奇十种》，清中叶则有洪昇的《长生殿》、孔尚任的《桃花扇》等，这些作品在剧情结构、人物刻画、音乐唱腔等方面都有一定的创新。

第七单元
人 生 哲 理

　　人生如同一场没有终点的旅程，每个人都在这条路上追寻着属于自己的答案。古往今来，无数文人墨客穿越生命的激流与平静，将他们的思考与感悟化作永恒的文字，留给后人以启迪与共鸣。本单元特别甄选了不同时代的经典篇章，带领我们感受那些关于人生的智慧与情怀。

　　在《长沮桀溺耦而耕》中，隐士的超然物外与洒脱，让人感受到一种远离世俗纷扰的智慧；在《春江花月夜》的诗句中，流淌着对宇宙与人生的深邃追问，那种诗意的思考令人心生敬畏；苏轼的《定风波·莫听穿林打叶声》，以豁达乐观的心境，教会我们如何在风雨中从容行走；周国平的《爱与孤独》深入剖析了情感与生命的本质，带来直抵心灵的思索；林清玄的《清净之莲》则以清雅的笔触，诉说对内心纯净的执着追求，仿佛一股清泉，洗涤灵魂的尘埃。这些文字，或悠远隽永，或深刻真挚，它们不仅记录了人生的多样面貌，也让我们感受到人性的温暖与力量。在阅读中，我们得以触碰人生的真谛，感知那些细腻的情感与深刻的哲思，亦能在字里行间找到收获自己的那份感动与启迪。

1 长沮桀溺耦而耕

《论语》

孔子（前 551—前 479），名丘，字仲尼，春秋时期鲁国陬邑（今山东省曲阜市）人。孔子是中国古代伟大的思想家、教育家，创立了儒家学说，其思想核心是"仁"和"礼"，首创私学，提出"有教无类"思想，打破了学在官府的垄断局面，因此被历代尊称为"至圣"，奉为"万世师表"。

《论语》由孔子的弟子和再传弟子所编，主要记录了孔子的思想言行，内容包括哲学、政治、时事、教育、文学等方面，共二十篇，是一部重要的儒家著作。《论语》是一部语录体散文集，语言质朴自然，生动形象，词约义丰，充满情感。

长沮、桀溺耦而耕[1]。孔子过之，使子路问津[2] 焉。

长沮曰："夫执舆者为谁[3]？"子路曰："为孔丘。"曰："是鲁孔丘与?"曰："是也。"曰："是知津矣[4]！"

问于桀溺。桀溺曰："子为谁？"曰："为仲由。"曰："是鲁孔丘之徒与？"对曰："然。"曰："滔滔者，天下皆是也，而谁以易之[5]？且而与其从辟人之士[6] 也，岂若从辟世之士[7] 哉？"耰而不辍[8]。

子路行以告，夫子怃然[9] 曰："鸟兽不可与同群[10]，吾非斯人之徒与而谁与[11]！天下有道，丘不与易也[12]。"

【注释】

[1] "长沮"句：长沮、桀溺是两位隐者。一说长沮、桀溺二词皆形容人的形象，不是二人的真实姓名。沮，"沮洳，润泽之处"。桀，同"杰"，魁梧之意。溺，身浸水中。子路见两个高大魁梧的人在泥水中耕作，故以其形象名之。耦而耕，两人并耕。

[2] 津：渡口。

[3] "夫（fú）执"句：那个驾车的人是谁？夫，彼，那个。执舆，即执辔。舆前驾马有辔，所以执辔也叫执舆。辔，马缰。

[4] 是知津矣：讥孔子游避列国，熟知道路，不用问别人。

[5] "滔滔"三句：今天下皆乱，诸侯无贤者，你将和谁去变易这乱世使它治平呢？滔滔，水周流貌，喻世上的纷乱。而，同"尔"，你。谁，指当时各诸侯。以，与。"谁以"二字倒用，犹与谁。易，变易。

[6] 辟人之士：四处奔波以求得别人认同的人（指孔子）。辟，同"避"。人，指与孔子思想不合的人。因孔子碰到他们往往避开，故桀溺称孔子为"辟人之士"。

[7] 辟世之士：指隐者，长沮、桀溺自谓。

[8] 耰（yōu）而不辍：耰，农具名，用以击碎土块平整土地，此作动词用，即以器击碎土块覆掩种子。辍，停止。

[9] 怃（wǔ）然：怅然若失之貌。

[10] "鸟兽"句：人是不可能与鸟兽在一起生活交往的。

[11] "吾非"句：我不与世人一起生活，还同谁生活在一起呢？斯人，指世人。

[12] "天下"二句：倘天下有道，我就不参与变易的工作了。

【赏析提示】

本文选自《论语·微子》，记述了孔子在周游列国途中发生的一段对话。长沮、桀溺是一对以"避世之士"自居的人，而孔子及其门徒则是通过周游列国，宣扬儒家思想的"辟人之士"。孔子一行人迷途，使子路问路，长沮在得知子路是孔子徒弟后，态度冷淡，不予回答，甚至奚落孔子"是知津"者。再问桀溺，桀溺则认为孔子是"避人之士"，应该懂得人生道理，并规劝孔子做"避世之士"，仍不直接回答"问津"的问题，而是"耰而不辍"，显露出傲慢的态度。对此，孔子"怃然"，内心有所触动，但他有"以天下为己任"的责任感，不愿做隐士，与鸟兽同群。

本文以对话方式构成，双方的对话语言不仅简洁富有韵味，而且通过对话穿插必要的叙述，以及动作、神态点染，两种人不同的处世态度和心情的刻画十分鲜明，颇具文学色彩。此外，人物语言富有哲理意味，含蓄深长。

【思考探究】

（1）文章通过哪些方面描写了长沮、桀溺？反映了二人怎样的思想？

（2）文章主要反映了孔子怎样的主张和思想？请用自己的话加以说明。

【相关链接】

季氏将伐颛臾

季氏将伐颛臾。冉有、季路见于孔子曰："季氏将有事于颛臾。"

孔子曰："求！无乃尔是过与？夫颛臾，昔者先王以为东蒙主，且在邦域之中矣，是社稷之臣也。何以伐为？"

冉有曰："夫子欲之，吾二臣者皆不欲也。"

孔子曰："求！周任有言曰：'陈力就列，不能者止。'危而不持，颠而不扶，则将焉用彼相矣？且尔言过矣。虎兕出于柙，龟玉毁于椟中，是谁之过与？"

冉有曰："今夫颛臾，固而近于费。今不取，后世必为子孙忧。"

孔子曰："求！君子疾夫舍曰'欲之'而必为之辞。丘也闻有国有家者，不患寡而患不均，不患贫而患不安。盖均无贫，和无寡，安无倾。夫如是，故远人不服，则修文德以来之。既来之，则安之。今由与求也，相夫子，远人不服、而不能来也；邦分崩离析而不能守也，而谋动干戈于邦内。吾恐季孙之忧，不在颛臾，而在萧墙之内也。"

2 春江花月夜[1]

张若虚

张若虚，生卒年、字号均不详，扬州（今江苏省扬州市）人，曾任兖州兵曹。事迹略见于《旧唐书·贺知章传》。张若虚与贺知章、张旭、包融并称"吴中四士"。张若虚的诗仅存两首于《全唐诗》中，其中《春江花月夜》是一篇脍炙人口的名作，被后世誉为"孤篇横绝，竟为大家"。

春江潮水连海平，海上明月共潮生[2]。
滟滟[3] 随波千万里，何处春江无月明！
江流宛转绕芳甸[4]，月照花林皆似霰[5]。
空里流霜不觉飞[6]，汀上白沙看不见[7]。
江天一色无纤尘，皎皎空中孤月轮。
江畔何人初见月？江月何年初照人？
人生代代无穷已，江月年年望相似。
不知江月待何人，但见长江送流水。
白云一片去悠悠，青枫浦[8] 上不胜愁。
谁家今夜扁舟子[9]？何处相思明月楼[10]？
可怜楼上月徘徊[11]，应照离人[12] 妆镜台。
玉户帘中卷不去[13]，捣衣砧上拂还来[14]。
此时相望不相闻，愿逐月华流照君[15]。
鸿雁长飞光不度[16]，鱼龙潜跃水成文[17]。
昨夜闲潭梦落花[18]，可怜春半不还家。
江水流春去欲尽，江潭落月复西斜。
斜月沉沉藏海雾，碣石潇湘无限路[19]。
不知乘月几人归[20]，落月摇情[21] 满江树。

【注释】

[1] 春江花月夜：乐府旧题，属《清商曲·吴声歌》。

[2] "春江"二句：春天的江潮水势浩荡，与大海连成一片，一轮明月从海上升起，好像与潮水一起涌出来。连海平，江水连接大海，春潮高涨，江海不分。共潮生，明月初升，似从潮中涌出。

[3] 滟（yàn）滟：原指水波满溢，这里借指水面上波光闪动。

大学语文

[4]"江流"句：江水曲曲折折地绕着花草丛生的原野流淌。宛转，曲折。芳甸（diàn），遍生花草的原野。甸，郊野。

[5]霰（xiàn）：雪珠。这里形容月光下的花朵。

[6]"空里"句：意谓月色如霜，所以空中飞霜也无从察觉。

[7]"汀上"句：意谓白沙与月色融为一片。汀，沙洲。

[8]青枫浦：又名双枫浦，在今湖南省浏阳市。浦，水边。

[9]扁（piān）舟子：驾小船远游江湖的人。

[10]明月楼：借指月夜闺楼中的思妇。

[11]月徘徊：指楼上月影移动。曹植《七哀诗》有"明月照高楼，流光正徘徊。上有愁思妇，悲叹有余哀"句，诗意正同。

[12]离人：指思妇。

[13]卷不去：指月光照进思妇的门帘，卷不去。

[14]"捣衣"句：捣衣，古人制衣前须先将衣料捣洗，称捣衣。砧（zhēn），捣衣石。拂还来，指月光拂而不去，依然洒满捣衣石砧。这里因为见月光增加愁思，所以要卷去、拂掉月光。此借月光难以去掉表明思妇愁思难以排遣。

[15]"愿逐"句：思妇愿随月光到游子身边。逐，随。月华，月光。

[16]"鸿雁"句：思妇难随月光到游子身边去。长飞，远飞。光不度，光不去。

[17]"鱼龙"句：月光不去，流照江水，鱼跃激起闪闪波纹。鱼龙潜跃，偏义指鱼。上句说雁，此连类及鱼。文，同"纹"。

[18]"昨夜"句：闲潭，幽静的潭水。梦落花，梦见落花，意谓春事将尽。

[19]"碣石"句：碣石，山名，在今河北省秦皇岛市昌黎县北。潇湘，潇水和湘水，潇水源出湖南省永州市蓝山县九嶷山，湘水源出广西壮族自治区桂林市灵川县海阳山。二水在湖南永州合流，称为潇湘，北入洞庭湖。这里"碣石"指北，"潇湘"指南，泛指两地相距甚远。

[20]"不知"句：不知趁月落前有几人归来。

[21]摇情：满江满树摇动着落月的光影，象征离人激动的心情。

【赏析提示】

张若虚这首《春江花月夜》，被誉为唐诗开山之作，享有"一词压两宋，孤篇盖全唐"之誉。此诗沿用乐府旧题，紧扣春、江、花、月、夜五个字，运用清丽之笔，以月为主体，描绘了一幅幽美邈远的春江月夜图。

在诗歌的前半部，诗人从春江月夜的宁静美景入笔，"春江潮水连海平，海上明月共潮生""江流宛转绕芳甸，月照花林皆似霰""空里流霜不觉飞，汀上白沙看不见"，描写出春江月夜的清丽柔和、幽美恬静。继而诗人由欣赏眼前的自然美景转到对于人生哲理的思考："江畔何人初见月？江月何年初照人？"并得出与前人不一样的答案："人生代代无穷已，江月年年望相似。"人的生命是短暂即逝的，而人类的存在则是绵延久长的。在诗歌的最后部分，诗人由月又转到了抒发游子思妇真挚动人的离情别绪上，为全诗抹上了一层淡淡的忧伤之情。

全诗共三十六句，每四句一换韵，平仄相间，韵律婉转悠扬。诗歌的语言采用了顶针连环句式，一唱三叹，情味无穷。通篇融诗情、画意、哲理为一体，意境空明，想象奇特，具有极高的审美价值，在初唐诗坛达到了七言歌行的最高水平，成为"初唐体"诗格的代表。

【思考探究】

(1) 这首诗选取了"月"为中心意象，表达了诗人怎样的思想情感？

(2) 比较分析：本诗在人生哲理上的感叹，与苏轼在《前赤壁赋》所写"哀吾生之须臾，羡长江之无穷"中的感叹有何不同？

【相关链接】

前赤壁赋

苏　轼

壬戌之秋，七月既望，苏子与客泛舟游于赤壁之下。清风徐来，水波不兴。举酒属客，诵明月之诗，歌窈窕之章。少焉，月出于东山之上，徘徊于斗牛之间。白露横江，水光接天。纵一苇之所如，凌万顷之茫然。浩浩乎如冯虚御风，而不知其所止；飘飘乎如遗世独立，羽化而登仙。

于是饮酒乐甚，扣舷而歌之。歌曰："桂棹兮兰桨，击空明兮溯流光。渺渺兮予怀，望美人兮天一方。"客有吹洞箫者，倚歌而和之。其声呜呜然，如怨如慕，如泣如诉，余音袅袅，不绝如缕。舞幽壑之潜蛟，泣孤舟之嫠妇。

苏子愀然，正襟危坐而问客曰："何为其然也？"客曰："月明星稀，乌鹊南飞，此非曹孟德之诗乎？西望夏口，东望武昌，山川相缪，郁乎苍苍，此非孟德之困于周郎者乎？方其破荆州，下江陵，顺流而东也，舳舻千里，旌旗蔽空，酾酒临江，横槊赋诗，固一世之雄也，而今安在哉？况吾与子渔樵于江渚之上，侣鱼虾而友麋鹿，驾一叶之扁舟，举匏樽以相属。寄蜉蝣于天地，渺沧海之一粟。哀吾生之须臾，羡长江之无穷。挟飞仙以遨游，抱明月而长终。知不可乎骤得，托遗响于悲风。"

苏子曰："客亦知夫水与月乎？逝者如斯，而未尝往也；盈虚者如彼，而卒莫消长也。盖将自其变者而观之，则天地曾不能以一瞬；自其不变者而观之，则物与我皆无尽也，而又何羡乎！且夫天地之间，物各有主，苟非吾之所有，虽一毫而莫取。惟江上之清风，与山间之明月，耳得之而为声，目遇之而成色，取之无禁，用之不竭，是造物者之无尽藏也，而吾与子之所共适。"

客喜而笑，洗盏更酌。肴核既尽，杯盘狼籍。相与枕藉乎舟中，不知东方之既白。

3　定风波[1]　·莫听穿林打叶声

苏轼

苏轼（1037—1101），字子瞻，又字和仲，号东坡居士，世称"苏东坡"，眉州眉山（今四川省眉山市）人。宋仁宗嘉祐二年（1057）进士，嘉祐六年（1061）中制科。苏轼因为个人变法思想与王安石的变法主张多有不同，政见不合，故请求外调，出任杭州通判，转知密、徐、湖三州。在湖州任上因作诗讽刺新法而下狱，史称"乌台诗案"，旋贬为黄州团练副使。宋哲宗元祐年间召回京都，累迁翰林学士，又因不赞同司马光尽废王安石新法，出知杭州、颍州、扬州、定州。绍圣元年（1094），宋哲宗亲政，新党得势，贬斥元祐旧臣，苏轼又被一贬再贬，由英州、惠州，再徙儋州。宋徽宗即位，遇赦北归，途中卒于常州，追赠太师，谥号"文忠"。

苏轼才气纵横，在诗、词、文、书法等方面都有很高的造诣：其散文，与欧阳修并称"欧苏"；其诗，与黄庭坚并称"苏黄"；其词，与辛弃疾并称为"苏辛"；其书法，与黄庭坚、米芾、蔡襄并称"宋四家"。苏轼亦为"唐宋八大家"之一，有《苏东坡集》《东坡乐府》等存世。

三月七日，沙湖[2]道中遇雨，雨具先去，同行皆狼狈[3]，余独不觉。已而遂晴。故作此。

莫听穿林打叶声，何妨吟啸[4]且徐行。竹杖芒鞋[5]轻胜马，谁怕？一蓑烟雨任平生[6]。　料峭[7]春风吹酒醒，微冷，山头斜照却相迎。回首向来萧瑟处，归去，也无风雨也无晴[8]。

【注释】

[1] 定风波：一作"定风波令"，唐玄宗时教坊曲名，后用为词令。

[2] 沙湖：《东坡志林》卷一《游沙湖》："黄州（指治所黄冈）东南三十里为沙湖，亦曰螺师店。"

[3] 狼狈：进退都感觉困难。

[4] 吟啸：吟诗、长啸。表示意态闲适。陶渊明《归去来兮辞》："登东皋以舒啸，临清流而赋诗。"

[5] 芒鞋：草鞋。

[6] "一蓑"句：谓自己对披着蓑衣、冒着风雨的生活，向来处之泰然。蓑，原本作"莎"，据别本改。

[7] 料峭：形容风寒。

[8] "回首"三句：表示心境平淡、闲适。作者在《独觉》诗中亦有"回首向来萧

瑟处，也无风雨也无晴"语。萧瑟处，指遇雨的处所。萧瑟，风雨吹打树林的声音。萧，原本"箫"，误。

【赏析提示】

这首词是苏轼因"乌台诗案"而被贬黄州的第三年春天所写的。作者描写了一次出游途中遇到阵雨的经过。在突如其来的风雨中，"同行皆狼狈"，而词人却能"吟啸且徐行"，"竹杖芒鞋轻胜马"，从从容容地缓步行走。他把风雨看得很平常，觉得"也无风雨也无晴"，风雨交加的天气和晴朗天气并没有什么差别。作者实际上是以自然风雨来隐喻人生风雨，表明自己对于各种政治打击和迫害已遇变不惊、见怪不怪了！作者正是通过这一件生活小事来表达自己旷达、洒脱的人生态度。

【思考探究】

(1) 在词的上片，主要表达了词人怎样的心情？

(2) 在"回首向来萧瑟处，归去，也无风雨也无晴"这句词中，你如何理解句中的"风雨"和"晴"？

(3) 在词的下片，道出词人在大自然中悟得了怎样的顿悟或启示？

【相关链接】

和子由渑池怀旧

苏　轼

人生到处知何似，应似飞鸿踏雪泥。
泥上偶然留指爪，鸿飞那复计东西。
老僧已死成新塔，坏壁无由见旧题。
往日崎岖还记否？路长人困蹇驴嘶。

4　爱　与　孤　独

周国平

周国平（1945— ），上海人。1968 年毕业于北京大学哲学系，1981 年毕业于中国社会科学院研究生院哲学系，中国社会科学院哲学研究所研究员，著名作家、学者。周国平的散文有着很深厚的哲学素养，他用文学的方式谈哲学，把对生活中的欢乐、痛苦、坚强、执着等生活感悟通过哲学散文的形式表达出来。他的散文是一种深入生活的哲理散文，生活化是其散文的一大特色。

大学语文

一

孤独是人的宿命，它基于这样一个事实：我们每个人都是这世界上一个旋生旋灭的偶然存在，从无中来，又要回到无中去，没有任何人任何事情能够改变我们的这个命运。是的，甚至连爱也不能。凡是领悟人生这样一种根本性孤独的人，便已经站到了一切人间欢爱的上方，爱得最热烈时也不会做爱的奴隶。

二

有两种孤独。灵魂寻找自己的来源和归宿而不可得，感到自己是茫茫宇宙中的一个没有根据的偶然性，这是绝对的、形而上的、哲学性质的孤独。灵魂寻找另一颗灵魂而不可得，感到自己是人世间的一个没有旅伴的漂泊者，这是相对的、形而下的、社会性质的孤独。

前一种孤独使人走向上帝和神圣的爱，或者遁入空门。后一种孤独使人走向他人和人间的爱，或者陷入自恋。

一切人间的爱都不能解除形而上的孤独。然而，谁若怀着形而上的孤独，人间的爱在他眼里就有了一种形而上的深度。当他爱一个人时，他心中会充满佛一样的大悲悯。在他所爱的人身上，他又会发现神的影子。

三

孤独源于爱，无爱的人不会孤独。

也许孤独是爱的最意味深长的赠品，受此赠礼的人从此学会了爱自己，也学会了理解别的孤独的灵魂和深藏于它们之中的深透的爱，从而为自己建立了一个珍贵的精神世界。

四

生命纯属偶然，所以每个生命都要依恋另一个生命，相依为命，结伴而行。

生命纯属偶然，所以每个生命都不属于另一个生命，像一阵风，无牵无挂。

每一个问题至少有两个相反的答案。

五

当一个孤独寻找另一个孤独时，便有了爱的欲望。可是，两个孤独到了一起就能够摆脱孤独了吗？

孤独之不可消除，使爱成了永无止境的寻求。在这条无尽的道路上奔走的人，最终就会看破小爱的限度，而寻求大爱，或者——超越一切爱，而达于无爱。

六

人在世上是需要有一个伴的。有人在生活上疼你，终归比没有好。至于精神上的幸福，这只能靠你自己，——永远如此。只要你心中的那个美好的天地完好无损，那块新大陆常新，就没有人能夺走你的幸福。

七

那些不幸的天才，例如尼采和凡·高，他们最大的不幸并不在于无人理解，因为精神上的孤独是可以用创造来安慰的，而恰恰在于得不到普通的人间温暖，活着时就成了被人群遗弃的孤魂。

八

独身的最大弊病是孤独，乃至在孤独中死去。可是，孤独既是一种痛苦，也是一种享受，而再好的婚姻也不能完全免除孤独的痛苦，却多少会损害孤独的享受。至于死，任何亲人的在场都不能阻挡它的必然到来，而且死在本质上总是孤独的。

九

当我们知道了爱的难度，或者知道了爱的限度，我们就谈论友谊。当我们知道了友谊的难度，或者知道了友谊的限度，我们就谈论孤独。当然，谈论孤独仍然是一件非常奢侈的事情。

十

"有人独倚晚妆楼"——何等有力的引诱！她以醒目的方式提示了爱的缺席。女人一孤独，就招人怜爱了。

相反，在某种意义上，孤独是男人的本分。

十一

我爱她，她成了我的一切，除她之外的整个世界似乎都不存在了。

那么，一旦我失去了她，是否就失去了一切呢？不。恰恰相反，整个世界又在我面前展现了。我重新得到了一切。

十二

未经失恋的人不懂爱情，未曾失意的人不懂人生。

【赏析提示】

《爱与孤独》分为十二个小节，从哲思层面为我们呈现了爱与孤独的关系，集中阐述了对人性、爱情、婚姻、家庭、教育等问题的思考。周国平的散文充满了对生活的悲欢离合的哲学思考，在他看来，人终其一生是一个孤独的个体，但他却也没有否定"爱"，相反在他看来爱与孤独是如影随形、不可分离的。他在文中这样写道："当一个孤独寻找另一个孤独时，便有了爱的欲望。"虽然我们每个人的生命是孤独的、偶然的，但当一个孤独的、偶然的生命与另一个契合的、孤独的、偶然的生命相触碰的一瞬间，便摩擦出了爱的火花。可能正是有了孤独的存在，才显得爱是那么的温暖，能够在某一瞬间触到人心上最柔软的那个地方。

周国平的作品充满了人生的智慧和哲学的魅力，融理性和激情于一体，笔调清新自然，内涵睿智深刻，多年来深受读者喜爱。

【思考探究】

（1）如何理解"孤独源于爱，无爱的人不会孤独"这句话？

（2）结合课文内容，谈谈你如何理解周国平所谓的"孤独"。

【相关链接】

诚子书

诸葛亮

夫君子之行，静以修身，俭以养德。非淡泊无以明志，非宁静无以致远。夫学须静也，才须学也，非学无以广才，非志无以成学。淫慢则不能励精，险躁则不能治性。年与时驰，意与日去，遂成枯落，多不接世，悲守穷庐，将复何及！

5 清净之莲

林清玄

林清玄（1953—2019），笔名秦情、林漓、林大悲等，中国台湾高雄人，学者，当代著名散文家、诗人，曾任台湾《中国时报》海外版记者、《工商时报》经济记者、《时报杂志》主编等职。林清玄的散文文笔流畅清新，表达了醇厚、浪漫的情感，在平易中有着感人的力量。他是台湾作家中相当高产的一位，作品有《莲花开落》《冷月钟笛》《温一壶月光下酒》《鸳鸯香炉》《金色印象》《白雪少年》《桃花心木》等。林清玄曾获得多项文学奖，被誉为"当代散文八大家"之一。

偶尔在人行道上散步，忽然看到从街道延伸出去，在极远极远的地方，一轮夕阳正挂在街的尽头，这时我会想，如此美丽的夕阳，实在是预示了一天即将落幕。

偶尔在某一条路上，见到木棉花叶落尽的枯枝，深褐色的，孤独地站在街边，有一种萧索的姿势，这时我会想：木棉又落了，人生看美丽木棉花的开放能有几回呢？

偶尔在路旁的咖啡座，看绿灯亮起，一位衣着素朴的老妇，牵着衣饰绚如春花的小孙女，匆匆地横过马路，这时我会想，那年老的老妇曾经是花一般美丽的少女，而那少女则有一天会成为牵着孙女的老妇。

偶尔在路上的行人陆桥站住，俯视着在陆桥下川流不息，往四面八方奔窜的车流，却感觉那样的奔驰仿佛是一个静止的画面，这时我会想，到底哪里是起点？而何处才是终站呢？

偶尔回到家里，打开水龙头要洗手，看到喷涌而出的清水，急促地流淌，突然使我站在那里，有了深深的颤动，这时我想着：水龙头流出来的好像不是水，而是时间、心情，或者是一种思绪。

偶尔在乡间小道上，发现了一株被人遗忘的蝴蝶花，形状像极了凤凰花，却比凤凰花更典雅。我倾身闻着花香的时候，一朵蝴蝶花突然飘落下来，让我大吃一惊，这时我会想：这花是蝴蝶的幻影，或者蝴蝶是花的前身吗？

偶尔在静寂的夜里，听到邻人饲养的猫在屋顶上为情欲追逐，互相惨烈地嘶叫，让人的汗毛全部为之竖立，这时我会想：动物的情欲是如此粗糙，但如果我们站在比较细腻的高点来回观人类，人不也是那样粗糙的动物吗？

偶尔在山中的小池塘里见到一朵红色的睡莲，从泥沼的浅地中昂然抽出，开出了一句美丽的音符，仿佛无视外围的染着，这时我会想：呀！呀！究竟要怎么样的历练，我们才能像这一朵清净之莲呢？

偶尔……

偶尔我们也是和别人相同地生活着，可是我们让自己的心平静如无波之湖，我们就能以明朗清澈的心情来照见这个无边的复杂的世界，在一切的优美、败坏、清明、污浊之中都能找到智慧。如果我们是有智慧的人，一切烦恼都会带来觉悟，而一切小事都能使我们感知它的意义与价值。

在人间寻求智慧也不是那样难的，最要紧的是，使我们自己的柔软的心，柔软到我们看到一朵花中的一片花瓣落下，都使我们动容颤抖，知悉它的意义。

唯其柔软，我们才能敏感；唯其柔软，我们才能包容；唯其柔软，我们才能精致；也唯其柔软，我们才能超拔自我，在受伤的时候甚至能包容我们的伤口。

柔软心是大悲心的芽苗，柔软心也是菩提心的种子，柔软心是我们在俗世中生活，还能时时感知自我清明的泉源。

那最美的花瓣是柔软的，那最绿的草原是柔软的，那最广大的海是柔软的，那无边的天空是柔软的，那在天空自在飞翔的云，最是柔软！

我们心的柔软，可以比花瓣更美，比草更绿，比海洋更广，比天空更无边，比云还要自在，柔软是最有力量，也是最恒常的。

且让我们在卑湿污泥的人间，开出柔软清净的智慧之莲吧！

【赏析提示】

这是一篇富于哲理的散文诗。无论是表述的思想深度，还是写作技巧的运用，都是非常出色的。首先，散文诗的前半篇用了"偶尔……偶尔……"的句式，简明的叙述，描绘了作者的生活中一个个不经意的小镜头与一次次难以忘怀的感悟。其次，作者在构段方面，注意了段落之间的延续性与对比性，让人在读文章时，如行云流水般流畅自然。最后，在说理、思考方面，不仅体现了林清玄文章的禅性，更让人有一种超凡脱俗般的顿悟，说的不仅是一种生活之理，更是一种人生之理、生命之理。

【思考探究】

（1）"清净之莲"为何意？作者以它为题有何好处？

（2）如何理解"且让我们在卑湿污泥的人间，开出柔软清净的智慧之莲吧！"这句话？

【相关链接】

兰亭集序

王羲之

永和九年，岁在癸丑，暮春之初，会于会稽山阴之兰亭，修禊事也。群贤毕至，少长咸集。此地有崇山峻岭，茂林修竹，又有清流激湍，映带左右，引以为流觞曲水，列坐其次。虽无丝竹管弦之盛，一觞一咏，亦足以畅叙幽情。

是日也，天朗气清，惠风和畅。仰观宇宙之大，俯察品类之盛，所以游目骋怀，足以极视听之娱，信可乐也。

夫人之相与，俯仰一世，或取诸怀抱，晤言一室之内；或因寄所托，放浪形骸之外。虽趣舍万殊，静躁不同，当其欣于所遇，暂得于己，快然自足，不知老之将至；及其所之既倦，情随事迁，感慨系之矣。向之所欣，俯仰之间，已为陈迹，犹不能不以之兴怀，况修短随化，终期于尽！古人云："死生亦大矣。"岂不痛哉！

每览昔人兴感之由，若合一契，未尝不临文嗟悼，不能喻之于怀。固知一死生为虚诞，齐彭殇为妄作，后之视今，亦犹今之视昔，悲夫！故列叙时人，录其所述，虽世殊事异，所以兴怀，其致一也。后之览者，亦将有感于斯文。

近现代文学概述

一、近代文学（1840—1919）

中国近代文学涵盖了从鸦片战争（1840）到五四运动（1919）这一历史时期的文学创作。在这一时期，诗歌、文章、小说和戏剧等文学体裁经历了深刻的变化和发展。

在诗歌领域，见证了以龚自珍、梁启超等人为代表的改革派诗歌的兴起。梁启超提出"诗界革命"，强调诗歌应当触及现实生活，传达民族的忧虑。梁启超、黄遵宪等人的诗作，如黄遵宪的《己亥杂诗》（八十九首）、《今别离》、《逐客篇》，梁启超的《东归感怀》等，表达了诗人对国家命运的关切和对社会改革的迫切需求。

文章方面，出现了如严复《天演论》、章太炎《革命军》、梁启超《少年中国说》等作品，这些作品不仅阐述了新兴的思想，还宣传了新的政治理念。

在小说领域，这一时期出现了继"四大名著"之后的又一文学高峰。李伯元《官场现形记》、吴趼人《二十年目睹之怪现状》、刘鹗《老残游记》、曾朴《孽海花》等作品，深入揭示了晚清社会的重重矛盾和问题，成为中国近代文学的经典之作。

晚清戏剧主要包括京剧、地方戏及曲艺等形式。其中，京剧作为国粹，影响尤为深远。京剧起源于 18 世纪中叶的北京，是在融合了多种地方戏曲的基础上发展起来的。京剧的特点是表演精湛、行当齐全、服饰华丽、脸谱丰富，以及扎实的"四功"（唱、念、做、打），经典剧目有《打渔杀家》《群英会》等。

中国近代文学深受西方文学的影响，这一时期大量翻译作品涌现，中国作家开始对西方文学风格进行模仿与学习。例如，林纾与精通法文的王寿昌合作翻译了法国作家小仲马的《巴黎茶花女遗事》，严复编译了《天演论》，等等。这些作品不仅丰富了中国的文学库存，也促进了中国文学风格的多元化。

二、现代文学（1919—1949）

中国现代文学的历程，以"五四"文学革命为重要节点，而后全面迈向文学现代化的征程。现代文学可以大致分为三个阶段。

第一个阶段是 1919—1927 年，这是以五四运动为代表的 20 世纪 20 年代文学。在

大学语文

这一时期，新文学开始崭露头角，旧文学的传统束缚逐渐被打破，文学形式和内容开始呈现出现代化的特征。

第二个阶段是1928—1937年，这是左翼革命文学与人文主义文学并存的三四十年代文学。在这一时期，文学不仅反映了社会现实的深刻变化，也展现了作家们在思想和文化上的探索与争论。

第三个阶段是1938—1949年，在这一时期，以全民族抗战文学为开端，进而发展为继承与发展并存、多地域、多元化、大众化的20世纪40年代文学。在这一时期，文学创作紧密围绕着民族生存和解放的主题，展现了广泛的社会生活和丰富的情感世界。

中国现代文学的每个阶段都有其独特的文学特色和社会背景，共同构成了中国现代文学丰富多彩的历史画卷。

（一） 20世纪20年代文学

20世纪初中国一些先进知识分子受到西方资产阶级民主主义思想影响，他们抨击腐朽落后的封建主义，呼吁进行广泛的思想启蒙，发起了反对封建主义的思想解放运动，由此以"民主""科学"为口号的新文化运动诞生。陈独秀于1915年创办的《青年杂志》（后改名为《新青年》）是这次运动的主要阵地。

1. 20世纪20年代小说

鲁迅，中国现代小说的奠基人。鲁迅（1881—1936），原名周樟寿，后改名周树人，字豫山，后改字豫才，浙江绍兴人，中国著名文学家、思想家、革命家。1918年5月，鲁迅发表了他的第一篇短篇小说《狂人日记》（《新青年》四卷五号）。《狂人日记》作为中国新文学史上第一篇现代短篇白话小说，把矛头指向存在了几千年的封建制度，揭露了从社会到家庭的"吃人"现象，抨击了封建家族制度和礼教的"吃人"本质。鲁迅创作的另一篇小说《阿Q正传》是最早被介绍到世界去的中国现代小说。《阿Q正传》"画"出了国人的灵魂，暴露了国民的弱点，达到了"揭出病苦，引起疗救的注意"的效果。鲁迅的代表作收录在《呐喊》《彷徨》《故事新编》等。

此外，20世纪20年代的小说创作主要包括问题小说、乡土小说、浪漫抒情派小说等。

提出一种问题，借小说来研究它，来求人解决的，就是问题小说。问题小说的主题、题材比较广泛，其主要代表人物有冰心、叶绍钧、许地山、庐隐、王统照等人。庐隐的《一个著作家》《灵魂可以卖吗？》等篇，揭露了当时"血和泪"的社会悲剧。冰心，原名谢婉莹，1919年9月，19岁的谢婉莹首次以"冰心"为笔名在《晨报》上发表了小说《两个家庭》，崭露头角，接着又发表了《斯人独憔悴》《去国》《庄鸿的姊姊》等短篇小说，其中《斯人独憔悴》直接反映了五四学生运动。

鲁迅开创了中国现代乡土小说先河，他在《呐喊》《彷徨》等名作中对东南沿海乡镇人和事的描写，为现代乡土小说的发展开辟了新的路径。许杰、王鲁彦、台静农、废名、黎锦明等，构成了20世纪20年代中期的乡土小说作家群。乡土小说是写实派作家带着对故乡和童年的回忆，用隐含的乡愁笔触，将"乡间的生死，泥土的气息，移在纸上"，显示出鲜明的地方特色，王鲁彦《菊英的出嫁》、许钦文《故乡》、废名《竹林的故事》、王任叔《疲惫者》等是中国现代乡土小说的代表作品。

在浪漫抒情派小说领域，郁达夫无疑是其中杰出的代表作家。郁达夫的作品，如《沉沦》《春风沉醉的晚上》，以及郭沫若的"漂流三部曲"，都是忠于作者内心情感的抒发，而非对客观事实的直接描绘。这些作家属于创造社、浅草社、沉钟社，他们的创作理念强调个人情感的审美表达。郁达夫，作为创造社的发起人和核心人物，其小说深刻反映了五四时期的青年对人性解放的渴望，以及对那些被生活边缘化的"零余者"的同情。他的小说《南迁》《沉沦》《银灰色的死》中的"他""伊人""Y君"等角色，都是这种情感和状态的化身。郁达夫开创了现代抒情小说的先河，其小说特点表现为真实自我的描绘、感伤的抒情风格、散文式的结构处理，以及流畅而清新的文风。

2. 20 世纪 20 年代诗歌

诗歌领域的革命性突破是由"五四"文学革命完成的。胡适、刘半农、沈尹默、俞平伯、刘大白、朱自清等都是重要的白话诗人。朱自清、叶绍钧、俞平伯于 1921 年组织了中国现代文学史上第一个新诗社团——中国新诗社，并出版了第一个诗歌月刊《诗》。胡适的《鸽子》、沈尹默的《月夜》赞颂个性精神，刘半农的《相隔一层纸》呼吁人道主义关怀，都显示出五四运动思想革命的特点。初期白话诗的共同特点是强调"经验"，偏于说理，冲淡、平实，崇尚语言的自然节奏，明白如话，表现出散文化倾向。

郭沫若的《女神》为诗坛开了浪漫的新风。与《女神》同时出现于诗坛的，是湖畔诗人和小诗。湖畔诗人是指汪静之、应修人、潘漠华、冯雪峰等人，他们于 1922 年春在杭州成立湖畔诗社，1922 年 4 月出版诗合集《湖畔》，5 月出版汪静之的个人诗集《蕙的风》。

3. 20 世纪 20 年代戏剧

中国现代话剧起源于留日学生组织的春柳社。1907 年，春柳社在东京成功演出了《茶花女》第三幕，并紧接着公演了根据林纾翻译小说改编的《黑奴吁天录》。1919 年，胡适在《新青年》上发表了独幕剧《终身大事》，这一事件不仅标志着中国现代话剧创作的开端，也标志着社会问题写实剧创作的起始。1921 年，沈雁冰、郑振铎、陈大悲、欧阳予倩等人发起组织了民众戏剧社，并创办了现代文学史上最早出现的专门性戏剧杂志《戏剧》月刊。这一时期的戏剧代表作品包括陈大悲的《幽兰女士》、欧阳予倩的《泼妇》以及洪深的《赵阎王》等。

创造社的郭沫若和南国社的田汉则以浪漫主义剧作见长，并各有特色。郭沫若的作品如《三个叛逆的女性》(《卓文君》《王昭君》《聂嫈》)等，展现了其独特的艺术风格。田汉在这一时期的代表作则有《获虎之夜》和《名优之死》等。此外，丁西林的独幕剧也广受好评，其代表作包括《压迫》和《一只马蜂》等。

4. 20 世纪 20 年代散文

在散文方面，朱自清的《桨声灯影里的秦淮河》被赞誉为"白话美文的模范"。冰

大学语文

心在这一时期的作品主要分为两组：一是《往事》，这是一组回忆性散文；另一组则是《寄小读者》，采用书信体散文的形式。这两组作品都围绕着自然、母爱、童真三大主题，文字清新丽质，风格哀婉动人。此外，这一时期的散文创作中还有不少活跃的作家，如林语堂、郁达夫、徐志摩、郭沫若、瞿秋白等。

（二） 20 世纪 30 年代文学

1930 年，中国左翼作家联盟在上海成立，鲁迅、冯雪峰、田汉等 40 余人出席了中国左翼作家联盟的成立大会。

这一时期的代表作家还有梁实秋、朱光潜、宗白华等。梁实秋的文艺思想强调，文学的评价应基于以人性为核心的道德标准，他追求的美学境界体现了古典主义的"节制"理念，这一点在他的著作《文学的纪律》中得到了详细的阐述。朱光潜的美学和文艺学思想则以人文主义为核心，结合现代心理学的研究，将人文主义美学应用于文学研究，其思想在《给青年的十二封信》和《文艺心理学》等作品中得到了体现。此外，宗白华倡导的"诗意人生"理念，主张以唯美视角看待世界，将人性视为艺术创作的主题。这些革命文学运动和人文主义美学思潮共同影响了 20 世纪 30 年代的文学发展。

1. 20 世纪 30 年代小说

在 20 世纪 30 年代的中国文学界，左翼作家群体中涌现了丁玲、柔石、艾芜、沙汀、吴祖缃、罗淑等人。丁玲，原名蒋祎文，字冰之，是中国现代小说史上最早以明确强烈的女性意识进行写作的作家，被誉为 20 世纪中国女性主义文学的先驱。她的作品《莎菲女士的日记》是女性主义文学创作的代表作之一。进入 20 世纪 30 年代，丁玲试图突破个人情感的界限，创作了以革命者为主人公的《韦护》。1931 年秋，她在《北斗》杂志上发表短篇小说《水》，标志着她创作的明显转变，并获得了左翼理论家的高度评价。

同时，京派作家如沈从文、萧乾、林徽因等人也活跃于 20 世纪文坛中。沈从文，原名沈岳焕，字崇文，湖南省湘西土家族苗族自治州凤凰县人，是京派作家的集大成者。他的代表作包括《边城》《长河》《绅士的太太》《八骏图》《大小阮》《有学问的人》《龙朱》《月下小景》等。沈从文注重小说丰富多样的文体结构和文体形态，以古朴简约的语言构筑了"湘西世界"，通过浪漫主义手法探索人性的真谛，并借"神性"来宣扬他的生命哲学。《边城》是沈从文的代表作，它不仅是沈从文文学世界的基石，也是中国现代文学史上的一部经典之作。

新感觉派是活跃于 20 年代末期至 30 年代前半期的现实主义小说流派。在这一文学流派的代表作家中，施蛰存以其深刻的文学成就而尤为突出。他的代表作包括《将军底头》《梅雨之夕》《善女人行品》等，这些作品不仅体现了施蛰存对心理分析手法的精湛运用，也展现出他对新感觉派文学风格的独特贡献，对后来的文学创作也产生了一定的影响。

老舍，原名舒庆春，字舍予，另有笔名絜青、鸿来、非我等，中国现代小说家、剧作家，有"人民艺术家"称号。老舍的著作丰富，包括《猫城记》《离婚》《骆驼祥子》《月牙儿》《四世同堂》等，其中《离婚》被视为其小说创作幽默风格成熟的标志。在中国现代小说史上，老舍以其独特的幽默感和深刻的情感表达而著称，是十分杰出的幽默小说家。值得注意的是，老舍的长篇小说《骆驼祥子》在人物塑造方面的艺术成就尤为突出，书中祥子和虎妞这两个角色的个性塑造尤为鲜明，他们代表了社会底层人民的不同面貌。祥子的坚忍与悲剧，以及虎妞的泼辣性格和复杂内心，都给读者留下了深刻的印象。这些角色的成功塑造不仅揭示了社会的残酷现实，也展现了作者对人性的深刻洞察。

茅盾的原名沈德鸿，字雁冰，中国现代文学史上的一位著名作家。他的作品具有浓烈的现实主义色彩，深刻描绘了中国农村社会的变迁和城市生活的复杂性，其中，"农村三部曲"（《春蚕》《秋收》《残冬》）和"《蚀》三部曲"（《幻灭》《动摇》《追求》）是茅盾的代表作。这些作品不仅展示了茅盾对社会的深刻洞察，也体现了他对人性的细腻把握。

巴金，本名李尧棠，字芾甘，1929年，他第一次以"巴金"的笔名在《小说月报》发表中篇小说《灭亡》，是其文学生涯的正式起点。巴金的代表作是"爱情三部曲"（《雾》《雨》《电》）和"激流三部曲"（《家》《春》《秋》）。其中，"激流三部曲"深刻体现了五四运动的时代精神，描绘了那代青年人的觉醒和探索，展现了新观念在中国大地上的萌芽和发展。

在20世纪30年代的中国现代文学作品中，一个显著的文学现象是"革命"与"恋爱"相结合的模式。这种模式将个人的情感生活与当时社会的革命浪潮紧密联系起来，深刻展现了个体命运与时代脉搏的交织。蒋光慈的《鸭绿江上》和洪灵菲的"流亡三部曲"（《流亡》《前线》《转变》）等作品，不仅揭示了革命者的斗争生活，同时也深入探讨了他们的爱情和内心世界。这种文学模式的产生，有其深刻的时代背景，20世纪30年代是中国社会大变动的时期，国家面临着内忧外患，民众对于国家和民族命运的关注达到了前所未有的高度。在这样的背景下，文学作品自然地反映了这种社会情绪，将革命的主题与人的情感需求结合起来，既符合了时代的要求，也满足了读者的情感共鸣。

2. 20世纪30年代诗歌

中国诗歌会是成立于1932年的现代文学社团，由蒲风、穆木天等人发起，1933年2月创办了《新诗歌》旬刊。该派别诗人主张诗歌应贴近现实，倡导大众化，被誉为"新诗歌派"。蒲风的《茫茫夜》《六月流火》等作品，穆木天的《守堤者》，以及王亚平的《十二月的风》等，都是该派别的代表作。同时，艾青、田间、臧克家等人的诗作，也出现在同一时期的诗坛上。

艾青的《大堰河——我的保姆》在当时引起了强烈反响。田间出版的诗集有《未名集》和《中国牧歌》，以及叙事长诗《中国农村的故事》。臧克家的诗则以融合了新月诗派及其他流派的特点而著称，其代表作有《罪恶的黑手》《自己的写照》《运河》等。他的作品深刻描绘了中国农民的苦难与坚忍，被称为"泥土诗人"。

施蛰存于1932年5月创办了文艺刊物《现代》，其中收录的诗歌风格各异，但许多诗歌具有鲜明的现代派特征。戴望舒、施蛰存、林庚、何其芳等人以该刊物为中心，

形成了稳定的诗人群体。戴望舒的《望舒诗稿》、卞之琳的《鱼目集》，以及何其芳、卞之琳、李广田三人合著的《汉园集》，都是现代派的代表作。

3. 20 世纪 30 年代戏剧

1936 年，上海剧作者协会成立，主要剧作家包括夏衍、田汉、洪深、曹禺、李健吾等。夏衍的历史讽喻剧《赛金花》被誉为"国防戏剧的力作"。田汉的《梅雨》《月光曲》，洪深的"农村三部曲"，李健吾的《这不过是春天》，以及曹禺的《雷雨》《日出》《原野》，都是本时期的杰出作品。

4. 20 世纪 30 年代散文

20 世纪 30 年代中国现代文学的散文成就以议论性散文最为突出，尤其是鲁迅的杂文，如《三闲集》《二心集》等。报告文学方面，夏衍的《包身工》和宋之的的《一九三六年春在太原》最为优秀。游记散文方面，有郁达夫的《屐痕处处》《达夫游记》、朱自清的《欧游杂记》《伦敦杂记》等。抒情散文有何其芳的《画梦录》，叙事散文有李广田的《画廊集》《银狐集》《雀蓑集》等。哲理散文方面，丰子恺的《缘缘堂随笔》和梁遇春的《春醪集》《泪与笑》等，都是这一类散文的代表作。传记散文有郭沫若的《我的幼年》《反正前后》、庐隐的《庐隐自传》，以及沈从文的《从文自传》，等等。

在 20 世纪 30 年代的散文创作中，小品文创作同样活跃，林语堂等作家就倡导"超脱""闲适""幽默""性灵"的文风。

（三） 20 世纪 40 年代文学

20 世纪 40 年代文学（第三个十年）指从卢沟桥事变（1937 年 7 月 7 日）到中华人民共和国成立（1949 年 10 月 1 日）的 12 年，主要包括抗日战争、解放战争两个历史时期的文学活动。

1. 国统区文学

"孤岛"文学运动，指 1937 年 11 月上海沦陷至 1941 年 12 月 8 日"珍珠港事件"爆发，日军进占上海租界的 4 年零 1 个月里，留在上海的进步文艺工作者在英法租界内继续开展各种公开的和隐蔽的抗日文艺活动。以 1938 年 7 月成立于上海的上海剧艺社为阵地，上演了于伶的《夜上海》《花溅泪》《大明英烈传》、李健吾根据外国戏剧改编的《王德明》等戏剧。"孤岛"沦陷前后，王统照、师陀等在《万象》月刊上发表作品，新文艺创作逐渐复苏，出现了一些有独特风格的作家，如张爱玲、苏青等，她们的作品着力于女性、家庭、婚姻题材，致力于对女性生存困境的开掘。

第三个十年的文学，在国统区可分为三个时期。

抗战初期（1937 年 7 月—1938 年 9 月）。在全民抗战的情势下，这一时期的文学创作表现出高昂的爱国热情，速写化的小说、墙头诗、朗诵诗、传单诗、街头剧、活报剧风行一时。

抗战中期（1938 年 10 月—1944 年 9 月）。1938 年 10 月 25 日，武汉失守，抗战进入相持阶段。这一时期的文学创作在表达人民坚持抵抗、反对分裂的呼声之外，显著加强了对现实的批判和对历史的沉思。萧红的《呼兰河传》、老舍的《四世同堂》，还有郭沫若创作的历史剧《屈原》等，都标志着爱国主义主题的扩展与深入。

抗战后期及解放战争时期（1944年10月—1949年9月）。这一时期作家们主体意识逐步强化，给文学创作带来了更多个性化风格和多样化发展，如路翎的《财主底儿女们》、沙汀的《困兽记》、李广田的《引力》等。此外，作家们把对黑暗的诅咒、嘲谑，对光明的期待与焦躁，作为一种创作态度反映在文学创作上，讽刺成为这一时期文学的主色调，现代文学喜剧品格得到发展。小说如《围城》《选灾》，戏剧如《升官图》《捉鬼传》《群猴》，诗歌如《马凡陀的歌》《宝贝儿》《追赶时间的人》，等等，这些文学作品在迎接新中国的前夜，发挥了极大的战斗作用。

2. 20世纪40年代小说

20世纪40年代的中国处于抗日战争的背景下，小说创作呈现出多样化的面貌。国统区、"孤岛"和沦陷区的小说可以从主题和内容上大致分为几类：抗战题材的小说，如丘东平的《第七连》（写于1937年，1947年出版）、姚雪垠的《牛全德与红萝卜》和《长夜》等；以社会剖析和世情讽刺为主的小说，如沙汀的《淘金记》《还乡记》、艾芜的《山野》《石青嫂子》、吴祖缃的《山洪》，等等；注重文化分析的小说，如废名的《莫须有先生坐飞机以后》、沈从文的《长河》、师陀的《马兰》等；侧重于人性探索的小说，代表作有钱锺书的《围城》、路翎的《财主底儿女们》，以及张爱玲的《金锁记》和苏青《结婚十年》，等等。

这一时期沙汀的作品涵盖了短篇小说《在其香居茶馆里》《磁力》《堪察加小景》，长篇小说《淘金记》《困兽记》《还乡记》，以及中篇小说《奇异的旅程》，等等。其中，《淘金记》是沙汀"三记"系列中的第一部，也是影响力最大的一部，曾被卞之琳誉为"抗战以来所出版的最好的一部长篇小说"。

钱锺书先生曾以笔名"中书君"发表作品，1941年出版了散文集《写在人生边上》，1946年出版了短篇小说集《人·鬼·兽》，1949年之后，他还出版了学术著作《宋诗选注》《管锥编》《七缀集》等。钱锺书的《围城》是中国现代文学中一部杰出的讽刺小说，生动地描绘了抗战时期中国知识分子的生活境遇，展现了传统价值与现代价值的断裂、错位和冲突，从而深刻揭示了当时社会自我围困的现状。

张爱玲是这一时期另一位重要的作家，20世纪40年代，她陆续发表了《沉香屑：第一炉香》《倾城之恋》《金锁记》等文学作品。她的小说作品以深刻的人性洞察和独特的文学风格而著称。

张恨水是中国现代通俗文学史上的重要人物。20世纪初至40年代，他创作了大量小说作品，代表作为20世纪二三十年代创作的《春明外史》《金粉世家》《啼笑因缘》《八十一梦》等，其作品广泛受到了读者的喜爱。

3. 20世纪40年代新诗

在20世纪40年代的国统区，七月诗派和九叶诗派是两个具有重要影响力的诗歌流派。

七月诗派以胡风主编的《七月》《希望》等刊物为阵地，形成了一个现实主义抒情

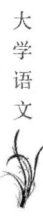

诗流派。该流派以胡风的文艺理论为指导，坚持现实主义创作原则，强调发扬"主观战斗精神"，并要求诗人深入生活，将主客观世界紧密融合。七月诗派的作品强调艺术性，但不过分追求唯美，注重在生活中发现诗意，创造诗美。这一诗派的主要代表人物包括鲁藜、绿原、牛汉等。

艾青是 20 世纪 40 年代新诗坛的杰出诗人。艾青，原名蒋海澄，他的第一首长诗是创作于 1938 年的《向太阳》。20 世纪 40 年代前后，艾青创作了一系列诗歌，如《煤的对话》《太阳》《吹号者》《黎明的通知》等，这些诗歌作品充分展现了他对光明和人类至高境界的渴望与追求。他的作品集包括《北方》《他死在第二次》《旷野》等。

九叶诗派是 20 世纪 40 年代中后期形成的一个追求现实主义与现代主义相结合的诗歌流派。该诗派以《诗创造》《中国新诗》等刊物为阵地，代表人物有辛笛、陈敬容、穆旦等。九叶诗派在艺术上反对浪漫主义诗风，致力于新诗的"现代化"建设和"感受力的革命"，希望将诗打造成现实、象征和玄学的融合。该诗派的诗歌既具有强烈的现实感，又充满超越性的、形而上的沉思。在艺术表现上，九叶诗派的诗歌既有丰富的感觉意象，又表现出鲜明的知性特征，语言清晰而诗意朦胧。穆旦是九叶诗派中成就最高的诗人，其代表作品包括《控诉》《赞美》《在寒冷的腊月的夜里》等。

4. 20 世纪 40 年代戏剧

20 世纪 40 年代前后，戏剧形式出现了创新，如活报剧、街头剧、茶馆剧等新剧种。1937 年后，随着一些大城市的相继沦陷，以城市为中心的戏剧运动失去了原来的剧场和舞台，一些进步的戏剧工作者组织流动演剧队，街头剧和活报剧以及广场剧等由此应运而生、广泛流行。其中《三江好》《最后一计》《放下你的鞭子》是当时演出最广、影响最大的街头剧，被戏剧界合称为"好一计鞭子"，成为这类剧作的代表。20 世纪 40 年代前后，在国统区，历史剧创作迎来了热潮。郭沫若的作品如《屈原》《虎符》等，阳翰笙的《天国春秋》，欧阳予倩的《忠王李秀成》和《桃花扇》，以及阿英的《碧血花》和于伶的《大明英雄传》等，均产生了广泛影响。

现实生活题材的作品中，曹禺的《北京人》、于伶的《夜上海》和《长夜行》、陈白尘的《升官图》和《岁寒图》等，均在当时的社会产生了强烈的反响。夏衍的艺术成就显著，其代表作如《离离草》《芳草天涯》等，展现了深刻的戏剧艺术魅力。田汉的剧作以抗日和民主为主题，如《秋声赋》《风雨归州》等，喊出了时代的声音。

解放区在秧歌运动的推动下，诞生了具有民族特色的新歌剧，如贺敬之和丁毅执笔的《白毛女》、阮章竞的《赤叶河》等，为戏剧艺术注入了新的活力。

5. 解放区作家代表

赵树理，原名赵树礼，现代小说家和人民艺术家，山药蛋派代表作家。他的作品真实地反映了我国农村在几十年间发生的巨大变革，同时具有鲜明的民族特色和风格。赵树理的代表作品包括《小二黑结婚》《李有才板话》等。其中，创作于 1943 年的《小二黑结婚》不仅是赵树理的成名作，也是中国现代文学史上著名的短篇小说之一，该小说讲述了边区农村青年小二黑和小芹为争取婚姻自主而展开的故事，展示了农村中新生的进步力量与落后迷信和封建反动势力之间的激烈斗争。在政权的支持下，主人公最终克服重重阻碍，赢得了幸福婚姻，体现了抗日战争时期解放区民主政权的力量和新思想的胜利。该小说在塑造人物形象方面取得了显著的艺术成就。

孙犁，原名孙振海，后更名孙树勋，是解放区的代表作家。他的小说以清新优美的文风著称，善于通过诗意的方式表现生活，虽然常常以战争为背景，但并不直接描写战争，而是赞颂人性之善和人情之美。孙犁的代表作包括小说《荷花淀》《芦花荡》《嘱咐》，以及长篇小说《风云初记》、作品集《白洋淀纪事》等。《白洋淀纪事》于1958 年出版，其中收录了孙犁多篇短篇小说和散文，主要描写的是抗日战争期间冀中平原上的人和事。

第八单元

科 学 艺 术

　　科学与艺术，看似分属理性与感性的两极，却在浩瀚星河中梭织出无数令人心醉的篇章。李贺在《李凭箜篌引》中，创作了如梦似幻的音乐意境，仿佛将人带入一个超越凡尘的世界。白居易的《胡旋女》里，那令人目眩神迷的舞姿，仿佛让时间也为之停驻。这是艺术的灵感在流淌，而在另一端：李时珍的《本草纲目》以严谨求真的科学精神，为后世留下了宝贵的医学财富；贾平凹的《秦腔》则以深情的笔触，将传统文化的厚重与温度娓娓道来。而在现代社会，"小目标"这一略显朴素的词汇，也能激发人们对生活与未来的热烈讨论。

　　这些作品，无论其所蕴含的是艺术之美还是科学之光，都在以各自独特的方式涵养着我们的心灵。艺术以其感性之美启迪智慧，科学以其理性之光照亮生活。科学与艺术，在碰撞中互为支撑，在理性与感性的交汇中熠熠生辉，它们共同塑造出人类文明的壮丽画卷，并为我们揭示生命与世界的无限可能。

1 李凭箜篌引^[1]

李 贺

李贺（790—816），字长吉，河南府福昌县昌谷乡（今河南省洛阳市宜阳县）人，世称"李昌谷"，唐朝宗室郑王李亮后裔，唐中期浪漫主义诗人。因避父晋肃讳，不得参加进士科考试，后以父荫得官，任奉礼郎，年少失意，郁郁而亡。李贺早岁工诗，见知于韩愈、皇甫湜，其诗尤长乐府，善于熔铸词采，驰骋想象，运用神话传说，创造出恢奇诡谲、璀璨多彩的鲜明形象，艺术上有显著的特色。但由于他生活孤独，性情冷僻，政治上又找不到出路，诗中常带有感伤、低沉的情调。李贺作诗态度严肃，冥索苦搜，唯追求形式太过，杜牧曾指出其理不胜词的缺点，今存有《昌谷集》四卷、《外集》一卷等。

吴丝蜀桐张高秋^[2]，空山凝云颓不流^[3]。
湘娥啼竹素女愁^[4]，李凭中国弹箜篌^[5]。
昆山玉碎凤凰叫，芙蓉泣露香兰笑^[6]。
十二门前^[7] 融冷光，二十三丝动紫皇^[8]。
女娲炼石补天处，石破天惊逗秋雨^[9]。
梦入神山教神妪，老鱼跳波瘦蛟舞^[10]。
吴质不眠倚桂树，露脚斜飞湿寒兔^[11]。

【注释】

[1] 李凭箜篌引：李凭，当时的梨园艺人，善弹奏箜篌。杨巨源《听李凭弹箜篌》（二首）诗曰："听奏繁弦玉殿清，风传曲度禁林明。君王听乐梨园暖，翻到云门第几声。""花咽娇莺玉漱泉，名高半在御筵前。汉王欲助人间乐，从遣新声坠九天。"箜篌引，乐府旧题，属《相和歌·瑟调曲》。箜篌，古代弦乐器，又名空侯、坎侯，有多种形状。据诗中"二十三丝"，可知李凭弹的是竖箜篌。引，一种古代诗歌体裁，篇幅较长，音节、格律一般比较自由，形式有五言、七言、杂言。

[2] "吴丝"句：丝，指箜篌的弦。桐，指箜篌的身干。吴地以产丝著名，蜀中桐木宜为乐器。吴丝蜀桐，形容箜篌外形的精美。张高秋，在气象爽朗的秋天弹奏起来。

[3] "空山"句：意谓连空山的云气也为箜篌声所吸引，凝而不流。颓，颓然，堆集、凝滞的样子。山，一作"白"。

[4] "湘娥"句：湘娥，一作"江娥"，湘水的女神，即古代帝舜的妃子娥皇、女英。传说舜巡视南方，死于苍梧（山名，在今湖南省永州市宁远县）之野，二妃追踪至洞庭湖，听到不幸消息，南向痛哭，泪珠洒在竹上，因而有湘江一带的斑竹。素女，

神话中的霜神。《史记·封禅书》有"太帝使素女鼓五十弦瑟，悲，帝禁不止"的描述。素女愁，即化用其意。

[5] 中国弹箜篌：犹言国中弹箜篌。国中，指都城长安。

[6] "昆山"二句：上句写高弹，下句写低弹。昆山，即昆仑山，相传是著名的产玉之地。玉碎凤凰叫，形容音响的清脆激越。芙蓉，莲花的别名。芙蓉泣露，形容曲调的幽咽。香兰笑，形容曲调的欢快。唐代口语中，称花盛开为笑。

[7] 十二门前：指长安。长安城四面各三门，共有十二门。

[8] "二十三"句：二十三丝，指箜篌。箜篌有各种式样，其中一种叫竖箜篌，体曲而长，有二十三弦。动紫皇，感动天神。《太平御览》卷六百五十九引《秘要经》："太清九宫，皆有僚属，其最高者称太皇、紫皇、玉皇。"

[9] "女娲"二句：意谓箜篌声震惊了整个天界。古代神话，共工氏怒触不周山，天倾西北，女娲炼五色石把缺处补好。石破天惊，是"天惊石破"的倒文。逗，引出来的意思。

[10] "梦入"二句：李凭的箜篌，把听者引入了幻境，仿佛他不是在人间弹奏，而是在神山之上把这绝艺传授给神仙。王琦注："《搜神记》：'永嘉中，有神见兖州，自称樊道基。有姬，号成夫人。夫人好音乐，能弹箜篌。闻人弦歌，辄便起舞。'所谓神姬，疑用此事。"姬（yù），妇女的通称。鱼跳、蛟舞，意谓连无知的动物都为之感动而欢欣。

[11] "吴质"二句：写深夜弹奏的情景。意谓不但人们被箜篌的声音吸引住，连月里吴刚聆音听曲，也为之不眠。此时，桂叶上的露珠斜飞，溅湿树下的寒兔，月光更显得清冷了。吴质，即神话中在月中砍桂树的吴刚。寒兔，指月轮。月中有黑影，古代神话传说月中有玉兔和蟾蜍。

【赏析提示】

李凭是梨园弟子，因善弹箜篌，名噪一时。"天子一日一回见""王侯将相立马迎"，其身价之高，似乎远远超过盛唐时期的著名歌手李龟年，他的精湛技艺，受到了诗人们的热情赞赏。这首诗想象丰富，设色瑰丽，艺术感染力很强，清人方扶南把它与白居易的《琵琶行》、韩愈的《听颖师弹琴》相提并论，推许为"摹写声音之至文"。

音乐是一种诉诸听觉的时间艺术，它的音响只存在一瞬，转瞬即逝。音乐形象比较抽象，难以捉摸，要用文字将其妙处表达出来就更困难了。李贺这首诗在众多描写音乐的唐诗中脱颖而出，获得了读者的赞扬。

这首诗最大的特点是想象奇特，形象鲜明，充满浪漫主义色彩。诗人致力于把自己对箜篌声的抽象感觉、感情与思想借助联想转化成具体的物象，使之可见可感。诗歌没有对李凭的技艺做直接的评判，也没有直接描述诗人的自我感受，只有对乐声及其效果的摹绘。然而纵观全篇，又无所不寄托着诗人的情思，曲折而又明朗地表达了他对乐曲的感受和评价，这就使外在的物象和内在的情思融为一体，构成悦目赏心的艺术境界。

同时，诗歌运用了一连串的比喻，传神地再现了乐工李凭创造的诗意浓郁的音乐境界，生动地记录下李凭弹奏箜篌的高超技艺，也表现了作者对乐曲的深刻理解，具有丰富的艺术想象力。全诗语言俏丽，构思新奇，独辟蹊径，对乐曲本身，仅用两句略加描摹，而将大量笔墨用来渲染乐曲惊天地、泣鬼神的动人效果。

【思考探究】

（1）清人方扶南把这首诗与白居易的《琵琶行》、韩愈的《听颖师弹琴》推许为"摹写声音之至文"，请结合诗的第五、六句谈谈你的理解。

（2）请简要分析此诗的艺术特色。

【相关链接】

听颖师弹琴

韩　愈

昵昵儿女语，恩怨相尔汝。划然变轩昂，勇士赴敌场。浮云柳絮无根蒂，天地阔远随飞扬。喧啾百鸟群，忽见孤凤凰。跻攀分寸不可上，失势一落千丈强。嗟余有两耳，未省听丝篁。自闻颖师弹，起坐在一旁。推手遽止之，湿衣泪滂滂。颖乎尔诚能，无以冰炭置我肠！

2　胡旋女[1]（戒近习也[2]）

白居易

白居易（772—846），字乐天，号香山居士、醉吟先生。祖籍太原阳邑（今山西省晋中市太谷区，一说祖籍为同州韩城，今陕西省韩城市），后迁居下邽（今陕西省渭南市）人。晚年官至太子少傅，谥号"文"，世称"白傅""白文公"。白居易与元稹齐名，并称"元白"。

白居易28岁中进士，开始踏上仕途，但因上书言事，被贬江州司马。白居易的创作正以被贬江州司马为界，分为前、后两期。前期因仕途顺遂，思想上以兼济天下为主，诗歌创作以讽喻诗为主，如《秦中吟》《新乐府》等。同时也开始进行现实主义的诗歌创作，并进入创作高峰，如代表作品《长恨歌》等。后期因贬官江州，给白居易以沉重打击，他感到不平和愤懑，作《琵琶行》以寄意。晚年白居易闲居东都洛阳履道里，受佛、道思想影响，思想趋于消极，创作上也以闲适诗为主。他提出"文章合为时而著，歌诗合为事而作"，以及强调继承《诗经》的优良传统和杜甫的创作精神，促进了新乐府运动的深入开展。

胡旋女，胡旋女，心应弦，手应鼓。

弦鼓一声双袖举，回雪飘飖转蓬舞^[3]。

左旋右转不知疲，千匝万周无已时。

人间物类无可比，奔车轮缓旋风迟。

曲终再拜谢天子，天子为之微启齿。

胡旋女，出康居^[4]，徒劳东来万里余。

中原自有胡旋者，斗妙争能尔不如。

天宝季年时欲变^[5]，臣妾人人学圜转^[6]。

中有太真外禄山，二人最道能胡旋^[7]。

梨花园中册作妃，金鸡障下养为儿^[8]。

禄山胡旋迷君眼，兵过黄河疑未反^[9]。

贵妃胡旋惑君心，死弃马嵬念更深^[10]。

从兹地轴天维转^[11]，五十年来制不禁^[12]。

胡旋女，莫空舞，数唱此歌悟明主。

【注释】

[1] 胡旋女：跳胡旋舞的舞女。胡旋舞是由西域康居传来的民间舞，其特点是旋律快、节奏快、转圈多，而难分面背。《新唐书·礼乐志》载："胡旋舞者立毯上，旋转如风。"

[2] 戒近习也：要制止这种不良的社会风气。白居易认为，当年唐玄宗就是贪恋胡旋舞导致了安史之乱。现在胡旋舞依然盛行，诗人写这首关于胡旋舞的新乐府，就是要今日天子以此为戒。白居易的新乐府在结构上有个特点，叫作"篇首标其目，卒章显其志"，即开头点明写此诗的目的，诗歌结尾处再点明创作的主旨。"戒近习也"即"篇首标其目"。

[3] "回雪"句：形容表演者在急速地旋转（这也是胡旋舞得名的原因），像流风中飘飖的回雪和旋转着的蓬草。飘飖（yáo），风吹飘荡之状。转蓬，随风飘转的蓬草。曹植《杂诗》："转蓬离本根，飘飖随长风。"

[4] 康居（kāng qú）：古西域国名。自锡尔河下游，至吉尔吉斯平原，是康居疆域的中心地带。有学者考证：古康居即今日的哈萨克斯坦共和国一带。

[5] "天宝"句：天宝末年社会风气发生巨大变化。天宝，唐玄宗年号。时欲变，指天宝末年纲纪败坏。

[6] 圜（huán）转：旋转。北宋哲学家张载《正蒙·参两》："凡圜转之物，动必有机。"

[7] "中有"二句：宫内有杨玉环，宫外有安禄山，两人最善于跳胡旋舞。太真，贵妃杨玉环号。《旧唐书·后妃传》："时妃衣道士服，号曰'太真'。"禄山，安禄山，唐代叛军领袖。据《旧唐书·安禄山传》：安禄山"晚年益肥壮，腹垂过膝，重三百三十斤，每行以肩膊左右抬挽其身，方能移步。至玄宗前，作胡旋舞，疾如风焉。"

[8]"梨花"二句：梨花园，梨园。《新唐书》载："玄宗既知音律，又酷爱法曲，选坐部伎子弟三百教于梨园，声有误者，帝必觉而正之，号'皇帝梨园弟子'。"金鸡障，画金鸡为饰的坐障。唐李德裕《次柳氏旧闻》："天宝中，安禄山每来朝，上特异待之，每为致殊礼。殿西偏张金鸡障，其来辄赐坐。"养为儿，安禄山曾入宫见杨贵妃，做出认贵妃为母的荒唐事。

[9]"兵过"句：天宝十四年（755）安禄山在幽州（今北京市）发动叛乱，大军已渡过黄河，消息传来，唐玄宗仍不相信，还认为是诬陷安禄山。

[10]"死弃"句：天宝十五年（756）六月十四日，杨玉环随李隆基流亡蜀中，途经马嵬驿，禁军哗变，玄宗无奈，只得下令命杨贵妃自缢。念更深，玄宗迫于无奈赐死杨贵妃后对她思念更深。

[11]地轴天维转：指安史之乱给国家社会带来巨大灾难。

[12]"五十"句：指胡旋舞从康居国传入中原后一直很流行。从安史之乱到白居易写此诗的宪宗元和五年（810）有五十多年。

【赏析提示】

胡旋舞是唐代极为盛行的舞蹈之一，胡旋舞、胡腾舞和柘枝舞为唐代最流行的三大西域乐舞。西域各国都曾向唐王朝宫里进奉胡旋女，唐玄宗李隆基对于胡旋舞十分偏爱，他的宠妃杨玉环和宠臣安禄山，都善跳胡旋舞。

《胡旋女》是唐代诗人白居易创作的一首乐府诗。诗歌用夸张、比喻等手法，细致地描绘了胡旋舞舞者的形态之美，交代了胡旋舞的产地和在中原风行的经过，以及善舞者如何受到唐玄宗的赞赏和器重。诗人在描述此舞惊人之美的同时，亦对天子如此沉溺于胡旋舞持批判态度。

诗人首先运用夸张、比拟、想象、渲染等多种艺术手法，细致地描绘了胡旋舞舞者的舞蹈之美。从开始"弦鼓一声双袖举"，一直到结束"曲终再拜谢天子"，着重突出胡旋舞快速旋转的主要特征。胡旋女在鼓乐声中急速起舞，像雪花在空中飘摇，像蓬草迎风飞舞，其旋转速度比飞转的车轮和疾风还要快，而且飞快地来回旋转根本不知疲倦，转啊转啊，"千匝万周无已时"。元稹《和李校书新题乐府十二首·胡旋女》中亦写到在飞旋的舞蹈中，观众已经是"万过其谁辨终始，四座安能分背面"，连观者也眼花缭乱，分不清楚胡旋女的脸和背了。胡旋女如此美妙的舞姿自然得到了天子的喜爱。

其次，诗人在诗中表达了对天子如此沉溺于胡旋舞的不满。诗人认为，胡旋舞的盛行是"天宝季年时欲变"的征兆，因为它只能"迷君眼""惑君心"，使唐王朝遭受了一次大劫难，"从兹地轴天维转，五十年来制不禁"。

最后，诗人写道"胡旋女，莫空舞，数唱此歌悟明主"，点破创作主旨，劝诫胡旋女不要只顾着跳舞，也来唱一唱我写的这首诗，给天子一些启示，让明君领悟这个历史教训。作者不直接劝诫宪宗，而是对胡旋女发话，这是一种婉曲的表达方式。比起元稹的诗结尾直接谴责玄宗和直接告诫宪宗"翠华南幸万里桥，玄宗始悟坤维转。寄言旋目与旋心，有国有家当共谴"，白居易的表现手法要委婉一些。

【思考探究】

（1）诗人为什么将对胡旋舞的介绍放在诗的后半部分，这有什么好处？

（2）从这首诗中我们可以看到白居易讽喻诗有哪些特点？

（3）"天宝季年时欲变，臣妾人人学圜转"一句中，我们可以听到哪些弦外之音？

【相关链接】

长恨歌

白居易

汉皇重色思倾国，御宇多年求不得。
杨家有女初长成，养在深闺人未识。
天生丽质难自弃，一朝选在君王侧。
回眸一笑百媚生，六宫粉黛无颜色。
春寒赐浴华清池，温泉水滑洗凝脂。
侍儿扶起娇无力，始是新承恩泽时。
云鬓花颜金步摇，芙蓉帐暖度春宵。
春宵苦短日高起，从此君王不早朝。
承欢侍宴无闲暇，春从春游夜专夜。
后宫佳丽三千人，三千宠爱在一身。
金屋妆成娇侍夜，玉楼宴罢醉和春。
姊妹弟兄皆列土，可怜光彩生门户。
遂令天下父母心，不重生男重生女。
骊宫高处入青云，仙乐风飘处处闻。
缓歌慢舞凝丝竹，尽日君王看不足。
渔阳鼙鼓动地来，惊破霓裳羽衣曲。
九重城阙烟尘生，千乘万骑西南行。
翠华摇摇行复止，西出都门百余里。
六军不发无奈何，宛转蛾眉马前死。
花钿委地无人收，翠翘金雀玉搔头。
君王掩面救不得，回看血泪相和流。
黄埃散漫风萧索，云栈萦纡登剑阁。
峨嵋山下少人行，旌旗无光日色薄。
蜀江水碧蜀山青，圣主朝朝暮暮情。
行宫见月伤心色，夜雨闻铃断肠声。
天旋日转回龙驭，到此踌躇不能去。
马嵬坡下泥土中，不见玉颜空死处。
君臣相顾尽沾衣，东望都门信马归。
归来池苑皆依旧，太液芙蓉未央柳。
芙蓉如面柳如眉，对此如何不泪垂。
春风桃李花开夜，秋雨梧桐叶落时。
西宫南内多秋草，落叶满阶红不扫。

185

梨园弟子白发新，椒房阿监青娥老。
夕殿萤飞思悄然，孤灯挑尽未成眠。
迟迟钟鼓初长夜，耿耿星河欲曙天。
鸳鸯瓦冷霜华重，翡翠衾寒谁与共。
悠悠生死别经年，魂魄不曾来入梦。
临邛道士鸿都客，能以精诚致魂魄。
为感君王展转思，遂教方士殷勤觅。
排空驭气奔如电，升天入地求之遍。
上穷碧落下黄泉，两处茫茫皆不见。
忽闻海上有仙山，山在虚无缥缈间。
楼阁玲珑五云起，其中绰约多仙子。
中有一人字太真，雪肤花貌参差是。
金阙西厢叩玉扃，转教小玉报双成。
闻道汉家天子使，九华帐里梦魂惊。
揽衣推枕起裴回，珠箔银屏逦迤开。
云鬓半偏新睡觉，花冠不整下堂来。
风吹仙袂飘飘举，犹似霓裳羽衣舞。
玉容寂寞泪阑干，梨花一枝春带雨。
含情凝睇谢君王，一别音容两渺茫。
昭阳殿里恩爱绝，蓬莱宫中日月长。
回头下望人寰处，不见长安见尘雾。
唯将旧物表深情，钿合金钗寄将去。
钗留一股合一扇，钗擘黄金合分钿。
但教心似金钿坚，天上人间会相见。
临别殷勤重寄词，词中有誓两心知。
七月七日长生殿，夜半无人私语时。
在天愿作比翼鸟，在地愿为连理枝。
天长地久有时尽，此恨绵绵无绝期。

3　本草纲目（节选）

李时珍

　　李时珍（约1518—1593），字东璧，晚年自号濒湖山人，湖广黄州府蕲州（今湖北省黄冈市蕲春县）人，明代著名医学家、药物学家，曾为楚王府奉祠正、皇家太医院判，去世后明廷敕封为"文林郎"，后世尊其为"药圣"，与"医圣"万密斋齐名，古有"万密斋的方，李时珍的药"之说。李时珍曾参考历代有关医药及学术书籍 800 余种，并结合自身经验和调查研究，历时 27 年，三易其稿，编成《本草纲目》一书。《本草纲目》成为当时最系统、最完整、最科学的一部医药学著作，不仅为中国药物学的发展做出了重大贡献，而且对世界医药学、植物学、动物学、矿物学、化学的发展也产生了深远的影响，被誉为"东方医药巨典"，英国著名生物学家达尔文称它为"中国古代的百科全书"。李时珍还著有《奇经八脉考》《濒湖脉学》《五脏图论》等医书。

白　茅

【释名】根名茹根（《本经》[1]）、兰根（《本经》）、地筋（《别录》[2]）。〔时珍曰〕茅叶如矛，故谓之茅。其根牵连，故谓之茹[3]。《易》曰：拔茅连茹，是也。有数种：夏花者为茅，秋花者为菅[4]。二物功用相近，而名谓不同。《诗》云，白华菅兮，白茅束兮，是也。《别录》不分茅菅乃二种，谓茅根一名地菅，一名地筋，而有名未用又出地筋，一名菅根。盖二物之根状皆如筋，可通名地筋，不可并名菅也，正之。

【集解】〔《别录》曰〕茅根生楚地山谷田野，六月采根。〔弘景[5]曰〕此即今白茅菅。《诗》云，露彼菅茅，是也。其根如渣芹甜美。〔颂曰〕处处有之。春生芽，布地如针，俗谓之茅针，亦可啖[6]，甚益小儿。夏生白花茸茸然，至秋而枯。其根至洁白，六月采之。又有菅，亦茅类也。陆玑《草木疏》云：菅似茅而滑无毛，根下五寸中有白粉者，柔韧宜为索，沤[7]之尤善。其未沤者名野菅，入药与茅功等。〔时珍曰〕茅有白茅、菅茅、黄茅、香茅、芭茅数种，叶皆相似。白茅短小，三四月开白花成穗，结细实。其根甚长，白软如筋而有节，味甘，俗呼丝茅，可以苫盖，及供祭祀苞苴[8]之用，《本经》所用茅根是也。其根干之，夜视有光，故腐则变为萤火。菅茅只生山上，似白茅而长，入秋抽茎，开花成穗如荻花，结实尖黑，长分许，粘衣刺人。其根短硬如细竹根，无节而微甘，亦可入药，功不及白茅，《尔雅》[9]所谓白华野菅是也。黄茅似菅茅，而茎上开叶，茎下有白粉，根头有黄毛，根亦短而细硬无节，秋深开花穗如菅，可为索绹[10]，古名黄菅，《别录》所用菅根是也。香茅一名菁茅，一名琼茅，生湖南及江淮间，叶有三脊，其气香芬，可以包藉[11]及缩酒[12]，《禹贡》[13]所谓荆州苞匦[14]菁茅是也。芭茅丛生，叶大如蒲，长六七尺，有二种，即芒也。见后芒下。

银　杏

【释名】白果（《日用》[15]）、鸭脚子。〔时珍曰〕原生江南，叶似鸭掌，因名鸭脚。宋初始入贡，改呼银杏，因其形似小杏而核色白也。今名白果。梅尧臣诗：鸭脚类绿李，其名因叶高。欧阳修诗：绛囊[16]初入贡，银杏贵中州。是矣。

【集解】〔时珍曰〕银杏生江南，以宣城者为胜。树高二三丈。叶薄纵理，俨如鸭掌形，有刻缺，面绿背淡。二月开花成簇，青白色，二更开花，随即卸落，人罕见之。一枝结子百十，状如楝子[17]，经霜乃熟烂，去肉取核为果。其核两头尖，三棱为雄，二棱为雌。其仁嫩时绿色，久则黄。需雌雄同种，其树相望，乃结实；或雌树临水亦可；或凿一孔，内雄木一块泥之亦洁。阴阳相感之妙如此。其树耐久，肌理白腻。术家取刻符印，云能召使也。《文选·吴都赋》注：平仲果，其实如银。未知即此果否？

无 患 子

【释名】桓（《拾遗》[18]）、木患子（《纲目》）、噤娄（《拾遗》）、肥珠子（《纲目》）、油珠子（《纲目》）、菩提子（《纲目》）、鬼见愁。〔藏器[19]曰〕桓、患字，声讹也。崔豹《古今注》云：昔有神巫曰瑶眊[20]，能符劾百鬼，得鬼则以此木为棒，棒杀之。世人相传以此木为器用，以厌鬼魅，故号曰无患。人又讹为木患也。〔时珍曰〕俗名为鬼见愁。道家禳解[21]方中用之，缘此义也。释家取为数珠，故谓之菩提子，与薏苡[22]同名。《纂文》[23]言其木名卢鬼木。山人呼为肥珠子、油珠子，因其实如肥油而子圆如珠也。

【集解】〔藏器曰〕无患子，高山大树也。子黑如漆珠。《博物志》云：桓叶似樗柳叶。核坚正黑如璎[24]，可作香缨及浣垢。〔宗奭[25]曰〕今释子取为念珠，以紫红色、小者佳。入药亦少。西洛亦有之。〔时珍曰〕生高山中。树甚高大，枝叶皆如椿，特其叶对生。五六月开白花。结实大如弹丸，状如银杏及苦楝子，生青熟黄，老则文皱。黄时肥如油炸之形，味辛气腥[26]且硬。其蒂下有二小子，相粘承之。实中一核，坚黑似肥皂荚之核，而正圆如珠。壳中有仁如榛子仁，亦辛腥[26]，可炒食。十月采实，煮熟去核，捣和麦面或豆面作澡药，去垢同于肥皂，用洗真珠[27]甚妙。《山海经》云：秩周之山，其木多桓。郭璞[28]注云：叶似柳，皮黄不错。子似楝，着酒中饮之，辟恶气，浣衣去垢，核坚正黑。即此也。今武当山中所出鬼见愁，亦是树荚之子，其形正如刀豆子而色褐，彼人亦以穿数珠。别是一物，非无患也。

【注释】

[1]《本经》：指《神农本草经》，秦汉时人托"神农"所作。《神农本草经》记载了 365 种药物的疗效，是中医四大经典著作之一，也是已知最早的中药学著作。

[2]《别录》：指《名医别录》，药学著作，成书于汉末，由历代医家陆续汇集而成。

[3] 茹：根互相牵连的样子。

[4] 菅（jiān）：多年生草本植物，多生于山坡草地，质地坚韧，可做炊帚、刷子等。杆、叶可作造纸原料。

[5] 弘景：指陶弘景，字通明，南朝齐梁间道教思想家、医学家、炼丹家、文学家。

[6] 啖（dàn）：吃或给人吃。

[7] 沤（òu）：长时间地浸泡。

[8] 苞苴：用于包裹鱼肉的蒲包。

[9]《尔雅》：由汉初学者缀辑周、汉诸书旧文，递相增益而成，是中国最早的一部解释词义的专著，也是第一部按照词义系统和事物分类来编纂的词典。

[10] 索绹（táo）：绳子。

[11] 包藉：垫在物品下面。

[12] 缩酒：古代祭祀时用菁茅滤酒去渣，谓之缩酒。

[13]《禹贡》：属于《尚书》中的一篇，用自然分区方法记述当时中国的地理情况，对黄河流域的山脉、河流、植被、土壤、物产、贡赋、少数民族、交通等自然和人文地理现象做了简要描述。

[14] 苞匦（guǐ）：用匦子包装。据《尚书》载，古代荆州一带有用匦子包装青茅（以之滤酒）进贡之习。后以苞匦代指贡物。

[15]《日用》：即《日用本草》，元代吴瑞创作的一部植物学作品。

[16] 绛囊：红色口袋，喻草木之红色花果。

[17] 楝（liàn）子：楝科植物川楝的干燥成熟果实。主产于四川、云南、贵州、湖南、湖北、河南、甘肃等地。冬季果实成熟呈黄色时采收，除去杂质，干燥。药材以个大、饱满，外皮金黄色，果肉色黄白者，为佳。

[18]《拾遗》：指《本草拾遗》，唐陈藏器撰于开元二十七年（739）。

[19] 藏器：指陈藏器，唐代中药学家。

[20] 瑶眊（yáo ěr）：古代神巫名。后壮族人用为巫觋（xí）的通称。

[21] 禳解（ráng jiě）：向神祈求解除灾祸。

[22] 薏苡（yì yǐ）：俗称"药玉米"，禾本科薏苡属一年生粗壮草本。须根黄白色，海绵质，直径约3毫米。

[23]《纂文》：训诂书，三卷，南朝宋何承天撰，仿《尔雅》体例。

[24] 瑿（yī）：黑色的美石。

[25] 宗奭（shì）：即寇宗奭，宋代药物学家，著有《本草衍义》。

[26] 膱（zhí）：黏，滞。

[27] 真珠：珍珠，形圆如豆，乳白色，有光泽，是某些软体动物（如蚌）壳内所产。

[28] 郭璞：字景纯，东晋文学家、训诂学家，好古文、奇字，精天文、历算、卜筮，长于赋文，曾注释《周易》《山海经》《穆天子传》《方言》《楚辞》等古籍。

【赏析提示】

《本草纲目》是一部医药学著作，也是一部文化经典；是学术的，也是诗意的。《本草纲目》是文字讲究、叙述有趣的博学文章，每一种药物都对应有"释名""集解"两项。"释名"是学术史的梳理，考证不同历史阶段、不同地域、不同典籍中同一种植物的不同名称及其来源。白茅、银杏和无患子都是常见草木，但李时珍讲出了许多学问和故事。李时珍提醒我们，对于所谓的常识，我们可以多问为什么，还可以重新思考。"集解"描述植物的形态与生存环境。在详尽描述这些草木的背后，是李时珍长年在山野仔细观察的结果。于是，草木才有了或优美或解颐的人间悲喜故事："如渣芹甜美""甚益小儿"的茅根和茅针，会让不少人想起在田野嚼野草根、吃野果的童年；银杏雌雄相望才可结果，恰有着"诗意栖居"的心灵与生活；无患子的果肉可做皂剂洗衣，果核是菩提子，可做念珠。这些药物不仅作草木之用，更是中国人的生活史和精神史中的重要部分。

李时珍编著的《本草纲目》取得如此辉煌灿烂的巨大科学成就，与其深厚的文化底蕴、精湛的文学内涵不可分开，该著作对中国文学的影响也是至深至远的。给药立传，要求文章短小精美，意韵生动流转，李时珍所立之医案或所引之医话，皆似散文故事，叙述层次分明，描写淋漓尽致，形容有声有色。

【思考探究】

(1)《本草纲目》在介绍每种药物上有何特点？

(2) 简述《本草纲目》的艺术特色？

【相关链接】

三　峡

郦道元

自三峡七百里中，两岸连山，略无阙处。重岩叠嶂，隐天蔽日，自非亭午夜分，不见曦月。

至于夏水襄陵，沿溯阻绝。或王命急宣，有时朝发白帝，暮到江陵，其间千二百里，虽乘奔御风，不以疾也。

春冬之时，则素湍绿潭，回清倒影。绝巘多生怪柏，悬泉瀑布，飞漱其间，清荣峻茂，良多趣味。

每至晴初霜旦，林寒涧肃，常有高猿长啸，属引凄异，空谷传响，哀转久绝。故渔者歌曰："巴东三峡巫峡长，猿鸣三声泪沾裳！"

4　秦腔（节选）

贾平凹

贾平凹，原名贾平娃，1952年出生于陕西省商洛市丹凤县棣花镇，中国当代著名作家，第九届中国作家协会副主席，中国作家协会散文委员会主任，陕西省作家协会主席。20世纪70年代，贾平凹开始发表作品，1975年毕业于西北大学中文系，出版作品有《贾平凹文集》（二十四卷），代表作有《废都》《秦腔》《古炉》《高兴》《带灯》《老生》《极花》《山本》等。1997年，凭借《废都》获得法国费米娜文学奖。2008年，凭借《秦腔》获得第七届茅盾文学奖。2019年9月23日，长篇小说《秦腔》入选"新中国70年70部长篇小说典藏"。贾平凹的作品被翻译出版为英语、法语、瑞典语、意大利语、西班牙语、德语、俄语、日语、韩语等多个语种，并被改编为电影、电视、话剧、戏剧等。

贾平凹是我国当代文坛屈指可数的文学奇才，被誉为"鬼才"，其作品既传统又现代，既写实又高远，语言朴拙、憨厚，内心却波澜万丈。他所描写的场景是他所熟悉的农村，主要以独特的视角准确而深刻地表现了 20 世纪末到 21 世纪初，中国在现代化进程中痛苦而悲壮的社会转型，不仅完整地复原和再现了现实生活中芸芸众生的生存本相，而且在一种原生态叙事中深入当代中国人的心灵世界。

山川不同，便风俗区别，风俗区别，便戏剧存异；普天之下人不同貌，剧不同腔；京，豫，晋，越，黄梅，二簧，四川高腔，几十种品类；或问：历史最悠久者，文武最正经者，是非最汹汹者？曰：秦腔也。正如长处和短处一样突出便见其风格，对待秦腔，爱者便爱得要死，恶者便恶得要命。外地人——尤其是自夸于长江流域的纤秀之士——最害怕秦腔的震撼；评论说得婉转的是：唱得有劲；说得直率的是：大喊大叫。于是，便有柔弱女子，常在戏台下以绒堵耳，又或在平日教训某人：你要不怎么怎么样，今晚让你去看秦腔！秦腔成了惩罚的代名词。所以，别的剧种可以各省走动，唯秦腔则如秦人一样，死不离窝；严重的乡土观念，也使其离不了窝；可能还在西北几个地方变腔走调的有些市场，却绝对冲不出往东南而去的潼关呢。

但是，几百年来，秦腔却没有被淘汰，被沉沦，这使多少人大惑而不得其解。其解是有的，就在陕西这块土地上。如果是一个南方人，坐车轰轰隆隆往北走，渡过黄河，进入西岸，八百里秦川大地，原来竟是：一扶黄褐的平原；辽阔的地平线上，一处一处用木椽夹打成一尺多宽墙的土屋，粗笨而庄重；冲天而起的白杨，苦楝，紫槐，枝干粗壮如桶，叶却小似铜钱，迎风正反翻覆……你立即就会明白了：这里的地理构造竟与秦腔的旋律维妙维肖地一统！再去接触一下秦人吧，活脱脱的一群秦始皇兵马俑的复出：高个，浓眉，眼和眼间隔略远，手和脚一样粗大，上身又稍稍见长于下身。当他们背着沉重的三角形状的犁铧，赶着山包一样团块组合式的秦川公牛，端着脑袋般大小的耀州瓷碗，蹲在立的卧的石碌子碌碡上吃着牛肉泡馍，你不禁又要改变起世界观了：啊，这是块多么空旷而实在的土地，在这块土地挖爬滚打的人群是多么"二愣"的民众！那晚霞烧起的黄昏里，落日在地平线上欲去不去的痛苦的妊娠，五里一村，十里一镇，高音喇叭里传播的秦腔互相交织，冲撞，这秦腔原来是秦川的天籁，地籁，人籁的共鸣啊！于此，你不渐渐感觉到了南方戏剧的秀而无骨吗？不深深地懂得秦腔为什么形成和存在而占却时间、空间的位置吗？

八百里秦川，以西安为界，咸阳，兴平，武功，周至，凤翔，长武，岐山，宝鸡，两个专区几十个县为西府，三原，泾阳，高陵，户县，合阳，大荔，韩城，白水，一个专区十几个县为东府。秦腔，就源于西府。在西府，民性敦厚，说话多用去声，一律咬字沉重，对话如吵架一样，哭丧又一呼三叹。呼喊远人更是特殊：前声拖十二分的长，末了方极快地道出内容。声韵的发展，使会远道喊人的人都从此有了唱秦腔的天才。老一辈的能唱，小一辈的能唱，男的能唱，女的能唱；唱秦腔成了做人最体面的事，任何一个乡下男女，只有唱秦腔，才有出人头地的可能，大凡有出息的，是个人才的，哪一个未曾登过台，起码不能吼一阵乱弹呢?!

农民是世上最劳苦的人，尤其是在这块平原上，生时落草在黄土炕上，死了被埋在黄土堆下；秦腔是他们大苦中的大乐，当老牛木犁疙瘩绳，在田野已经累得筋疲力尽，立在犁沟里大喊大叫来一段秦腔，那心胸肺腑，关关节节的困乏便一尽儿涤荡净了。秦腔与他们，是和"西凤"白酒，长线辣子，大叶卷烟，牛肉泡馍一样成为生命的五大要素。若与那些年长的农民聊起来，他们想象的伟大的共产主义生活，首先便是这五大要素。他们有的是吃不完的粮食，他们缺的是高超的艺术享受，他们教育自己的子女，不会是那些文豪们讲的，幼年不是祖母讲着动人的迷丽的童话，而是一字一板传授着秦腔。他们大都不识字，但却出奇地能一本一本整套背诵出剧本，虽然那常常是之乎者也的字眼从那一圈胡子的嘴里吐出来十分别扭。有了秦腔，生活便有了乐趣，高兴了，唱"快板"，高兴得像被烈性炸药爆炸了一样，要把整个身心粉碎在天空！痛苦了，唱"慢板"，揪心裂肠的唱腔却表现了多么有情有味的美来，美给了别人以享受，美也熨平了自己心中愁苦的皱纹。当他们在收获时节的土场上，在月在中天的庄院里大吼大叫唱起来的时候，那种难以想象的狂喜，激动，雄壮，与那些献身于诗歌的文人，与那些有吃有穿却总感空虚的都市人相比，常说的什么伟大的永恒的爱情是多么渺小、有限和虚弱啊！

我曾经在西府走动了两个秋冬，所到之处，村村都有戏班，人人都会清唱。在黎明或者黄昏的时分，一个人独独地到田野里去，远远看着天幕下一个一个山包一样隆起的十三个朝代帝王的陵墓，细细辨认着田埂土、荒草中那一截一截汉唐时期石碑上的残字，高高的土屋上的窗口里就飘出一阵冗长的二胡声，几声雄壮的秦腔叫板，我就痴呆了，感觉到那村口的土尘里，一头叫驴的打滚是那么有力，猛然发现了自己心胸中一股强硬的气魄随同着胳膊上的肌肉疙瘩一起产生了。

每到农闲的夜里，村里就常听到几声锣响：戏班排演开始了。演员们都集合起来，到那古寺庙里去。吹，拉，弹，奏，翻，打，念，唱，提袍甩袖，吹胡瞪眼，古寺庙成了古今真乐府，天地大梨园。导演是老一辈演员，享有绝对权威，演员是一家几口，夫妻同台，父子同台，公公儿媳也同台。按秦川的风俗：父和子不能不有其序，爷和孙却可以无道，弟与哥嫂可以嬉闹无常，兄与弟媳则无正事不能多言。但是，一到台上，秦腔面前人人平等，兄可以拜弟媳为帅为将，子可以将老父绳绑索捆。寺庙里有窗无扇，屋梁上蛛丝结网，夏天蚊虫飞来，成团成团在头上旋转，薰蚊草就墙角燃起，一声唱腔一声咳嗽。冬天里四面透风，柳木疙瘩火当中架起，一出场一脸正经，一下场凑近火堆，热了前怀，凉了后背。排演到什么时候，什么时候都有观众，有抱着二尺长的烟袋的老者，有凳子高、桌子高趴满窗台的孩子。庙里一个跟头未翻起，窗外就哇地一声叫倒好，演员出来骂一声：谁说不好的滚蛋！他们抓住窗台死不滚去，倒要连声讨好：翻得好！翻得好！更有殷勤的，跑回来偷拿了红薯、土豆、在火堆里煨熟给演员作夜餐，赚得进屋里有一个安全位置。排演到三更鸡叫，月儿偏西，演员们散了，孩子们还围了火堆弯腰踢腿，学那一招一式。

一出戏排成了，一人传出，全村振奋，扳着指头盼那上演日期。一年十二个月，正月元宵日，二月龙抬头，三月三，四月四，五月五日过端午，六月六日晒丝绸，七月过半，八月中秋，九月初九，十月一日，再是那腊月五豆，腊八，二十三……月月有节，三月一会，那戏必是上演的。戏台是全村人的共同的事业，宁肯少吃少穿也要筹资集款，买上好的木石，请高强的工匠来修筑。村子富不富，就比这戏台阔不阔。一演出，半下午人就扛凳子去占地位了，未等戏开，台下坐的、站的人头攒拥，台两边阶上立的卧的是一群顽童。那锣鼓就叮叮咣咣地闹台，似乎整个世界要天翻地覆了。各类小吃趁机摆开，一个食摊上一盏马灯，花生，瓜子，糖果，烟卷，油茶，麻花，烧鸡，煎饼，长一声短一声叫卖不绝。锣鼓还在一声儿敲打，大幕只是不拉，演员偶尔从幕边往下望望，下边就喊：开演呀，场子都满了！幕布放下，只说就要出场了，却又叮叮咣咣不停。台下就乱了，后边的喊前边的坐下，前边的喊后边的为什么不说最前边的立着；场外的大声叫着亲朋子女名字，问有坐处没有，场内的锐声回应快进来；有要吃煎饼的喊熟人去买一个，熟人买了站在场外一扬手，"日"地一声隔人头甩去，不偏不倚目标正好；左边的喊右边的踩了他的脚，右边的叫左边的挤了他的腰，一个说：狗年快完了，你还叫啥哩？一个说：猪年还没到，你便拱开了！言语伤人，动了手脚；外边的趁机而入，一时四边向里挤，里边向外扛，人的旋涡涌起，如四月的麦田起风，根儿不动，头身一会儿倒西，一会儿倒东，喊声，骂声，哭声一片；有拼命挤将出来的，一出来方觉世界偌大，身体胖胖，但差不多却光了脚，乱了头发。大幕又一挑，站出戏班头儿，大声叫喊要维持秩序，立即就跳出一个两个所谓"二干子"人物来。这类人物多是头脑简单，四肢发达，却十二分忠诚于秦腔，此时便拿了枝条儿，哪里人挤，哪里打去，如凶神恶煞一般。人人恨骂这些人，人人又都盼有这些人，叫他们是秦腔宪兵，宪兵者越发忠于职责，虽然彻夜不得看戏，但大家一夜满足了，他们也就满足了一夜。

终于台上锣鼓停了，大幕拉开，角色出场。但不管男的女的，出来偏不面对观众，一律背身掩面，女的就碎步后移，水上漂一样，台下就叫：瞧那腰身，那肩头，一身的戏哟！是男的就摇那帽翎，一会双摇，一会单摇，一边上下飞闪，一边纹丝不动，台下便叫：绝了！绝了！等到那角色儿猛一转身，头一高扬，一声高叫，声如炸雷豁啷啷直从人们头顶碾过，全场一个冷颤，从头到脚，每一个手指尖儿，每一根头发梢儿都麻酥酥的了。如果是演《教裴生》，那慧娘站在台中往下蹲，慢慢地，慢慢地，慧娘蹲下去了，全场人头也矮下去了半尺，等那慧娘往起站，慢慢地，慢慢地，慧娘站起来了，全场人的脖子也全拉长了起来。他们不喜欢看生戏，最欢迎看熟戏，那一腔一调都晓得，哪个演员唱得好，就摇头晃脑跟着唱，哪个演员走了调，台下就有人要纠正。说穿了，看秦腔不为求新鲜，他们只图过过瘾。

在这样的地方，这样的环境，这样的气氛，面对着这样的观众，秦腔是最逞能的，它的艺术的享受，是和拥挤而存在，是有力气而获得的。如果是冬天，那风在刮着，像刀子一样，如果是夏天，人窝里热得如蒸笼一般，但只要不是大雪，冰雹，暴雨，台下的人是不肯撤场的。最可贵的是那些老一辈的秦腔迷，他们没有力气挤在台下，也没有好眼力看清演员，却一溜一排地蹲在戏台两侧的墙根，吸着草烟，慢慢将唱腔品赏。一声叫板，便可以使他们坠入艺术之宫，"听了秦腔，肉酒不香"，他们是体会得最深。那些大一点的，脾性野一点的孩子，却占领了戏场周围所有的高空，杨树上，柳树上，槐树上，一个枝杈一个人。他们常常乐而忘了险境，双手鼓掌时竟从树杈上掉下来，掉下来自不会损伤，因为树下是无数的人头，只是招致一顿臭骂罢了。更有一些爬在了场边的麦秸积上，夏天四面来风，好不凉快，冬日就趴个草洞，将身子缩进去，露一个脑袋。也正是有闲阶级享受不了秦腔吧，他们常就瞌睡了，一觉醒来，月在西天，戏毕人散，只好苦笑一声悄然没声儿地溜下来回家敲门去了。

当然，一次秦腔演出，是一次演员亮相，也是一次演员受村人评论的考场。每每角色一出场，台下就一片喊喊喳喳：这是谁的儿子，谁的女子，谁家的媳妇，娘家何处？于是乎，谁有出息，谁没能耐，一下子就有了定论。有好多外村的人来提亲说媒，总是就在这个时候进行。据说有一媒人将一女子引到台下，相亲台上一个男演员，事先夸口这男的如何俊样，如何能干，但戏演了过半，那男的还未出场，后来终于出来，是个国民党的伪兵，还持枪未走到中台，扮游击队长的演员挥枪一指，"叭"地一声，那伪兵就倒地而死，爬着钻进了后幕。那女子当下哼了一声，闭了嘴，一场亲事自然了了。这是喜中之悲一例。据说还有一例，一个老头在脖子上架了孙孙去看戏，孙孙吵着要回家，老头好说好劝只是不忍半场而去，便破费买了半斤花生，他眼盯着台上，手在下边剥花生，然后一颗一颗扬手喂到孙孙嘴里，但喂着喂着，竟将一颗塞进孙孙鼻孔，吐不出，咽不下，口鼻出血，连夜送到医院动手术，花去了七十元钱。但是，以秦腔引喜的事却不计其数。每个村里，总会有那么个老汉，夜里看戏，第二天必是头一个起床往戏台下跑。戏台下一片石头、砖头，一堆堆瓜子皮，糖果纸，烟屁股，他掀掀这块石头，踢踢那堆尘土，少不了要捡到一角两角甚至三元四元钱币来，或者一只鞋，或者一条手帕。这是村里钻刁人干的营生，而馋嘴的孩子们有的则夜里趁各家锁门之机，去地里摘那香瓜来吃，去谁家院里将桃杏装在背心兜里回来分红。自然少不了有那些青春妙龄的少男少女，则往往在台下混乱之中眼送秋波，或者就悄悄退出，相依相偎到黑黑的渠畔树林子里去了……

秦腔在这块土地上，有着神圣的不可动摇的基础。凡是到这些村庄去下乡，到这些人家去做客，他们最高级的接待是陪着看一场秦腔，实在不逢年过节，他们就会要合家唱一会乱弹，你只能点头称好，不能耻笑，甚至不能有一点不入神的表示。他们一生最崇敬的只有两种人：一是国家领导人，一是当地的秦腔名角。即是在任何地方，这些名角没有在场，只要发现了名角的父母，去商店买油是不必排队的，进饭馆吃饭是会有座位的，就是在半路上挡车，只要喊一声：我是某某的什么，司机也便要嘎地停车。但是，谁要侮辱一下秦腔，他们要争死争活地和你论理，以致大打出手，永远使你记住教训。每每村里过红白丧喜之事，那必是要包一台秦腔的，生儿以秦腔迎接，送葬以秦腔致哀，似乎这人生的世界，就是秦腔的舞台，人只要在舞台上，生，旦，净，丑，才各显了真性，恶的夸张其丑，善的凸现其美，善的使他们获得美的教育，恶的也使丑里化作了美的艺术。

广漠旷远的八百里秦川，只有这秦腔，也只能有这秦腔，八百里秦川的劳作农民只有也只能有这秦腔使他们喜怒哀乐。秦人自古是大苦大乐之民众，他们的家乡交响乐除了大喊大叫的秦腔还能有别的吗？

1983 年 5 月 2 日草于五味村

【赏析提示】

《秦腔》以精微的叙事、绵密的细节，成功仿写了一种日常生活的本真状态，并对变化中的乡土中国所面临的矛盾、迷茫，做了充满赤子情怀的记述和解读。作者笔下的喧嚣，藏着哀伤，热闹的背后，是一片寂寥。或许，坚固的东西都烟消云散之后，我们所面对的只能是巨大的沉默。《秦腔》的这声喟叹，是当代小说写作的一记重音，也是这个大时代的生动写照。

秦腔，别称梆子腔，是我国戏曲四大声腔（昆腔、高腔、梆子腔、皮黄腔）中最古老、最丰富、最庞大的声腔体系，它发源于三秦大地，流行于我国陕西、甘肃、青海、宁夏、新疆等地。秦腔历经秦、汉、隋、唐、宋、元、明等历代发展，日趋成熟，盛行于明末清初。秦腔也称"乱弹"，唱腔音色高亢激昂，要求用真嗓音演唱，因此保持了原始豪放的特点。秦腔的演出地点最好选在露天的场所，那样才能有秦腔的味道，更能体味到秦腔的精髓。秦腔的唱腔，用宽音大嗓，直起直落，给人以高亢激越、粗犷朴实之感。聆听秦腔的时候，尤其听到秦腔中的"黑头"吼声地动山摇的时候，你才会真正认识到秦腔的豪放，这也是秦人的血性。

文章一开始申明，自然山川与风俗戏曲有必然联系，关中的"地理构造竟与秦腔的旋律惟妙惟肖的一统"！身处如此环境中的关中人，他们的劳动、生活和娱乐方式，使人恍然明白："这秦腔原来是秦川的天籁，地籁，人籁的共鸣啊！"然后，作者写了秦腔在关中农民生活中的重要性，秦腔是他们大苦中的大乐，秦腔和"西凤"白酒、长线辣子、大叶卷烟、牛肉泡馍一样，乃是他们生命中的五大要素！至此，秦腔的重要性已无须多言。紧接着，写排戏、演戏前的乡村舞台氛围，让人有身临其境的真切亲昵之感，尤其是戏开演前人们那种火爆的情绪和言辞，非常生动地传达出关中人特有的粗烈豪放性格。作者特别强调秦腔这种地方戏曲赖以存在而且生命力极其旺盛的根本原因，就在于它扎根于一种特有的生活方式。

这文最妙处就在于，笔墨写秦腔的自然环境、人文环境、准备和演出环境，人们看秦腔的态度和效果、秦腔演员的社会地位和声誉等，就是不写秦腔艺术本身。以"秦腔"为题，但真意在写秦人，写秦人的生存状态和精神面貌。读本文所描写的秦腔，读者可以真切地感受到秦人刚烈、粗放、坚忍的族群气质。

【思考探究】

（1）本文是如何写秦腔与所处地域及人民的血肉联系的？

（2）用自己的语言描述听了秦腔唱段的感受。

（3）描述自己家乡的地方戏及其特点。

【相关链接】

川剧：艺苑中的"天府之花"

高桃芝

台上，身着斗篷的艺人一抬手、一挥袖，黑脸、白脸、红脸、花脸、鬼脸等十多张脸谱在瞬间变幻莫测。台下，观众如痴如醉，掌声、叫好声震耳欲聋。这，就是川剧。

作为中国西南部影响最大的地方剧种，川剧俗称川戏，享有艺苑中的"天府之花"美誉，主要流传于四川、重庆，以及云南、贵州、湖北部分地区。

自古以来，四川成都就是戏剧之乡，早在唐代就有"蜀戏冠天下"之说。清代乾隆年间，从外省流入的高腔、昆曲、胡琴、弹戏，与本地民间灯戏常常同台演出，逐渐融为一体，形成了"五腔共和"的川剧，延续至今，从而成为四川文化的一大特色。

川剧按流行地区分为四派：川西派——包括以成都为中心的地区和县市，以胡琴为主，形成独特的"贝调"；资阳河派——包括自贡及内江各县市，以高腔为主，艺术风格最为严谨；川北派——包括南充及绵阳的部分地区，以唱弹戏为主，受秦腔影响较多；川东派——包括以重庆为中心的川东一带，戏路杂，声腔多样化。

川剧，以四川方言念唱，语言生动活泼，幽默风趣，具有鲜明的地方色彩，浓郁的生活气息。高腔是川剧中最有特色、最有代表性的一种声腔形式，曲牌丰富，唱腔美妙动人，并有帮腔和之。帮腔有领腔、合腔、合唱、伴唱、重唱等方式，意味隽永，引人入胜。

川剧分小生、旦角、生角、花脸、丑角五个行当，各行当均有自成体系的功法程序，尤以小生、小丑、旦角的表演最具特色，在戏剧表现手法、表演技法方面多有卓越创造，能充分体现中国戏曲虚实相生、遗形写意的美学特色。

乐器以锣鼓等打击乐为主，有"三分唱，七分打""半台锣鼓半台戏"的说法。使用20多种乐器，常用的为小鼓、堂鼓、大锣、大钹、小锣、弦乐、唢呐等，由小鼓指挥。锣鼓曲牌有300支左右，常见的舞台剧目数百种，唱、念、做、打齐全，器乐帮腔烘托。

川剧不仅流派多、行当多，而且精彩的特技也多，最有名的是变脸，堪称一门独特的艺术。相传"变脸"是古代人类在面对凶猛野兽时，将自己脸部勾画出不同形态，以吓跑入侵的野兽。后被民间杂耍班子发展为"绝活"表演，用于揭示剧中人物内心及思想感情的变化，即把不可见、不可感的抽象情绪和心理状态，变成可见、可感的具体形象——脸谱。

变脸要求演员动作敏捷，不露痕迹，达到"相随心变"的艺术效果。这门神奇的民族艺术曾令国际魔术泰斗大卫·科波菲尔惊讶不已，反复琢磨仍不得其奥秘。它有拭、揉、抹、吹、画、戴、憋、扯这几种方法。训练有素的优秀演员能在刹那间接连变换出十多张不同的脸谱来，在四川号称川剧"变脸之王"的是王道正先生。此外，喷火、滚灯、水袖等特技也是独树一帜。

川剧传统剧目和新创剧目有6000多个，代表作有《黄袍记》《九龙柱》《幽闺记》《春秋配》等，其中不少是宋元南戏、元杂剧、明传奇与各种古老声腔剧种留存下来的经典剧目，新创剧目《江姐》等亦广受欢迎。川剧曾多次到北京、沈阳、武汉、上海、广州、昆明等地演出，受到各界人士的高度赞赏。中华人民共和国成立后，川剧在荷兰、意大利、法国、比利时、匈牙利、美国等10多个国家成功演出。2006年，川剧被列入第一批国家级非物质文化遗产名录。

观看川剧，不仅能使观众看到载歌载舞的惊人技艺，而且还能把它作为文学作品欣赏。

川剧作为歌、舞、剧、杂有机组成的统一综合艺术，给人以强烈的艺术感染、美的享受，在中国戏曲史及巴蜀文化发展史上具有十分独特的地位。

（选自《科普时报》）

5 "小目标"为什么刷爆了你的朋友圈？

0.618

科普文是一种以深入浅出的方式介绍自然科学、社会科学的知识和原理的说明性文章。它的主要目的是通过揭示事物的客观规律，探求客观真理，科学客观地向大众普及科学知识，起到启蒙思想的职责。这种文体通常具有宏观叙事的特点，能够在各学科之间自由"穿梭"，将自然科学、社会科学和现实生活紧密地联系在一起。

与一般的说明文相比，科普文的内容更加侧重于对科学和技术的普及和传播，语言表述也更为通俗易懂，以适应广大读者的阅读需求和理解能力。同时，优秀的科普文还具有很强的趣味性和启发性，能够激发读者对科学的兴趣和好奇心，提升公众的科学素养和对科学技术的认知水平。

前几天，你是不是也被朋友圈里的"小目标"刷屏了？又或者，你就是用"小目标"刷朋友圈的人之一？感谢王健林，让我们对朋友们又多了一分了解。在这个普普通通的日子里，瞬间又知道了一波朋友们的人生阶段目标。

即使没有王健林，微信朋友圈里也经常能看到朋友们晒的目标或计划——现在的二次元或者90后们更喜欢称之为"立flag"。一到过年、开学、毕业季，甚至月份或者季节更替的时刻，总是能看到各式各样的flag。读书学习背单词、减肥健身长腹肌、工作旅行谈恋爱……甚至还有人立下flag"从此不刷朋友圈"。

朋友圈立flag简直成了微信时代的"烧香"，好像所有的目标都可以到万能的朋友圈晒一晒，万一实现了呢？不过，我们到底为什么要在朋友圈晒小目标？

波士顿大学心理系阿什维尼·纳德卡尼（Ashwini Nadkarmi）和斯特凡·霍夫曼（Stefan G. Hofmann）在综述了近些年学界对社交网络的研究后发现，人们使用社交网络无外乎两个原因：归属感和印象管理。

一为归属感：大家都在晒目标

当大家都在晒小目标时，跟风晒有利于增强归属感。

每个人都需要归属感。大量心理学研究发现，归属感越强的人，自尊越高，自我价值感越强，也越能感到生活的意义。

在中国这样的集体主义文化中，人们更需要归属感。集体主义的重要标志之一就是，要和集体文化和谐一致。正因如此，在中国的互联网上特别容易形成人人参与的网络狂欢。只要达到引爆点，"喊你回家吃饭""豆腐脑咸还是甜"这样无厘头的内容

197

都可以火爆网络，更不用说首富的"小目标"致富经了。朋友都在转发，你好意思落下？

社交网络甚至因此在中国人的生活中起到"助力现实"的作用。在个人主义社会，荷兰和美国的研究者保罗·基施纳（Paul A. Kirschner）和艾琳·卡平斯基（Aryn C. Karpinski）发现在社交网络上越活跃的学生学习越差。而余艳等中国研究者却发现，通过社交网络的社会化学习，中国学生不但增强了社会接纳感（social acceptance），能更加适应大学生活，而且社交网络对他们的学习成绩起到了积极的作用。

二为印象管理：晒晒目标形象好

即使不为跟风，晒小目标也有利于管理他人对自己的印象。

真人见面靠打扮，网上交流靠"照骗"。无论科技再怎么发达，人们都会用它去维护自己的形象。德克萨斯大学塞缪尔·格斯林（Samuel D. Gosling）等人发现，人们能够通过一个人的社交平台信息比较准确地判断这个人的各项人格特质。塔夫茨大学的研究者发现，在线上受欢迎的人在线下也同样受欢迎。

在实名社交网络中，人们会表现出和匿名状态下非常不同的一面。天普大学的研究者赵善阳等人发现，在实名状态下，人们会利用一些隐含信息，比如头像，暗示性地提升自己的形象。也正因如此，立 flag 的另一个高潮，是辞旧迎新的时候。每到过年，看到最多的除了祝福就是立志。其实这时候的祝福和立志的意义差不多，主要是为了在朋友圈树立良好的形象。

要在朋友圈树立自己的形象，没有比立 flag 更容易的了。你甚至不需要拍照、修图、去星巴克……只要立个 flag，别人就对你的情况大致有数了：立志光棍节脱单的其实是在等你给介绍对象，立志发 *Nature* 的肯定是自豪又辛苦的基层研究者，立志过上月薪 2 万元生活的估计是踌躇满志的职场新鲜人，这几天立志先挣它 1 个亿的多半是朋友圈的开心果。

当着朋友的面我们也许很难有机会表现出野心勃勃的一面，但朋友圈给了我们机会，立个小目标，就能让整个朋友圈都知道自己是个有理想的少年。

三为实现梦想：晒出的目标，更容易成功吗？

除了显示自己合群又上进，我们在朋友圈立 flag 的最大目的，当然还是希望能够实现目标。然而这真的有用吗？

有一些心理咨询师对"写下目标"的作用深信不疑。坊间也有哈佛、耶鲁的目标实验，让人们相信把目标写下来的重大意义。不过，这个说法并没有得到实验的证实或者证伪。

还有一些研究却发现，公开自己的目标并不明智。纽约大学彼得·高尔威泽（Peter M. Gollwitzer）等人就发现，人们在公布目标以后，由于得到了大家的赞赏和鼓励，提前进入了达到目标的状态，反而减少了他们为目标奋斗的动力。但是也有研究发现，从长期来看，在朋友圈立减肥 flag，比无 flag 更有效。所以要不要在朋友圈公开自己的目标，也没有科学定论。

如果不立 flag，只是每天打卡求监督总行了吧？华盛顿大学的肖恩·芒森（Sean A. Munson）等人发现也不行。他们让实验参与者进行体育锻炼，每次锻炼完在朋友圈打卡，结果都还不如不打卡坚持得好。

所以胸怀大志者还是卧薪尝胆比较靠谱。但也有例外，有的 flag 就自动带有免死光环，比如秀恩爱。威斯康星麦迪逊大学的研究者卡塔利娜·托玛（Catalina Toma）和米娜·崔（Mina Choi）就发现，在社交平台上公开情侣关系的大学情侣关系更持久。

总而言之，尽管立 flag 不一定真能帮你实现目标，但这丝毫不会减少 flag 在朋友圈出现的数量。说到底，立 flag 早已超越了立志的意义，成为一种社交方式。各种 flag，屡立屡破，屡破屡立。各种"小目标"，层出不穷，不断刷屏，那都是你的朋友，呐喊着"看我看我"的声音。

《2016 年中国科普文学精选》

【赏析提示】

本篇科普文主要谈论的是近些年非常流行的话题，也是年轻人非常感兴趣的话题：在微信朋友圈里晒目标或计划，即"立 flag"。文章首先以王健林"先定一个能达到的小目标，比方说我先挣它一个亿"为引，提出"为什么年轻人喜欢在朋友圈立 flag 呢"？对此进行了科学解释：归属感和印象管理。立 flag 真能帮你实现目标吗？作者在最后说道："各种'小目标'，层出不穷，不断刷屏，那都是你的朋友，呐喊着'看我看我'的声音。"

【思考探究】

（1）科普文的艺术特点是什么？

（2）你如何看待在微信朋友圈里晒目标或计划这种行为？

【相关链接】

猴面包树和非洲趣事（节选）

史 军

非洲是一片神奇的大陆，那里不仅是野生动物的天堂，人类的老家，更是众多特别的植物的栖息地。2016 年春节，在我第三次踏上这片大陆的时候，最吸引我的已经不再是那些狂奔的角马和斑马，也不是在树上打盹的花豹，也不是那些从我们的越野车旁踱步而过的巨大的非洲象。最吸引我的是一种叫猴面包树的植物，来到坦桑尼亚，我最想看到的就是这种植物。

……

不过，我更关心的是吃的问题。很久以前我就听过一个故事，说非洲大地上生长着猴面包树，它们的树枝上挂着面包一样的果子。把这些果子用篝火烤熟，就会变得像面包一样香甜。然而，故事里都是骗人的！猴面包树的果实根本就不可能变得香甜。这是我用 5 美元买到的答案。

在酒店餐厅，我买到一个猴面包果，热心的服务员告诉我："把果子里面的东西取出来用开水冲，和上白糖和食用色素就可以喝了。"什么？竟然不是烤来吃，而是当饮料！好吧，撬开坚硬的果子皮，掏出里面的果肉（其实是包裹着种子的假种皮），放在嘴里吮吸，酸、非常酸，有种类似于酸角的感觉。怪不得要加糖冲水喝。至此，对猴面包果的幻想完全破灭。据说不同的猴面包果滋味不同，好吧，我仍然对马达加斯加的猴面包果抱有一丝憧憬（世界上有 9 种猴面包树，其中 7 种都分布在马达加斯加岛，也许那里的更好吃），也许今年暑假在那里能碰到不一样的滋味儿。

这世界上除了猴面包果，还存在一种面包果。面包果分布在太平洋群岛及印度、菲律宾。这种桑科的植物果实就像一个放大版的无花果，这种果实里倒是真的富含淀粉，通过蒸煮烤等烹饪方式，可以做成美味的菜肴。想来我小时候听到的故事应该是把面包果的特性给"嫁接"到猴面包树身上了。名字里多个猴、少个猴竟然有如此大的差别。

除了高大的猴面包树，塔兰吉雷公园中自然少不了动物。数量最多的还是黑斑羚。不过，我更愿意记住它们的另外一个名字——草原麦当劳——黑斑羚臀部和尾巴上的黑斑构成了一个大写的 M，恰似麦当劳的经典标志。在路上，各种林地翠鸟、织布雀、栗头丽椋鸟也纷至沓来，这时，塔兰吉雷的主角出现了，象群，庞大的象群。当这群庞然大物从我们眼前走过的时候，我的手可以很轻松地触摸到它们（当然，我没有干这种傻事儿，我还不想被受惊的象群踩成肉馅）。成年的大象就是这片大地上的霸主，即便是狮群也不敢轻易招惹它们。在这些巨大的动物面前，单个的人类显得非常渺小，但是人的成功并不在于强壮的身躯，而是出色的智力和制造工具的本领，这不得不说是自然界的一个奇迹。

当代文学概述

新中国成立前，由于政治历史的发展和社会制度的转变，文学发展呈现出新的面貌。1949 年 7 月中华全国文学艺术工作者代表大会（简称"第一次文代会"）在北平召开，中国当代文学应运而生。在随后的数十年时间里，当代文学随着新中国的社会历史发展而呈现出具有鲜明时代性的文学面貌。以 1976 年为界，中国当代文学分为前后两个阶段。

一、第一阶段：1949—1976 年

由于政治革命斗争的影响，中国当代文学的发展在这一时期经历了两个阶段："十七年"时期和"文革"时期。

1. "十七年"时期（1949—1966）

新中国成立前后，新时代的曙光热烈而耀眼，对取得战争胜利的热血沸腾、对民族新生的翘首以盼、对国家未来的斗志满满，都奠定了诗歌发展的主旋律——颂赞。以"战士诗人"郭小川和"时代歌者"贺敬之为代表，政治抒情诗在这个时期大行其道。政治抒情诗格调激越、高昂，具有强烈的革命浪漫、乐观、英雄主义精神，贺敬之的《回延安》就突出表现了这一特点。此外，以田间的《赶车传》和李季的《王贵与李香香》为代表的叙事诗也是这一时期的典型诗作。

散文创作在这一时期出现了三种模式：战歌散文、诗化散文和知识小品散文。战歌散文创作者以魏巍和刘白羽为代表，他们饱含高昂的热情，吹奏着新时代的凯歌，赞美着伟大的祖国和美好的生活，代表作有魏巍的《谁是最可爱的人》、刘白羽的《长江三日》《日出》等。杨朔追求散文的美学价值，将散文与诗歌结合起来，形成了诗化散文，其代表作有《荔枝蜜》《茶花赋》等。秦牧将散文的知识性和趣味性相结合，形成了知识小品散文，其代表作有《花城》《古战场春晓》等。此外，以冰心为代表的老一辈作家，在这一时期也有卓越成就，如冰心的《小橘灯》《再寄小读者》等。

小说创作在这一时期成就相对较高，集中围绕革命斗争历史和社会主义建设生活两大主题展开。在革命斗争历史题材小说中：有战争史诗类作品，如杜鹏程描写西北战场青化砭伏击战沙家店歼灭战等战役的《保卫延安》（被誉为"中国当代军事题材长篇小说的开山之作"），吴强描写涟水战役、莱芜战役、孟良崮战役的《红日》；有通

俗传奇类作品，如曲波描写东北一支抗敌小分队传奇性抗匪斗争的《林海雪原》，罗广斌和杨益言描写解放前夕共产党员在国统区监狱渣滓洞、白公馆监狱内进行艰苦卓绝斗争的《红岩》；还有成长类作品，如梁斌描写新中国农民成长史的《红旗谱》（被誉为中国农民革命运动史诗），杨沫描写新中国知识分子成长史的《青春之歌》。这一时期反映社会主义建设的小说以农村合作化题材居多，代表作有赵树理的《三里湾》、周立波的《山乡巨变》、柳青的《创业史》等。

在这十七年中还出现了两个代表性的作家群体，即以孙犁为代表的河北作家群"荷花淀派"（又称白洋淀派）和以赵树理为代表的山西作家群"山药蛋派"。荷花淀派得名于孙犁的代表作《荷花淀》，该派的创作特点是通过日常琐事透视时代风云，揭示中国乡土生活中的自然美和人情美，语言富于诗情画意。该派代表作家还有刘绍棠、从维熙等，代表作有孙犁的《山地回忆》、刘绍棠《蒲柳人家》、从维熙《大墙下的红玉兰》等。山药蛋派坚持革命现实主义的创作方法，采取传统话本手法，以叙事故事为主，语言朴素，作品通俗易懂，具有浓郁的山西地方特色和民族风格，该派代表作家还有马烽、西戎等，代表作有赵树理的《登记》《锻炼锻炼》《实干家潘永福》、马烽和西戎《吕梁英雄传》等。

此外，这一时期的小说创作还有一个亮点是历史题材小说，以姚雪垠的长篇《李自成》（第一卷）为代表。

戏剧创作在"十七年"时期主要有两类代表作品：一是反映现实生活的，如老舍的《龙须沟》、沈西蒙执笔的《霓虹灯下的哨兵》等；另一类是历史剧，如老舍的《茶馆》、郭沫若的《蔡文姬》、田汉的《关汉卿》等。

2. "文革"时期（1966—1976）

"文革"十年，绝大多数作家遭受批斗，文学创作进入冬眠期，诗歌、散文、小说和戏剧领域几乎没有出现高质量的作品，而"八大样板戏"——京剧《智取威虎山》《海港》《红灯记》《沙家浜》《奇袭白虎团》、芭蕾舞剧《红色娘子军》《白毛女》、交响音乐《沙家浜》被树立为文艺榜样。

二、第二阶段： 1976 年以后

1976 年"文革"结束，党中央积极调整文艺方针和政策，文学逐步得到解放，迎来了新时期的新面貌。

诗坛首先迎来了一群以艾青为代表的"归来的诗人"，他们以"归来"作为诗歌主题进行诗歌创作，代表作品集有艾青的《归来的歌》。同时，1979 年北岛的诗歌作品《回答》在《诗刊》上发表，标志着一个延续现代主义和象征主义诗歌传统的诗派"朦胧诗派"正式亮相。除了北岛外，该诗派代表人物还有舒婷、顾城等，代表作品有舒婷的《致橡树》《祖国啊，我亲爱的祖国》、顾城的《一代人》等。朦胧诗的主题内涵主要包括两个方面：一是反思和批判"文革"动乱年代的黑暗与苦难；二是在人道主义基础上肯定个体价值，追求自由人格。此外，20 世纪 80 年代还涌现了一大批新生代诗人，如海子、西川等"后朦胧诗人"和于坚、韩东等"第三代诗人"，代表作有海子

的《面朝大海，春暖花开》等。

散文创作在新时期呈现出百花齐放的局面。先是一批跨越现当代的老作家重新执笔，以巴金和杨绛为代表。巴金在暮年写下来了直面"文革"灾难、反思过往的《随想录》；杨绛写下回忆性散文集《我们仨》。20世纪90年代后，散文创作更是异彩纷呈，季羡林、陈平原、周国平等一大批学者开始创作散文，出现了"学者散文"（又叫"文化散文"），余秋雨以代表作《文化苦旅》《山居笔记》《文明的碎片》引领了"学者散文"的潮流。史铁生以《我与地坛》思考与探索生命的意义，在这一时期的文坛上占据一席之地。

小说创作在新时期繁荣发展，尤其是在改革开放后的三四十年间，先后出现了伤痕小说、反思小说、改革小说、新写实小说、寻根小说、先锋小说、京味小说等潮流和文学现象。

"文革"结束后，描写"文革"历史及其给人民造成的肉体和精神伤害的"伤痕小说"在文坛占据主导地位。1977年，刘心武发表短篇小说《班主任》，拉开了伤痕小说的帷幕。1978年，卢新华发表小说《伤痕》，"伤痕小说"由此得名。伤痕小说的代表作还有周克芹的《许茂和他的女儿们》。

随后，在揭示文学创伤的同时，有些作家开始透过生活表象，深入挖掘、探寻和反思历史、现实和人性，在创作上涌现出"反思小说"的浪潮。"反思小说"代表作有茹志鹃的《剪辑错了的故事》、高晓声的《李顺大造屋》和"陈奂生系列"（《陈奂生上城》等）、王蒙的现实主义小说《组织部来了个年轻人》和意识流小说《蝴蝶》、谌容的《人到中年》等。

随着改革开放的推进，部分作家也开始关注当下的城市和农村的改革现实，并创作出以蒋子龙的《乔厂长上任记》为代表的"改革小说"，包括张洁的《沉重的翅膀》、李国文的《花园街五号》、路遥的《平凡的世界》、张炜的《古船》等。

延续"反思小说"的现实主义写作传统，20世纪80年代中期掀起以纪实和客观叙事为追求的"新写实小说"浪潮。新写实小说主要以"小人物"为叙事中心，强调现实生活原生形态的还原，代表作品有刘震云的《一句顶一万句》《一地鸡毛》、池莉的《烦恼人生》、方方的《风景》、刘恒的《狗日的粮食》、王朔的"顽主"系列（《顽主》《千万别把我当人》等）和《我是你爸爸》、贾平凹的《废都》等。

改革开放以后，西方文艺思潮开始对中国当代文学产生深刻的影响。首先是一批作家受到了拉美魔幻现实主义的影响，开始反思传统文化，探寻中华民族灵魂、精神之根，挖掘民族文化心理，由此创作了一大批富有文化意蕴的"寻根小说"，其中代表作品有贾平凹的"商州系列"小说（《商州》《商州初录》《商州再录》等）、韩少功的"楚文化系列"小说（《爸爸爸》《女女女》等）、李杭育的"葛川江文化"小说（《最后一个渔佬儿》《葛川江上人家》等）、扎西达娃的"藏文化"小说（《骚动的香巴拉》《西藏，隐秘岁月》等），以及莫言以山东高密农村为创作背景，根植于齐鲁民间文化，将现实与幻象结合起来的"红高粱家族"小说（《红高粱》《高粱酒》等），阿城的《棋王》《遍地风流》，王安忆的《小鲍庄》，陈忠实的《白鹿原》，张承志的《黑骏马》和《北方的河》，等等。

还有一批作家受到西方现代派文学的影响，不注重对现实生活的摹写和再现，而是以表现自我、挖掘自身的内心世界、站在自我存在的出发点上探寻人生的意义与价值为主，创作了所谓的"先锋小说"（或称"实验小说""新潮小说"）。先锋小说的代表作品有余华的《十八岁出门远行》、马原的《冈底斯的诱惑》、苏童《一九三四年的逃亡》等。

这一时期还有一些作家延续老舍"京味儿"小说风格，以北京方言描绘"传统"与"现代"冲突在都市日常生活中的独特表现，以及人对城市、对北京文化的体验。新时期京味小说的代表作品有刘心武的《钟鼓楼》、邓友梅的《那五》、陈建功的《辘轳把儿胡同9号》等。

女作家的创作在新时期也成就斐然。除了上述的谌容、茹志鹃等女作家外，王安忆还创作了名作《长恨歌》，铁凝用写诗的方法来写小说，创作了《哦，香雪》《玫瑰门》等代表作品，林白、陈染等女性作家聚焦女性意识的凸显，其创作被称为"私人化写作""个体体验小说"，代表作有陈染的《私人生活》、林白的《一个人的战争》。

此外，被誉为"抒情的人道主义者""中国最后一个纯粹的文人""中国最后一个士大夫"的汪曾祺创作了充满诗意的散文化小说《受戒》。余华创作出现实主义小说《活着》《许三观卖血记》。藏族作家阿来创作了描写川藏间康巴地区的民间文化及藏民生活变迁的小说《尘埃落定》。王小波以喜剧精神和幽默风格创作了"时代三部曲"（《黄金时代》《白银时代》《青铜时代》），展示了中国知识分子的过去、现在和未来的命运。以韩寒、郭敬明、张悦然为代表的"80后"小说是21世纪初的重要文学现象，而后网络小说开始对青年一代读者产生强烈的影响。

新时期的前期，话剧重新走向繁荣：有丁一三的《陈毅出山》、沙叶新的《陈毅市长》、苏叔阳的《丹心谱》等歌颂老一辈革命家的优秀作品；也有崔德志的《报春花》、宗福先的《于无声处》等反映社会现实的作品；还有沙叶新等人创作的社会讽刺剧《假如我是真的》；等等。但由于影视艺术的广泛普及和现代高科技的冲击，戏剧创作在新时期整体上渐入低谷。

【参考文献】

［1］朱东润. 中国历代文学作品选（上、中、下）［M］. 上海：上海古籍出版社，2002.

［2］于非. 中国古代文学作品选（上、中、下）［M］.3版. 北京：高等教育出版社，2013.

［3］伍艺，刘馨，苏洪. 中国现代文学作品选［M］. 武汉：中国地质大学出版社，2012.

［4］杨晓荣，苏洪. 中国当代文学作品选［M］. 武汉：中国地质大学出版社，2012.

［5］傅希春，陈应祥. 外国文学名著选介（上）［M］. 3版. 北京：高等教育出版社，2009.

［6］付振华. 大学语文扩展阅读［M］. 北京：高等教育出版社，2011.

［7］郭纪金，高楠，赵有声. 中国文学阅读与欣赏［M］. 北京：首都师范大学出版社，2008.

［8］萧涤非，刘乃昌. 中国文学名篇鉴赏［M］. 济南：山东大学出版社，2007.

［9］傅德岷，卢晋. 唐诗宋词鉴赏辞典［M］. 武汉：崇文书局，2005.

［10］苏轼. 苏轼词集［M］. 上海：上海古籍出版社，2009.

［11］林语堂. 苏东坡传［M］. 长沙：湖南文艺出版社，2018.

［12］陈俊英，蒋见元. 诗经注析［M］. 北京：中华书局，2017.

［13］李山. 大邦之风：李山讲《诗经》［M］. 北京：中华书局，2019.

［14］周国平. 爱与孤独［M］. 北京：人民文学出版社，2012.

［15］汤显祖. 牡丹亭［M］. 徐朔方，杨笑梅，校注. 北京：人民文学出版社，2010.

［16］杨绛. 我们仨［M］. 北京：生活·读书·新知三联书店，2015.

［17］余秋雨．文化苦旅［M］．北京：北京联合出版公司，2020.

［18］林清玄．气清景明，繁花盛开［M］．北京：作家出版社，2016.

［19］刘小川．品中国文人（1、2）［M］．上海：上海文艺出版社，2008.

［20］袁行霈．中国文学史（第1—4卷）［M］．3版．北京：高等教育出版社，2014.

［21］于非．中国古代文学教程（上、下）［M］．3版．北京：高等教育出版社，2014.

［22］张庆利．中国古代文学史（上、下）［M］．长春：东北师范大学出版社，2011.

［23］孟长勇．中国现代文学史［M］．长春：东北师范大学出版社，2011.

［24］洪子诚．中国当代文学史［M］．修订版．北京：北京大学出版社，2007.

［25］孟长勇．中国当代文学史［M］．长春：东北师范大学出版社，2013.

大
学
语
文